MOCAMBOS
E QUILOMBOS

OUTROS TÍTULOS DA COLEÇÃO AGENDA BRASILEIRA

Cidadania, um projeto em construção:
Minorias, justiça e direitos
André Botelho
Lilia Moritz Schwarcz
[organizadores]

As figuras do sagrado:
Entre o público e o privado na religiosidade brasileira
Maria Lucia Montes

Índios no Brasil: História, direitos e cidadania
Manuela Carneiro da Cunha

Nem preto nem branco, muito pelo contrário:
Cor e raça na sociabilidade brasileira
Lilia Moritz Schwarcz

O século da escassez: Uma nova cultura de cuidado com a água:
impasses e desafios
Marussia Whately e Maura Campanili

Se liga no som: As trandformações do rap no Brasil
Ricardo Teperman

COLEÇÃO AGENDA BRASILEIRA

MOCAMBOS E QUILOMBOS

UMA HISTÓRIA DO CAMPESINATO NEGRO NO BRASIL

Flávio dos Santos Gomes

Copyright © 2015 by Flávio dos Santos Gomes

*Grafia atualizada segundo o Acordo
Ortográfico da Língua Portuguesa de 1990,
que entrou em vigor no Brasil em 2009.*

FOTO DE CAPA
Quilombola do Maranhão, 1996
© Carles Solís
Todos os esforços foram realizados para identificar o fotografado. Como isso não foi possível, teremos prazer em creditá-lo, caso se manifeste.

PREPARAÇÃO
Silvia Massimini Felix

ÍNDICE REMISSIVO
Luciano Marchiori

REVISÃO
Viviane T. Mendes
Marise Leal

Dados Internacionais de Catalogação na Publicação (CIP)
(Câmara Brasileira do Livro, SP, Brasil)

Gomes, Flávio dos Santos
Mocambos e quilombos : uma história do campesinato negro no Brasil / Flávio dos Santos Gomes. – 1ª ed.– São Paulo : Claro Enigma, 2015. – (Coleção Agenda brasileira)

ISBN 978-85-8166-123-0

1. Brasil – História 2. Escravos – Brasil 3. Mocambos – Brasil – História 4. Quilombos – Brasil – História I. Título. II. Série.

15-06558   CDD-305.896081

Índice para catálogo sistemático:
1. Brasil : Negros : Sociologia : História 305.896081

4ª reimpressão

Todos os direitos desta edição reservados à
EDITORA CLARO ENIGMA
Rua Bandeira Paulista, 702, cj. 71
0432-002 – São Paulo – SP
Telefone: (11) 3707-3531
www.companhiadasletras.com.br
www.blogdacompanhia.com.br

SUMÁRIO

Um fenômeno hemisférico 8

Formação 12

Organização 19

Ataque e defesa 34

Família, mulheres e culturas 39

Aquilombados, negociações e conflitos 48

Misturas étnicas 58

Nas fronteiras com as Guianas 63

Formas camponesas coloniais e pós-coloniais 73

Em torno de Palmares 78

Outros quilombos coloniais 94

Histórias de quilombolas e mocambeiros 106

Remanescentes e simbologias dos vários quilombos no Brasil 120

BIBLIOGRAFIA 133
ANEXOS 144
SOBRE O AUTOR 223
ÍNDICE REMISSIVO 225
CRÉDITOS DAS IMAGENS 235

MOCAMBOS E QUILOMBOS

UMA HISTÓRIA DO CAMPESINATO NEGRO NO BRASIL

Hoje, espalhadas por todo o Brasil, vemos surgir comunidades negras rurais (algumas já em áreas urbanas e suburbanas de grandes cidades) e remanescentes de quilombos. Elas são a continuidade de um processo mais longo da história da escravidão e das primeiras décadas da pós-emancipação, época em que inúmeras comunidades de fugitivos da escravidão (e também índios e desertores militares), e depois aquelas com a migração dos libertos, se formaram. Não se trata de um passado imóvel, como aquilo que sobrou (posto nunca transformado) de um passado remoto. As comunidades de fugitivos da escravidão produziram histórias complexas de ocupação agrária, criação de territórios, cultura material e imaterial próprias baseadas no parentesco e no uso e manejo coletivo da terra. O desenvolvimento das comunidades negras contemporâneas é bastante complexo, com seus processos de identidade e luta por cidadania. A história dos quilombos — e seus desdobramentos — do passado e do presente é o tema deste livro.

UM FENÔMENO HEMISFÉRICO

Entre os séculos XVI a XIX, nas Américas — desde o norte, quase chegando ao atual Canadá, até as regiões meridionais da Argentina e do Uruguai —, foram formadas sociedades coloniais em que predominou o trabalho compulsório, com indígenas e principalmente africanos. De diversos lugares, chegaram — através do tráfico atlântico — milhões de homens e mulheres, muitos já escravizados na própria África. Eram provenientes tanto de microssociedades com chefias descentralizadas da Alta Guiné e da Senegâmbia como de impérios e reinos do Daomé, Oyo, Ndongo, Ketu, Matamba e outros; ou de cidades como Uidá e Luanda, nas áreas ocidentais e centrais africanas, entre savanas e florestas.

De origens múltiplas, todos eles foram transformados — na visão dos europeus — em *africanos*, como se houvesse homogeneidade para inúmeros povos, línguas, culturas e religiões. Entre os escravizados havia reis, príncipes, rainhas, guerreiros, princesas, sacerdotes, artistas e um sem-número de agricultores, mercadores urbanos, conhecedores da metalurgia e do pastoreio. Ao atravessar o Atlântico, entraram em contato com um ambiente de trabalho intenso, de exploração e de produção de riquezas. O sistema colonial nas Américas se nutria cada vez mais de mão de obra escrava, para trabalhar na terra e na agricultura voltada para o mercado mundial.

Os primeiros africanos nas Américas foram pioneiros, adaptando linguagens, moradias, alimentação, idiomas e culturas. Ergueram fazendas e engenhos; plantaram cana-de-açúcar, café, milho, arroz, mandioca e algodão. Retiraram ouro e prata de montanhas ou rios, além de ajudarem a desenvolver diversas cidades e seus arrabaldes. Foram lavradores, mineradores e pastores. Trabalharam demais, receberam castigos e maus-tratos sem cessar, e conheceram índices de mortalidade altíssimos.

Mas o mar de dor da exploração a que foram submetidos fez também encontro com os oceanos culturais — entre arranjos familiares, crenças religiosas e cosmologias — em margens sem fins que eles forjaram.

As sociedades escravistas conheceram várias formas de protesto. Insurreições, rebeliões, assassinatos, fugas e morosidade na execução das tarefas se misturavam com a intolerância dos senhores e a brutalidade dos feitores. Chicotadas, açoites, troncos e prisões eram rotineiros. Assim como as notícias sobre fugitivos. Talvez fugir tenha sido a forma mais comum de protesto. Mas quando? Onde se esconder? Para onde ir? Como arrumar proteção? São bem conhecidas as ações de fazendeiros e autoridades — através de capitães do mato e, em algumas regiões do Caribe, fazendo uso até de cachorros — para perseguir fugitivos. Nas cidades, os obstáculos eram grandes. Com tantos africanos e crioulos, entre becos e vielas — carregadores de cargas, quitandeiras e outros tantos trabalhadores urbanos —, não era fácil identificar um fugido. Eram ao mesmo tempo presentes e invisíveis. Nas áreas rurais, as dificuldades mudavam de lugar, ficando o fugitivo entre uma vida movediça e sempre improvisada; andando sozinho ou em dupla pelas matas, tentando fazer alianças para obter proteção junto a pequenos lavradores ou escravos nas plantações e nas fazendas que visitavam à noite.

Outras experiências tiveram aqueles que escaparam (muitas vezes coletivamente) e formaram comunidades, procurando se estabelecer com base econômica e estrutura social própria. Nas Américas se desenvolveram pequenas, médias, grandes, improvisadas, solidificadas, temporárias ou permanentes comunidades de fugitivos que receberam diversos nomes, como *cumbes* na Venezuela ou *palenques* na Colômbia. Na Jamaica, no restante do Caribe inglês e no sul dos Estados Unidos foram denominados *maroons*. Na Guiana holandesa — depois Suriname — ficaram também conhecidos como *bush negroes*. No Caribe francês o fenômeno era conhecido como *maronage*; enquanto em partes do Caribe espanhol — principalmente Cuba e Porto Rico — se chamava *cimaronaje*.

Muitos estudiosos classificaram as fugas escravas nas Américas de *grand marronage*, que seriam as comunidades de fugitivos estáveis e mais duradouras, e a *petit marronage*, de grupos pequenos, formados de escapadas temporárias daqueles que retornavam à condição de cativos. Desde os primórdios da ocupação e da utilização de escravos há registros da *grand marronage*, com destaque para alguns de seus líderes, que amedrontavam as autoridades coloniais. No século XVI, temos no Panamá o africano chamado Bayano, enquanto na Venezuela coube a liderança a um escravo crioulo chamado de rei Miguel. No início do século XVII, em Vera Cruz, no México, os *cimarrones* eram comandados por Nyanga, enquanto anos antes, na Colômbia, um grande *palenque* foi chefiado por Benkos Biaho. Na Jamaica, durante a disputa entre espanhóis e ingleses, os *maroons* chefiados por Juan de Bolas tinham uma movimentação intensa. Já na ilha de Saint-Domingue, em meados do século XVIII, a *maronage* floresceu com o líder Makandal.*

No Brasil, desde as primeiras décadas da colonização, tais comunidades ficaram conhecidas primeiramente com a denominação *mocambos* e depois *quilombos*. Eram termos da África Central usados para designar acampamentos improvisados, utilizados para guerras ou mesmo apresamentos de escravizados. No século XVII, a palavra quilombo também era associada aos guerreiros imbangalas (jagas) e seus rituais de iniciação. Já mocambo, ou *mukambu* tanto em kimbundu como em kicongo (línguas de várias partes da África Central), significava pau de fieira, tipo de suportes com forquilhas utilizados para erguer choupanas nos acampamentos. Vários estudiosos — entre os quais Nina Rodrigues, Arthur Ramos, Edison Carneiro, Gilberto Freyre, Décio Freitas e depois Kabengele Munanga — abordaram a etimologia da palavra quilombo e seu uso

---

* Ver: Price, 1979.

no Brasil. Mas sabemos pouco sobre como os fugitivos se autodenominavam e menos ainda por que os termos africanos *mocambos/quilombos* se difundiram no Brasil, diferente de outras áreas colonizadas por espanhóis, franceses, holandeses e ingleses que também receberam africanos centrais e tiveram comunidades de fugitivos. Uma explicação seria a disseminação dessas terminologias a partir da administração portuguesa. A palavra seria utilizada para caracterizar tanto as estratégias militares — acampamentos — na África pré-colonial como aquelas da resistência à escravidão na América portuguesa. Muitas autoridades coloniais tinham ocupado postos na Ásia e também na África, havendo uma circulação de agentes administrativos em várias partes do Império português. Podiam estar falando de coisas diferentes — acampamentos de guerra/prisioneiros na África Central ou comunidades de fugitivos no Brasil —, mas nomeando-as de forma semelhante. Pode ter havido uma tradução dos termos africanos na linguagem e na documentação da administração colonial. Além disso, muitos militares que serviram na África tiveram experiência contra invasores holandeses, expedições antimocambos e apresamentos de índios. De qualquer modo, o termo *quilombo* só aparece na documentação colonial no final do século XVII. Em geral, a terminologia usada antes era mesmo *mocambo*. O historiador Stuart Schwartz chamou a atenção para o fato de que ao longo do século XVIII — na documentação colonial — as comunidades de fugitivos foram denominadas ao mesmo tempo de *mocambos*, principalmente na Bahia, e de *quilombos* em Minas Gerais; e o termo quilombo apareceu em Pernambuco somente a partir de 1681. Assim, *mocambos* (estruturas para erguer casas) teriam se transformado em *quilombos* (acampamentos), e tais expressões africanas ganharam traduções atlânticas entre o Brasil e a África desde o século XVI.*

* Schwartz, 1987.

FORMAÇÃO

Os quilombos e mocambos se formavam quase sempre a partir dos escravos fugitivos. Dos canaviais e engenhos do Nordeste surgem as primeiras notícias de fugas de escravos e a constituição deles em comunidades. Data de 1575 o primeiro registro de um mocambo, formado na Bahia.* A necessidade de mão de obra ficava ainda mais dramática com o aumento continuado das fugas. Ainda em fins do século XVI, o rei de Portugal argumentava que os colonos estavam ficando pobres, pois não conseguiam impedir as sucessivas escapadas de seus cativos. Em resposta, as autoridades coloniais garantiam que havia, de fato, obstáculos — considerados inimigos — da colonização, sendo o principal deles os "negros de Guiné" (como eram chamados em geral os africanos escravizados), fugitivos que viviam em algumas serras e faziam assaltos às fazendas e engenhos.**

Havia tantos mocambos e quilombos, e por toda parte — atraindo cada vez mais fugitivos —, que as autoridades coloniais os chamavam de "contagioso mal". Lavradores enviavam petições, reclamando não suportarem tantas deserções. E havia quem alegasse que tratava bem seus escravos — com sustento, vestuário, assistência nas enfermidades e castigos com moderação —, mas de nada adiantava, pois os quilombos/mocambos continuavam a atraí-los. Contudo, nem toda fuga gerava um quilombo e nem todo fugitivo planejava ir em direção àqueles já existentes. Fugir era uma ação muitas vezes planejada, não significando um simples ato de desespero diante de castigos. Havia ocasiões consideradas propícias e muitas escapadas coletivas foram antecedidas de levantes ou motins. Em 1585, há indicações de que os fugidos que estabeleceram um mocambo tinham participado antes de uma revolta no recôncavo da Bahia.*** Estudos

---

* Goulart, 1972 e Moura, 1972 e 1981.
** Alencastro, 2000.
*** Metcal, 1999 e 2010.

mais recentes sugeriram que o aumento das fugas de escravos indígenas e africanos no Nordeste foi ocasionado também pelos movimentos milenaristas — Santidades — nas últimas décadas do século XVI. Períodos de conflitos coloniais foram também determinantes para o aumento das fugas — principalmente as coletivas — e o crescimento dos quilombos. Em Pernambuco, a invasão holandesa e as batalhas coloniais decorrentes provocaram caos e deserções em vários engenhos. No século imperial, no período da Regência — com revoltas rurais em Pernambuco e Alagoas (Cabanada), no Maranhão (Balaiada), no Rio Grande (Farroupilha) e no Grão-Pará (Cabanagem) —, houve o recrudescimento das deserções.* Os escravos percebiam que os senhores estavam divididos e as tropas, desmobilizadas para a repressão; portanto, havia maior possibilidade de sucesso para suas escapadas. De norte a sul, conflitos de fronteiras também facilitaram e muitos quilombos de determinadas regiões — países — foram estabelecidos por fugitivos de outras áreas. Assim foi nas fronteiras da Argentina e mais ainda do Uruguai, com muitos escravos escapando durante a guerra Cisplatina. Na época da independência (1822-3) e mais ainda durante a guerra do Paraguai (1864-70) houve aumento das deserções, inclusive de escravos que tentavam se passar por livres e se alistar nas tropas, aliás recheadas de libertos e de homens negros e mestiços livres. No Mato Grosso, perto do teatro de guerra há registros de quilombos formados por desertores militares.**

Houve mesmo muitos quilombos originados de insurreições. Se a revolta já atemorizava fazendeiros e autoridades — ainda mais nas áreas urbanas —, a possibilidade de uma rebelião virar um quilombo ou, pior, um quilombo se trans-

---

* Clóvis Moura foi pioneiro ao chamar a atenção para as conexões (recrudescimento) entre algumas revoltas camponesas no período regencial (Cabanagem, Balaiada e Cabanada) com a proliferação e movimentação dos quilombolas, principalmente em Pernambuco, Alagoas, Piauí, Maranhão e Pará.
** Documentação do Arquivo Público do Estado do Mato Grosso (APEMT) coligida por Volpato, 1996, 228-31.

formar num deliberado ataque às vilas, fazendas e cidades era amedrontadora. Em fins do século XVII, as autoridades baianas ficaram apavoradas com um levante com mais de cem escravos e a comunicação que eles estabeleceram com os quilombos em Camamu.* Em Minas Gerais, em 1756, temia-se que escravos e quilombolas se articulassem para uma insurreição. Em 1771, no Grão-Pará, houve notícia de um plano geral de revolta escrava, no qual se aguardava auxílio dos quilombolas situados nos rios que banhavam a cidade de Belém. Em fins de 1795, em Macapá, temia-se que os quilombolas se aproximassem da cidade para fazer tumultos na noite de Natal.** Em São Paulo, rumores de revoltas se misturaram com notícias sobre quilombos — tanto em 1809 como em 1820 —, pois supostamente uma insurreição eclodiria e os quilombolas ajudariam a invadir a vila de Itu. Em Salvador, a coisa ficou mais séria com as alianças entre quilombolas e cativos rebelados. Em 1808, organizava-se um quilombo no rio da Prata, próximo à vila de Nazaré das Farinhas, formado por africanos haúsas refugiados das áreas urbanas e outros de engenhos do Recôncavo. No ano seguinte, cerca de trezentos quilombolas tentaram atacar a vila, mas foram combatidos, havendo mortes e a captura de pelo menos 95 deles. Em 1814 foi descoberto um plano de levante no qual os africanos — com destaque para aqueles que trabalhavam ao ganho na cidade — se articulavam com os quilombolas dos subúrbios. Anos depois quase eclodiria uma insurreição urbana a partir de um quilombo. Em 1826, descobriu-se uma conexão de habitantes do quilombo do Urubu — nas vizinhanças de Salvador — com os escravos urbanos.*** Na província do Espírito Santo, em 1827, na comarca de São Mateus, temeu-se que os quilombolas invadissem as fazendas e mobilizassem os escravos para uma grande revolta. No século

* Schwartz, 1979, 1987 e 2001 e Pedreira, 1962 e 1979.
** Documentos depositados na seção de manuscritos da Biblioteca Nacional, Códice I-29, 27,5 números 1 a 10.
*** Reis, 1983 e 2003.

XIX mais revoltas tiveram como desdobramento fugas coletivas e quilombos. Uma na vila de São Carlos, em São Paulo, em 1832, quando cativos de várias fazendas planejaram uma revolta e um dos objetivos era de se reunirem num quilombo. A conspiração foi abortada.* A outra foi em Vassouras, no Rio de Janeiro, no coração da economia cafeeira, onde mais de quinhentos escravos de duas fazendas do comendador Manoel Francisco Xavier, em 1838, se sublevaram, mataram feitores, arrombaram paióis e reuniram mantimentos fugindo em direção à floresta para erguer um grande quilombo. Perseguidos impiedosamente, quase todos foram capturados em menos de uma semana.** Em 1864, entre rumores da guerra civil norte-americana que alcançavam os escravos no Brasil, na região de Serro em Minas Gerais temia-se que houvesse contatos dos escravos com os quilombolas da região. Já em 1867, ainda na atmosfera e repercussões da Guerra do Paraguai, os quilombolas do Maranhão abandonaram seus mocambos e atacaram fazendas na comarca de Viana, realizando saques. Chegaram a escrever um manifesto contra o governo da província.***

Os prejuízos para os donos dos escravos que se refugiavam nos mocambos não eram poucos devido à frequência e ao volume de suas escapadas, e também aos longos períodos de ausência. Comprar escravos, investir recursos e se endividar, precisar deles para as lavouras e acabar os vendo escaparem à luz do dia certamente desesperou muitos fazendeiros. Para o escravo, o sucesso da escapada dependia de vários fatores: ocasião oportuna, apoio de acoitadores eventuais e solidariedade de outros escravos, além de estratégias para permanecer oculto o maior tempo possível. São vários os registros de pequenos grupos de foragidos que atravessavam regiões, migrando permanen-

---

* A revolta de 1832 (SP) aparece analisada em Queiroz, 1987.
** A revolta quilombola de 1838 em Vassouras encontra-se analisada em Gomes, 2006, 144-247.
*** Documentação do Arquivo Público do Estado do Maranhão (APEMA) coligida por Araújo, 1994.

temente, procurando abrigos e sobrevivendo. Grupos maiores tinham mais sucesso em constituir moradias e base agrícola. A expectativa inicial de se ocultar se juntava com a ideia de se estabelecer em locais protegidos diante da repressão de capitães do mato. Mas tais comunidades nunca foram totalmente fixas; pelo contrário, a mobilidade foi fundamental. A natureza (fauna e flora) era aliada dos quilombolas, pois áreas de planaltos, montanhas, pântanos, manguezais, planícies, cavernas, morros, serras, florestas, rios etc. eram transformadas em refúgios.

O surgimento de um quilombo atraía a repressão, assim como mais fugas para ele. Isso era o que talvez mais causasse preocupação aos fazendeiros. Cativos desertores diminuíam a força de trabalho disponível; além disso, quilombos na vizinhança funcionavam como polo de atração para mais e novas escapadas. Notícias sobre quilombos se espalhavam em várias regiões. Há mesmo registros de africanos escravizados recém-desembarcados do tráfico atlântico, que acabavam logo fugindo para eles. Quilombos eram sinônimos de transgressão à ordem escravista. Também não era incomum que habitantes de quilombos de recente formação se agrupassem para atacar fazendas e engenhos, arregimentando mais escravos. Em Pernambuco, no final do século XVII, dizia-se que os quilombos multiplicavam o número de habitantes, pois muitos escapavam "levados do amor da liberdade", outros por temer o castigo de seus senhores, além das expedições feitas pelos quilombolas mais antigos, que tanto induziam aqueles que estavam nas senzalas a escapar como realizavam sequestros para aumentar a população dos mocambos.

Bem menos conhecidos — embora existam remanescentes atuais em Belo Horizonte, Salvador, Porto Alegre, Recife, São Luís e Rio de Janeiro —, os quilombos suburbanos se proliferaram. Unidades móveis que se formaram no Brasil oitocentista, principalmente nas grandes cidades escravistas do Rio de Janeiro, Salvador e Recife, eram espaços de esconderijo para os milhares dos fugidos noticiados na imprensa diariamente. Em 1814, falava-se no Rio de Janeiro de quilombos na Tijuca, região marcada nos mapas coloniais com a designação "serra dos pretos forros". Os subúrbios de Inhaúma, Irajá e Jacarepaguá, e principalmente a região da Lagoa (mais tarde denominada Lagoa Rodrigo de Freitas, nome de um antigo grande proprietário local), eram conhecidos redutos de pequenos, móveis e inúmeros ajuntamentos quilombolas entre as artérias da corte do Rio de Janeiro. Com a proximidade urbana, negociavam os produtos de suas roças e frutas silvestres com taberneiros, viajantes e escravos ao ganho. Já no Rio Grande, nas circunvizinhanças de Porto Alegre, na década de 1830, os quilombolas do Negro Lucas, na ilha dos Marinheiros, foram acusados de pequenos roubos, venda de produtos e prestação de serviços para lavradores locais. Em 1879 as denúncias partiram do centro da cidade, com os jornais noticiando sobre quilombolas que rondavam as ruas Direita, da Igreja e do Arvoredo. No Pará, na cidade de Belém, faziam o mesmo vagando pelos bairros da Campina, Umarizal, Utinga e Pedreira. Os quilombos suburbanos de Salvador — na Bahia — foram os mais famosos desde o século XVIII, comunicando-se com escravos que trabalhavam ao ganho. Com semelhantes conexões, especialmente envolvendo quitandeiras, foram denunciados os ajuntamentos de fugitivos que se formaram nos arrabaldes da cidade de São Paulo, alcançando as áreas do Bexiga e de Santana. Já nos subúrbios de Recife, tal movimentação teve nome e líder, com o quilombo do Catucá comandado por Malunguinho, como era chamado seu temido chefe. Em São Luís, no Maranhão, os ajuntamentos suburbanos se concentravam na área do Bacanga, entre os quais o *quilombo da Sumaumeira*, que contou com o apoio de abolicionistas no final do século XIX.*

Mais interessada em analisar os grandes e populosos quilombos, a historiografia da escravidão no Brasil deu pouca

---

* Ver: Farias, Gomes, Soares e Araújo, 2006.

atenção aos pequenos quilombos que se incrustavam nos morros e encostas das cidades escravistas. Eles surgiam e desapareciam aos olhos das autoridades, dos senhores que reclamavam do sumiço de seus escravos, da imprensa que denunciava ou mesmo de viajantes que aqui passavam e bem sabiam disso tudo. Talvez pela invisibilidade, mobilidade, escassas informações e fontes mais sistemáticas, ou por sua suposta incapacidade de destruir ou resistir ao sistema escravista, são poucas as abordagens sobre os quilombos nas ambiências urbanas. Em relação a Vila Rica, Donald Ramos sugeriu que tais quilombos em áreas urbanas se transformaram em "válvula de escape" para o sistema, já que não o ameaçava, e revoltas escravas de grandes proporções não surgiam.* Mas é possível abordar o fenômeno dos quilombos urbanos e suburbanos a partir também da cultura urbana com os *batuques*, ajuntamentos, calundus e fugas intermitentes. Uma evidência aparece na terminologia "casa de quilombo" utilizada nas cidades — principalmente Salvador e Rio de Janeiro — para designar a repressão de pequenos grupos de fugitivos na cidade e articulados com práticas de batuques, capoeiras e outras formas de "ajuntamentos" de escravos, libertos, africanos e crioulos, muitos dos quais não necessariamente fugidos.** Isso está bem próximo das argumentações que João Reis fez em torno de um episódio de invasão de um quilombo nos arredores de Salvador, em Itapõa, em 1826.*** Ali se encontravam objetos de cultos e rituais. Assim como em Salvador e Recife — e também pesquisas que surgem em relação a Porto Alegre —, no Rio de Janeiro "casas de quilombos", batuques e ajuntamentos reuniam escravos, africanos, fugitivos, libertos em finais de semana, em datas de um calendário afro-brasileiro em construção ou em momentos episódicos.

* Ramos, 1986: 419-51.
** Farias, Soares & Gomes, 2005, capítulos 1 e 2.
*** Reis, 1995-96: 14-40.

ORGANIZAÇÃO

O crescimento populacional dos quilombos não se dava somente com as deserções e a adesão de novos fugidos. A maior parte se viu crescer com a reprodução interna, ou seja, os nascidos nos próprios quilombos, nas gerações seguintes. No Grão-Pará, quilombolas capturados declararam: "eu nasci nas matas, nunca tive senhor".* Em várias partes, mais habitantes de quilombos estavam nascendo, crescendo e ocupando territórios. No século XVII — certamente com exagero —, o Conselho Ultramarino chegou a afirmar que os grandes quilombos coloniais de Pernambuco se localizavam num "bosque de tão excessiva grandeza" que tinham "maior circunferência que todo o reino de Portugal".** Na localização de um quilombo em Mato Grosso, indicava-se "belíssimo terreno muito superior, tanto em qualidade das terras como nas altas e frondosas matarias". Cem anos depois, em 1871, ao ser atacado o quilombo do rio Manso, próximo a Cuiabá, se descobriu que havia lá muitos ranchos com estoques das plantações de milho, arroz, feijão, algodão, cana e fumo.***

Qual era a base da economia quilombola? O melhor seria falar em múltiplas estruturas socioeconômicas, pois fatores geográficos, demográficos e culturais interferiram na montagem dela. O mais importante — em qualquer período ou local — foi o não isolamento. Houve quem dissesse que os quilombos/mocambos se isolaram do restante da sociedade e que tal isolamento — via de proteção — foi fundamental para sua reprodução. Seriam assim construídas imagens de quilombolas localizados em montanhas e planaltos, incrustados em serras ou áreas inóspitas de sertões, bem distantes,

---

* Funes, 1996: 467-497.
** Alencastro, 2010 e Lara, 2010.
*** Volpato, 1996.

nunca localizados ou alcançados. No Brasil — ao contrário de outras áreas escravistas nas Américas —, as comunidades de fugitivos se proliferaram como em nenhum outro lugar, exatamente por sua capacidade de articulação com as lógicas econômicas das regiões onde se estabeleceram. Nunca isolados, mantinham trocas econômicas com variados setores da população colonial, que incluíam taberneiros, lavradores, faiscadores, garimpeiros, pescadores, roceiros, camponeses, mascates e quitandeiras, tanto escravos como livres. Tais trocas, que nunca foram sinônimos de paz ou ausência de conflitos, sobretudo significaram experiências que conectavam toda a sociedade escravista, tanto aquela que reprimia como a que acobertava os quilombolas e suas práticas.

Nas regiões das Minas Gerais se falava abertamente das alianças dos quilombolas com os escravos nas senzalas, acusados de roubarem e repartirem os mantimentos dos paióis de seus senhores. Também no Grão-Pará reclamava-se que as expedições realizadas para prender os quilombolas frequentemente fracassavam, pois havia comunicação dos cativos nas fazendas com os habitantes dos mocambos, que avisavam da preparação e movimento da repressão. Houve ocasião em que tais conexões estavam muito explícitas, quase reconhecidas nas paisagens socioeconômicas; porém em tantas outras representavam ações clandestinas nas quais a liberdade estava por um fio. No século XIX, as posturas municipais em várias regiões reproduziam num quase coro os artigos que tentavam reprimir os contatos e o comércio de quilombolas nas vendas e tabernas das vilas.

Há indicações de quilombolas garimpeiros em redutos de muito ouro e diamantes; em outros locais trocavam produtos de suas lavouras e caçadas com vendeiros e também os escravos nas senzalas. A reclamação de quilombolas em tabernas era tanta que se dizia que "cada venda é um quilombo" em Vila Rica. Sobre um morador acusado de negociar com os quilombolas, revelou-se que "nunca deixou de haver quilombos ao pé de sua casa".* Denunciava-se mesmo que suas escravas iam de dia ao quilombo conversar com os negros fugidos. No século XIX, no Maranhão, as conexões dos quilombolas com os escravos nas plantações eram bastante frequentes, a ponto de as autoridades afirmarem que muitas fazendas — as quais nomeavam — eram os verdadeiros quilombos.** Em Sergipe, os quilombolas eram acusados de visitar as senzalas e participar das festas de congadas organizadas pelos escravos.***

Um elemento típico da economia quilombola foi a farinha de mandioca. Plantavam e colhiam mandioca, transformando-a — através da moagem, peneiras e forno — em farinha e outros derivados. No Nordeste colonial se falava que viviam em numerosas choças construídas por ramos de capim e rodeadas de hortas. A produção econômica podia ser complexa, como foi nos grandes quilombos coloniais de Pernambuco, Minas Gerais, Mato Grosso e Goiás. Além do feijão, arroz e mandioca com fartas plantações, aproveitavam do peixe em abundância e da carne de animais silvestres, pois passavam dias caçando. Plantavam, colhiam e realizavam festas para homenagear suas colheitas. Embora importante — e símbolo das atuais comunidades remanescentes —, a agricultura não foi única na economia quilombola. Há indicações de várias outras atividades, desde o fornecimento de lenhas à fabricação de cerâmica e cachimbos, além de outros utensílios da cultura material nos quilombos que chegaram a ser comercializados, portanto integrados às regiões através de intermediários. Houve caso de quilombolas — embora clandestinos, mas amplamente reconhecidos — que se tornaram trabalhadores sazonais em determinadas regiões para os fazendeiros, especialmente como coletores extrativistas.

---

* Para os quilombos em Minas Gerais, ver os estudos clássicos de Mata Machado Filho, Waldemar de Almeida Barbosa e fundamentalmente Carlos Magno Guimarães.
** Arquivo nacional (ANRJ), Fundo IJ 1, Presidência da Província (RJ), maço 75, ofícios de José Cândido da Costa Leite, delegado de Viana, 04.11.1863.
*** Figueiredo, 1977: 89.

Quilombo em Minas Gerais, século XVIII – Desenho do Quilombo Rio da Perdição: 1 – casa do conselho; 2 – casa do tear; 3 – morro do Tigre; 4 – morro do Urubu; 5 – roça; 6 – matos

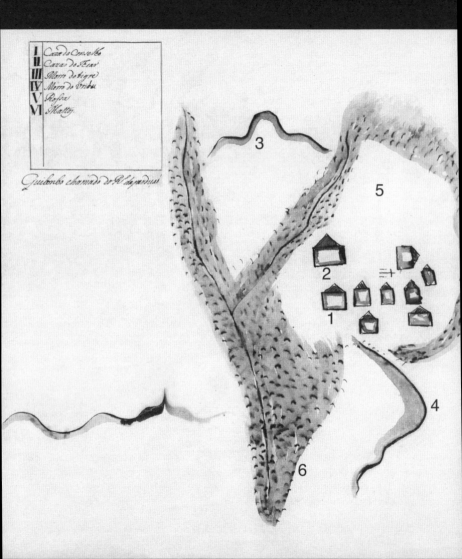

A face camponesa quilombola se ampliava e se articulava diferentemente em regiões, contextos e períodos diversos. Embora sejam esparsas as fontes detalhadas sobre a vida interna nos quilombos, certos indícios apontam para excedentes econômicos que os favoreceriam em trocas mercantis. Além disso, a prática dos saques a fazendas e povoados funcionava como complemento. No Nordeste colonial tanto se plantava batata-doce, banana e cana-de-açúcar como houve épocas em que os quilombolas saqueavam fazendas vizinhas, cobrando uma espécie de tributo. No Rio Grande do Sul, no quilombo da ilha Barba Negra, foram encontradas muitas lavouras de feijão e milho.* Em Minas Gerais, no século XVIII, existem evidências de agricultura, saques e mineração na economia dos quilombos. Numa expedição contra os quilombolas no Paranaíba, foram encontradas abundantes lavouras de alimentos. Em outra ocasião, em Pitangui, descobriram roças de milho, feijão e algodão, além de muitas frutas. Quando de um ataque a dois grandes quilombos, na região de Campo Grande, revelou-se haver neles grandes roças e muitos mantimentos estocados.**

Com a crônica escassez de alimentos — grave nas capitanias na Bahia, Minas Gerais e várias partes da Amazônia —, conseguia-se farinha nos mocambos; portanto, destruí-los — para além da captura de fugidos — significava também a possibilidade de confiscar a produção agrícola deles. No Grão-Pará, em Barcelos, em 1759, descobriu-se num mocambo roças com muitos alqueires de farinha. De Ourém foram remetidos 35 paneiros de farinha retirados das "roças dos amocambados", enquanto em Outeiro fugitivos já "tinham roçado e um tijupar feito" para poderem se abastecer, e diversos moradores das povoações mantinham contatos lhes dando proteção. Em Nogueira, ao ser surpreendidos num

---

* Maestri, 1979, 1984 e 1996.
** Guimarães, 1988, 1989 e 1996.

MOCAMBOS E QUILOMBOS NA AMAZÔNIA (CAPITANIA DO RIO NEGRO, CAPITANIA DO GRÃO-PARÁ, PROVÍNCIA DO AMAZONAS E PROVÍNCIA DO GRÃO-PARÁ) SÉCULOS XVIII E XIX

NOME	DATA	NOME
ABAETÉ	1770, 1794	ILHA DE JOANE
ALMAS	1761	IRIRI
ALMERIM	1797	IRITUIA
ARARAYANA	1815	ITAPOCU
BAIÃO	1776, 1774	JABUÇU-OÇA
BARCELOS	1759, 1761, 1769	MANDIM
BEJA	1815	MARAJÓ
BENFICA	1775, 1787	MELGAÇO
BOIM	1763, 1765	MOCAJUBA
BORBA	1764, 1772	MONDIM
BRAGANÇA	1796, 1812	MONFORTE
CACHOEIRA	1797	MONSARÁS
CAMETÁ	1764, 1774, 1788, 1815	MOSQUEIRO
CARNAPIJÓ	1771	NOGUEIRA
CHAVES	1767, 1800	OURÉM
CINTRA	1768	OUTEIRO
COLARES	1781	PIRIÁ
COTIJUBA	1814	PONTA DE PEDR
EGA	1783, 1790	PORTEL
ENGENHO DO CARMELLO	1764	RIO ACARÁ
FARO	1792	RIO ANAJÁS
GUAMÁ	1790	RIO ANAJUBA
GUARAJÁ	1813	RIO BUJARU
GURUPÁ	1797	RIO CAPIM
IGARAPÉ IAMATATUA	1780	RIO CUPIJÓ

DATA	NOME	DATA
1802, 1813	RIO DO ARAPI	1774
1805	RIO DOS MACACUS	1801
1796	RIO MAPUÁ	1801
1880	RIO NEGRO	1769, 1797
1793	RIO PIRIÁ	1762
1762	RIO PRACAÚBA	1795
1782, 1792, 1804	RIO TANHÁ	1780
1762, 1767, 1809-5	RIO TOCANTINS	1778
1816, 1820, 1823	RIO ABAETETUBA	1771
1797	RIO ARARI	1793
1769	RIO MUANÁ	1815
1762, 1775	SALVATERRA	1774
1815	SÃO MIGUEL	1761
1783	SERDELLO	1769
1766, 1790-2	SILVES	1791
1769, 1800	SOLIMÕES	1787
1771	SOURE	1762, 1769
1772	TAPAJÓS	1753
1767, 1781	TOCANTINS	1790
1790, 1793	UMARIM	1774
1788	UMARIZAL	1880
1815	VIGIA	1800, 1812
1789	VILA DE SERPA	1785
1764, 1777	VILA DO CONDE	1765
1752	XINGU	1767, 1769

igarapé, alguns fugitivos presos revelaram que "não tiveram tempo de se prontificar de farinha e que estavam esperando o socorro dos parentes". Em frente à vila de Monte Alegre existiam alguns mocambos nos quais se achavam roças que davam "para cima de trezentos alqueires de farinha".*

Também na Amazônia, desde o século XVIII, há registros de circuitos mercantis clandestinos por todos os lados. Em 1776, vinham notícias de que um mulato sem domicílio certo andava "vendendo continuamente aguardente de sítio em sítio aos escravos alheios". No Marajó, relatos diziam que *cafuzos*, *mamelucos*, indígenas e africanos, que lidavam com o gado, estavam burlando o fisco. A questão dos roubos aí se articulava com o comércio clandestino. Além da falta de vigilância sobre taberneiros, havia o problema dos regatões, que através de canoas levavam e traziam produtos, alcançando regiões interioranas. Tentou-se proibir o comércio entre as povoações de algumas vilas, mas ele era de difícil controle, pois estava conectado com as economias de muitos mocambos. Em Mazagão, descobriu-se que os quilombolas estavam havia mais de quatro anos numa ilha de Gurupá onde tinham casas de pau a pique e colheita abundante de arroz e milho. Em Óbidos, um juiz ordinário relatava a prisão dos negros do mocambo, achando-se com eles farinha, canoas e armas, os quais estavam bem protegidos pela geografia, pois para "sair para o dito mocambo era preciso atravessar um tabocal passando por um igarapé e que depois de atravessar se gastam três dias", e que eles iam "negociar" na vila de Alenquer levando "estopa, breu, castanha e algodão" que trocavam "por pólvora, chumbo, armas, ferramentas e panos para se vestirem".** Na Bahia há registros de quilombos antigos com considerável estrutura econômica, como os mocambos

---

* Documentação do Arquivo Público do Estado do Pará (APEPA) coligida por Flávio Gomes.
** Gomes, 2005.

de Orobó e Andaraí, onde foram encontrados "plantações de mandioca, inhames, arroz, algumas canas-de-açúcar, frutas e outros víveres de que se sustentavam".*

Em relação à agricultura dos quilombolas mineiros existem outras tantas evidências. Em 1733, diziam que havia nos mocambos muitas "roças, o que era muito preciso atalhar-se", enquanto em 1759 tropas destruíram dois mocambos, encontrando "muitos mantimentos e grandes roçarias para o ano futuro". Em outra expedição, em 1766 foram localizadas "copiosas lavouras e mantimentos recolhidos aos paióis". Em Pitangui, acabou destruído um quilombo com "plantas de roças que tinham fabricado, de milho, feijão, algodão, melancias e mais frutas". Indícios apareceram nos mapas desenhados pelos comandantes de uma expedição contra os quilombos em 1769. Trata-se de documentação original depositada na seção de Manuscritos da Biblioteca Nacional do Rio de Janeiro, fazendo parte da Coleção Ottoni, arquivo do conde de Valadares. Nela, um interessante aspecto diz respeito exatamente à organização econômica, trazendo indicações sobre "horta", "algodoais", "mandiocal", "roça", "milho plantado" etc. Todos os mocambos identificados em tal mapa se dedicavam à agricultura, embora nada saibamos quanto aos excedentes e trocas com taberneiros, pequenos lavradores, mineradores e roças de outros escravos. Marcações de "casas de ferreiro", "casa de tear", "casas de pilões" e "curtume de couros" sugerem ali formatações econômicas complexas, com quilombolas mantendo lavouras, fabricando farinha em seus "pilões", produzindo roupas com os teares e manejando forjas de ferreiro para fabricarem utensílios e ferramentas, além de incipiente manufatura de couros.

Quilombolas também praticavam o extrativismo. Com deslocamento permanente ocupavam territórios, utilizando recursos hídricos. Para muitos, a caça e a pesca eram fun-

---

* Schwartz, 1987 e Pedreira, 1979.

damentais. A base econômica funcionava em termos de produção e comercialização. Acampamentos mais afastados, entrepostos provisórios para o comércio e a capacidade de articulação com escravos, roceiros e taberneiros transformavam os quilombolas em invisíveis. Em não raras vezes, denúncias revelavam comunidades longevas e totalmente integradas a determinadas regiões. Muitos quilombos — denunciados — sequer foram encontrados. Sabia-se de sua existência, de suas práticas, de seus habitantes, de suas conexões mercantis e quiçá de sua localização, porém as tentativas de destruição eram inúteis, pois nada se encontrava. No Grão-Pará, alguns mocambos estavam situados em campos alagados a maior parte do ano, dificultando o cerco de tropas, mas desde os primeiros tempos eram conhecidas as articulações com as senzalas. Não raro houve conflitos entre quilombolas e cativos nas plantações, motivados por desconfianças, roubos, delações e mesmo ciúmes.

Quase invisível, a conexão da economia quilombola se espalhava entre vários setores, inclusive se misturando com práticas semelhantes dos escravos nas senzalas com suas roças de subsistência, direito costumeiro conquistado junto aos fazendeiros. Não só a farinha, mas o milho, o arroz, o feijão, além de outros legumes, chegavam aos mercados locais e mesmo a vilas mais afastadas e com densidade populacional. Cativos e quilombos constituíram práticas econômicas a partir das quais interagiram. Escravos frequentavam feiras e mercados locais aos sábados e domingos — em seus "dias livres" costumeiros —, onde montavam "quitandas" e vendiam produtos de suas roças. Lá podiam encontrar quilombolas com o mesmo objetivo: estabelecer conexões mercantis.

Na historiografia brasileira, o debate sobre a economia própria dos escravos ganhou densidade em 1979, com a publicação do artigo "A brecha camponesa no sistema escravista", de Ciro Cardoso. Partindo das abordagens de Sidney Mintz e Tadeusz Lepkowski (que utilizou pioneiramente a

Quilombo em Minas Gerais, século XVIII – Desenho do Quilombo Braços da Perdição: 1 – casa do rei; 2 – casa do tear; 3 – aguada com sua bica; 4 – algodoais; 5 – mandiocal; 6 – matos

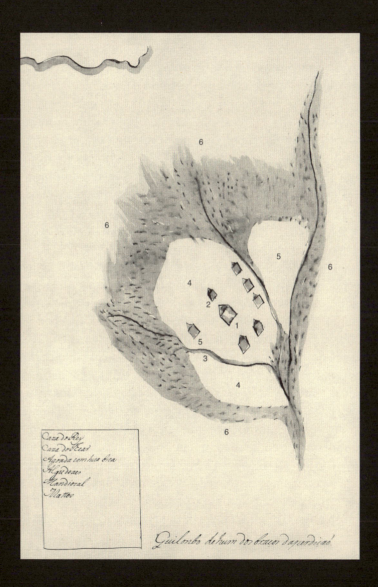

expressão "brecha camponesa"), Cardoso resumiu em parte o debate acadêmico em relação ao Caribe e a outras áreas, destacando as modalidades do camponês sob o regime escravista do tipo colonial. Existiam camponeses não proprietários, camponeses proprietários, atividades camponesas dos quilombolas e o protocampesinato escravo através de suas roças. Em 1987, Ciro retomou a questão agregando evidências e respondendo às críticas de Gorender e Barros de Castro.* Apresentou um repertório de evidências sobre a prática de se conceder parcelas de terras aos escravos para cultivarem sua própria subsistência. Este era um costume antes mesmo da colonização no Brasil, com os portugueses na ilha de São Tomé. Essa prática ficou conhecida em várias regiões escravistas das Américas como "sistema do Brasil". Há evidências em Pernambuco já em 1663. Ordens régias e alvarás das últimas décadas do século XVII instruíam sobre o "direito" de tempo e terra estabelecido para os escravos tratarem de seu próprio sustento. Em 1701, o conhecido cronista Antonil louvava o "costume que praticam alguns senhores neste Brasil": "lhes dão em cada semana um dia, em que possam plantar e fazer seus mantimentos". No primeiro quartel do século XIX, Charles Darwin, viajando pelo Rio de Janeiro, visitou uma fazenda de café onde os escravos trabalhavam "para si próprios" nos sábados e domingos. No inventário de um fazendeiro do Vale do Paraíba foram arroladas, entre as dívidas, consideráveis quantias referentes ao pagamento "aos pretos desta fazenda de milho e feijão que colheram em suas roças e que se precisou para o consumo da mesma fazenda". Já o barão de Paty do Alferes — num livro de memórias sobre a administração escravista — ressaltou a necessidade de conceder aos escravos tempo e parcelas de terras para constituírem suas roças de mantimentos e de que o próprio proprietário da fazenda comprasse os produtos

---

* Cardoso, 1987.

excedentes oferecidos pelos escravos. Ele próprio comprava para revender o café proveniente das roças de seus escravos. Em Vassouras, em 1854, os fazendeiros, preocupados com as insurreições escravas, recomendavam que fosse permitido aos cativos possuírem roças para que se ligassem "ao solo pelo amor da propriedade".*

Vários estudos abordaram como o sistema de roças foi marcando profundamente as vidas escravas, inclusive transformando as políticas de domínio e as sociabilidades envolventes. A luta escrava pela autonomia do cultivo de roças podia estar entrelaçada com outros embates, abrindo espaços autônomos e modificando a organização do trabalho. Mediante o cultivo de roças próprias e a comercialização dos excedentes, os escravos procuravam organizar uma rede mercantil articulada no âmbito das propriedades em que trabalhavam. Tais redes podiam ser estendidas para além dos limites sociais e espaciais das fazendas. Cativos de proprietários diferentes permutavam e negociavam os produtos de suas roças, com o reconhecimento de seus senhores. Em torno dessas roças, os escravos reelaboravam modos de vida autônomos e alternativos, forjando experiências profundas que marcaram o período da pós-emancipação. A organização social escrava em torno do sistema de roças, mais que simplesmente se reduzir a meras práticas econômicas, estava relacionada a importantes aspectos simbólicos e culturais do *modus vivendi* reinventados pelos cativos. A despeito da proibição e das reclamações senhoriais, os cativos procuraram conquistar autonomia. Há indicações de escravos fazendo circular produtos de suas roças e abastecendo os mercados locais. Feiras dominicais se constituíram em espaços de socialização, atraindo escravos e libertos de diversas plantações, muitos dos quais cruzando milhas para alcançá-las. Conexões econômicas daqueles que conseguiam levar seus

* Gomes, 2006: 294 e segs.

produtos para ser negociados em cidades próximas significaram também a circulação de informações e culturas entre escravos de áreas urbanas e rurais.

Assim se constituiu um campesinato, baseado nas atividades econômicas de pequenos lavradores, soldados desertores, escravos e libertos, indígenas, regatões e vendeiros. Com base nos relatos de cronistas, Ciro Cardoso destacou tal face camponesa na Amazônia. O padre jesuíta João Daniel anotou que os senhores permitiam que seus cativos tivessem pequenas roças e criações de porcos e galinhas. O naturalista Alexandre Rodrigues Ferreira, nas últimas décadas do século XVIII, assim descreveu:

> costumam alguns senhores de engenho distribuir para cada escravo as geiras de terras de que ele necessita, com relação ao seu estado, feriando de cada semana um até dois dias, para neles trabalhar cada um na sua roça: donde não só tiram os escravos a farinha, o milho e o feijão de que se sustentam, eles, suas mulheres e seus filhos, nestes dias, em que trabalham para si, mas também pelos dois, três, quatro ou cinco meses, em que não moem os engenhos.

Além disso, "não somente tiram os pretos das terras que lavram a farinha precisa para seu sustento, mas chegam a vender quase todos os gêneros de lavoura, além de muitas criações: até ajuntarem somas com que se libertam, a si, e a seus filhos".*

---

* Cardoso, 1981: 146 e segs.

ATAQUE E DEFESA

A principal arma contra os quilombolas era a perseguição por capitães do mato e tropas, além da destruição de suas casas e plantações. Fazendeiros, câmaras municipais, delegados, subdelegados, juízes de paz e chefes de polícia se revezavam em mobilizar rapidamente a repressão. Surgiram com destaque — na correspondência policial e nas denúncias de jornais — as justificativas a respeito das dificuldades para a destruição dos quilombos: a localização deles, em áreas de difícil acesso, e a generalizada conivência de comerciantes, taberneiros e lavradores locais. O fator geográfico foi fundamental, não só em relação à economia, ecossistema e territorialidade, mas também nos embates contra as expedições punitivas. Os quilombos eram comunidades móveis de ataque e defesa. Não houve algo como um quilombo de resistência *versus* um quilombo de acomodação. Circunstâncias locais e temporais — sem falar na especificidade demográfica — faziam de alguns quilombos unidades de guerrilhas. Além disso, alguns quilombolas desenhavam seus territórios por meio de ameaças de ataques, invasões, assassinatos ou assaltos. Para os que atacavam as fazendas, os principais alvos eram os fazendeiros que preparavam tropas para capturá-los ou aqueles que tentavam impedir suas trocas mercantis. Em vez de apenas se defender e se refugiar diante de paulatinas expedições para capturá-los, os quilombolas causavam temor nas autoridades, fazendeiros e mesmo em outros escravos. Destaquemos o exagero em muitas dessas narrativas, principalmente as denúncias — no século XIX — publicadas nos jornais. Informações sobre as estratégias de defesa, armas e armadilhas dos quilombolas aparecem nos relatórios das expedições punitivas, nos quais os comandantes militares descreviam tanto as dificuldades para localizá-los como os mecanismos que usavam para se proteger e atacar. A localização se associava às conexões mercantis, ao não isolamento e às expectativas geográficas. Situar-se em montanhas ou planícies podia ser uma estratégia. Mas à distância, em função do clarão das fogueiras, os quilombolas poderiam se transformar em alvo certo. Isso valia também para os perseguidores, pois as tropas eram identificadas a dezenas de quilômetros por espias quilombolas. O objetivo sempre foi evitar ataques-surpresa, já que, percebendo alguma movimentação, optavam por abandonar roças e mocambos. No Grão-Pará, quando foram atacados vários mocambos localizados em igarapés, descobriu-se que parte dos quilombolas já tinha migrado e construído um "mocambo novo" no qual haviam feito roças e casas. No Amapá, em 1779, expedições contra os mocambos do rio da Pedreira encontraram-nos vazios, pois os quilombolas tinham desmanchado suas roças de mandioca e migrado para outras regiões.*

Refazer a economia era um duro golpe, mas pior era se defender de forças militares com muita superioridade bélica. Muitos quilombos estavam articulados numa mesma região. Por ocasião dos ataques em 1797, os habitantes dos mocambos baianos de Orobó e Andaraí se refugiaram no mocambo Tupim, localizado não muito longe dali.** Em Minas Gerais, em Campo Grande, havia muitos quilombos articulados, e quando um era atacado os quilombolas remanescentes migravam para outro. Numa expedição ao quilombo do Paranaíba, apesar de serem descobertos 76 ranchos, só foram encontrados oito negros fugidos, pois os demais tinham escapado ao serem avisados pelos espias quando da aproximação de tropas. A planta do quilombo Ambrósio, por exemplo, apontava sua localização próxima a um morro que servia de guarita, e o quilombo Sambabaia

---

* Documentação do Arquivo Público do Estado do Pará (APEPA) Códices 390 (1782-1790) e 456 (1788-1790).
** Documentação do Arquivo Público do Estado da Bahia (APEBA), Fundo Ordens Régias, volume 86 (1798), Ofício de 22.10.1798. Ver também a documentação citada por Pedreira, 1962, 591 e segs.

ficava ao lado de um morro com essa mesma finalidade, enquanto o quilombo Rio da Perdição se situava exatamente entre dois morros.*

Há registros de quilombolas usando armas, especialmente arcos e flechas e também pistolas e espingardas. Enquanto as primeiras podiam ser fabricadas nos quilombos, a origem das últimas eram as trocas e mais ainda roubos e saques junto a fazendeiros. Em 1671 em Pernambuco se dizia haver nos mocambos tendas de ferreiros. Em Mogi-Guaçu, interior paulista, em 1766, foram encontradas num quilombo duas forjas de ferreiro. Não poucos mocambos e quilombos desenvolveram um sistema de defesa através de pequenas fortificações, antecedidas por espiões e informantes. Mocambos eram cercados de estacas, espécie de muralhas e falsos caminhos, como armadilhas para atrair tropas para fossos com estrepes (madeiras pontiagudas).** Em Pernambuco, os grandes mocambos eram considerados fortificados com muitos fossos e estrepes. Segundo alguns cronistas, os quilombolas moravam em casas esparsas, que eram construídas nas entradas mais fechadas das matas, entre caminhos e brenhas que podiam facilitar uma rápida retirada em caso de cercos e ataques. Avançando pelas matas, arrastando canhões e cargas de alimentos para a manutenção, os soldados eram atraídos para ali se precipitarem. Longos percursos, picadas de mosquitos, febres intermitentes, fadiga e mesmo motins nas tropas eram transformados em armas pelos quilombolas. Para as autoridades coloniais devia ser frustrante ver seus soldados andarem dezenas e dezenas de quilômetros em meio à floresta e nada encontrarem.

Considerado extinto em 1763, o mocambo Buraco do Tatu, na Bahia, se tornou mais conhecido devido ao mapa

---

* Documentação do Arquivo Público do Estado de Minas Gerais (APEM), coligida e analisada por Guimarães, 1988.
** Sobre os mocambos de Mogi-Guaçu (SP) ver a documentação da Coleção Morgado do Matheus, seção de manuscritos da Biblioteca Nacional, Códice I-30,9,42.

desenhado na época de sua destruição. O planejamento para destruí-lo foi iniciado em 1760, embora fosse um mocambo bem antigo, datando pelo menos de 1743. Localizava-se em Itapuã, não muito distante da cidade de Salvador, havendo em torno dele um complexo sistema de defesa. Em sua retaguarda existia um canal pantanoso, e a proteção de sua frente e das laterais era constituída por labirintos de estacas pontiagudas com diversas covas com espetos camufladas para surpreender os integrantes das expedições de repressão. Existiam também saídas secretas e falsas trilhas, visando facilitar a rápida evacuação e enganar os perseguidores. Os habitantes do Buraco do Tatu utilizavam falsas entradas com fossos, saída com estrepes, trincheiras, brejos com buracos, além de guaritas, onde vigias procuravam avistar qualquer movimentação de tropas.*

---

* Sobre o mocambo do Buraco do Tatu (BA) ver Schwartz, 1987; Pedreira, 1979; Gomes, 1995 a e Reis, 1996 a.

FAMÍLIA, MULHERES E CULTURAS

A demografia dos quilombos foi diversificada. Numa mesma região podiam coexistir quilombos estáveis com população de mais de cem habitantes, muitos ali nascidos; com grupos menores — com estruturas improvisadas — formados na maior parte por homens. Em ambos os casos, a migração — o movimento de reorganizar territórios — foi fundamental. Há raras notícias sobre a presença da mulher nos mocambos, sugerindo equivocadamente sua ausência ou menor importância. Temos de lembrar que aqueles que descreveram os quilombos — especialmente os comandantes de tropas — o faziam para justificar a necessidade de sua destruição. São abundantes as imagens de fujões, bandidos e assassinos, havendo pouco espaço para narrativas sobre famílias, culturas e poder político. Devido à mobilidade dos quilombos é possível imaginar o papel da mulher diante de ataques, armadilhas e escaramuças. Quem sabe não estivessem protegidas em acampamentos no interior das florestas, cuidando das roças e da família? Certos mitos na memória coletiva de alguns remanescentes revelam a função das mulheres. Por exemplo, cabia a elas esconder o máximo de grãos na cabeça — entre seus penteados — e escapar para as matas, o mais longe possível. A economia de um quilombo atacado era reconstruída exatamente a partir desses grãos. Outras indicações sugerem sua função religiosa de proteção dos quilombos ao entrarem em transe para adivinhar o momento e local dos ataques punitivos.

Nos quilombos maiores — mais estáveis e com uma população de segunda ou terceira geração — as mulheres podiam estar mais representadas demograficamente. Seu papel de manutenção da família foi acompanhado da importância econômica na produção artesanal de utensílios e mesmo do enfrentamento diante das tropas escravistas. Nas características dos quilombos brasileiros certamente as mulheres apareciam menos no movimento de trocas mercantis, provavelmente realizadas pelos homens. Como a vida dos quilombolas era difícil, fazem sentido alguns registros sobre mulheres quilombolas que procuravam refúgio nas senzalas no período final da gestação para garantir cuidados e melhores condições no parto.

Sobre o poder político nos quilombos/mocambos, há várias indicações de "reis", "rainhas", "chefes" e "capitão", embora não saibamos o que representavam para seus habitantes. Para muitos casos de Minas Gerais há registros sobre as chefias, denominadas de reis e rainhas. Em 1730 já se falava em poderosos quilombos com reis e capitães. Em Baependi, dizia-se haver um quilombo comandado por um mulato intitulado rei, tendo em sua companhia uma concubina. Nos quilombos de Campo Grande, em 1746, estimava-se mais de seiscentos habitantes sob as ordens de um rei e de uma rainha, aos quais rendiam total obediência. Em 1769, ao serem localizados oito mocambos — no sertão da capitania das Minas Gerais, entre as regiões de Caieté e Paracatu —, as autoridades coloniais determinaram a produção de mapas (plantas) dos quilombos São Gonçalo, Santos Fortes, Rio da Perdição, Braços da Perdição, Ambrósio e Sambabaia. Surgiram indícios sobre a vida cotidiana e a organização interna, destacando-se a disposição das "casas" localizadas no centro dos mocambos e outras mais afastadas. No quilombo Braços da Perdição havia a "casa de tear" e a "casa do Rei", enquanto no Rio da Perdição, a "casa do conselho" estava próxima à "casa do tear". Já no Sambabaia, a "casa de audiência com assentos" estava localizada mais distante, embora a "casa e forje de ferreiro" ficasse bem no centro das outras habitações.*

---

* Sobre os originais de desenhos, plantas e mapas destes quilombos mineiros em 1769 ver: Anais da Biblioteca Nacional, volume 108 (1988), Rio de Janeiro, 1992, pp. 47-113.

Quilombo em Minas Gerais, século XVIII – Desenho do Quilombo de São Gonçalo: 1 – casas de ferreiro; 2 – buracos por onde fugiram; 3 – horta que tinham; 4 – entrada com 2 fojos; 5 – trincheira de altura de 10 palmos; 6 – parede de casa a casa; 7 – casa de pilões; 8 – saída com estrepes; 9 – matos; 10 – casa de tear

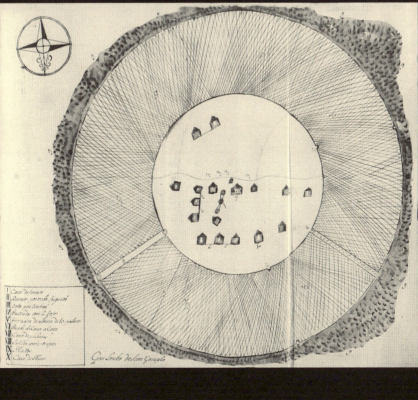

Como eram as religiões e a culturas? Ainda sabemos pouco sobre o cotidiano dos quilombos a partir das fontes de que dispomos — para os séculos XVI a XIX —, produzidas por aqueles que queriam destruí-los. Não sabemos como viviam; suas práticas familiares, cosmologias, parentesco, sistema de nomeação etc. Aqui ou acolá há indícios que permitem reconstituir algumas formas culturais. A primeira imagem da cultura é aquela africana. A visão romântica dos quilombos supostamente isolados como reprodução da África sempre teve força em algumas abordagens. Mas as evidências disponíveis apontam para a cultura quilombola como algo adaptado nas Américas, no caso do Brasil. Mesmo considerando a origem inicial de um quilombo como fruto de uma fuga coletiva de cativos africanos, ainda assim ele reunia pessoas de várias origens étnicas. Juntos, tinham de adaptar práticas e costumes a partir de uma perspectiva comum. Assim, a cultura nos quilombos podia ser formada tanto de influências africanas como de reinvenções na diáspora. Sobre as práticas religiosas dos mocambos no Nordeste colonial, falava-se que imitavam a religião dos portugueses, governando com sacerdotes e juízes. Houve quem garantisse que era impossível catequizar os quilombolas, a não ser através de padres naturais de Angola, os únicos que poderiam crer e entender na sua própria língua.

Mas certamente as práticas religiosas dos quilombos — em transformações — levaram em consideração os ambientes das senzalas, as mudanças no próprio continente africano, as populações indígenas e as coloniais. Cosmologias baseadas em rituais africanos acabavam modificadas pelas experiências das senzalas e seus ambientes. Além disso, as florestas deveriam ser domesticadas através de práticas divinatórias, pelas divindades das matas e rios. Para quilombos itinerantes e com densidade populacional limitada, os impactos culturais podiam ter vários desdobramentos. Talvez em alguns casos os ambientes das senzalas podiam ser até mais africanos que aqueles existentes em alguns quilombos. Capelas, igrejas, transes e imagens cristãs em termos de símbolos eram ajustados a diversos rearranjos demográficos e socioeconômicos. Tal como o fator econômico, não havia isolamento cultural, mas sim quilombolas conectados à sociedade envolvente. Quilombos no período colonial formados majoritariamente por africanos e em áreas econômicas fortemente abastecidas pelo tráfico atlântico decerto tiveram formatos culturais diferentes daqueles constituídos por crioulos e indígenas em áreas voltadas para o mercado interno ou de fronteiras. O mosaico cultural gestado nas senzalas certamente se difundiu nos quilombos, fazendo o caminho de volta. Isso sem falar que senzalas com africanos recém-chegados podiam oferecer linguagem e conteúdos culturais para quilombos mais antigos, assim como estes podem ter ajudado a espalhar novas culturas crioulas forjadas por gerações de fugitivos. Em Pernambuco, numa expedição em 1644, foram mortos mais de cem quilombolas e localizadas as grandes estacas que protegiam o mocambo onde moravam mais de mil famílias; todos viviam ali do mesmo modo que viviam em Angola. Nesses mocambos se dançava até a meia-noite batendo com os pés no chão e com tambores, produzindo sons que eram ouvidos a quilômetros de distância.*

No Maranhão, no século XIX, em ataques aos quilombos foram localizadas várias casas destinadas à oração, onde estava assentado um altar com uma cruz e muitas flores. Descobriu-se que os quilombolas faziam festejos a São Benedito. Havia nesse quilombo casas em que moravam de três a cinco pessoas, incluindo mulheres e filhos. Outras casas eram chamadas de "casas de santos"; numa delas havia imagens de santos e na outra, bonecos feitos de madeira, cabaças com ervas e uma porção de pedras para rituais. Eram pedras que tinham sido antigamente utilizadas por indígenas na construção de machados e agora serviam para os quilombolas fazerem a invocação de Santa Bárbara, que veneravam. Tal estrutura religiosa foi

* Gomes, 2010: 167-172.

na ocasião chamada de "casa de pajés", com o detalhe ficando por conta da descrição de uma festa de pajés vista no quilombo. Essas indicações sugerem práticas religiosas com origens e influências variadas, havendo formas culturais que podiam alcançar tanto os habitantes dos mocambos como aqueles que viviam fora deles, como libertos, índios, brancos e outros setores da sociedade envolvente. Seria a base de uma cultura camponesa — fortemente marcada pela presença de negros e índios. As cruzes, as "casas de oração" e as "casas de santo" podiam ser tanto fruto de influências das primeiras gerações de africanos na região e dos mais antigos habitantes do quilombo como da cultura indígena e as transformações de símbolos e significados étnicos e culturais.*

Mas temos poucas informações sobre a organização interna e a vida cotidiana dos quilombos do passado. Como eles viviam? Quais eram seus arranjos familiares? Suas práticas culturais? Sua organização política? Para os quilombos do Maranhão, dispomos de uma fonte única: um longo relato da expedição punitiva a partir do qual conhecemos um pouco da vida social dos mocambeiros. Revelam-se também as estratégias de negociação e conflitos das autoridades para se aproximar dos quilombolas, para propor acordos de rendição e para conseguir alcançar a aldeia onde os mocambeiros moravam.

Trata-se do episódio da invasão do quilombo São Sebastião em 1877. A preparação começou desde o ano de 1873, e em 1876 foi atacado o quilombo Braço do Laranjal. Mas no ano seguinte, o presidente da província do Maranhão, o senador Francisco Maria Corrêa de Sá e Benevides, enviou tropas de primeira linha — composta de cinquenta praças e alguns oficiais — sob o comando do major Honorato Cândido Ferreira Caldas, do Quinto Batalhão de Infantaria. Houve muitas investigações e contatos antecedendo a repressão. Esse oficial

---

* Ver a documentação sobre os quilombos maranhenses coligida e publicada por Araújo, 1992 e 1994.

militar demorou meses na região, e seu relatório revelou uma face incrível dos quilombos maranhenses, que já tinham se constituído em comunidades camponesas reconhecidas. Surgem indícios tanto sobre a organização política dos mocambeiros como sua economia e a cultura material de sua aldeia. No contexto da lei de 28 de setembro de 1871 — conhecida como a lei do Ventre Livre —, as autoridades tentavam negociar a rendição dos mocambeiros e fazer deles — pelo menos aqueles nascidos nos mocambos — camponeses livres. Em parte era uma estratégia que Francisco Brandão Junior — em sua tese de doutorado defendida em Bruxelas em 1863 — já propunha: transformar os mocambeiros do Maranhão em colonos, garantindo-se a eles terra e liberdade, uma vez que assim já viviam secularmente na região.*

Num documento inédito — cujo original está depositado no Arquivo Público do Maranhão (e foi localizado pela historiadora Mundinha Araújo) —, a longa transcrição desse relatório de uma expedição militar representa uma possibilidade de adentrarmos — embora com a ótica daqueles que queriam destruí-los — nos mocambos do passado para tentar entender práticas, tradições e culturas, muitas das quais com impactos até os dias atuais nas comunidades remanescentes do Maranhão.** Há tanto narrativas sobre a "vida selvagem" como as dimensões africanas e as percepções políticas da população de mocambeiros. As descrições das tentativas de negociação também sugerem que, como os mocambeiros estavam suficientemente próximos e articulados às paisagens socioeconômicas da região, era impossível ter êxito em sua destruição. Descrições sobre dificuldades e jornada das tropas são também reveladoras da dificuldade de se alcançar os quilombos e suas formas de defesa e proteção.

* Brandão Junior, 1865.
** Relatório do major Honorato Cândido Ferreira Caldas (1877) apresentado à Presidência da Província do Maranhão. Documento transcrito em Araújo, 1992.

A perspectiva do sítio agradou-me sumamente, pois estava ele colocado no centro (que era ao mesmo tempo o ponto culminante) de um belo descampado circular, de mil braças de diâmetro mais ou menos, terminando pelas roças que acompanhavam toda a circunferência. Eis a descrição do que ali havia: "58 casas, cobertas de palha e tapadas de barro, na maior parte com portas e janelas de madeira, sendo duas denominadas Casas de Santo, bem distintas pelas cruzes levantadas em frente, três de fazer farinha com os competentes fornos, uma de depósito e cera, outra guardando um alambique de barro, e as demais — habitação dos quilombolas, porém todas sem simetria alguma, tanto assim que só haviam duas ruas menos irregulares — a de cima e a de barro — separadas uma da outra pelo adro da capela velha, duas engenhocas de moer cana, movidas à mão, grande bananal e diversas árvores frutíferas, muita plantação de fumo pelos quintais assim como ananases, bastante mandioca, algodão, e uma bonita e grande criação de galinhas e patos, com a circunstância muito vantajosa de passar pelos pés do estabelecimento um braço do Jepenicaua (denominado igarapé de casa) que nunca havia secado. Mas voltemos à minha entrada: ao penetrar no recinto do mocambo, espraiou-se-me a vista por toda a parte, chamando-me a atenção um preto que surgia daqui, outro dali, e uma rapariga de acolá com espingarda, poltrona etc., formando nesse todo bélico um perfeito contraste com a falta quase absoluta de decência no traje; deste lado um homem gigante, musculoso, verdadeiro filho das selvas; daquele um simulacro de gente, um esqueleto... era a figura de um pobre velho, apoiado a um bastão, reduzido à maior penúria de magreza, com um dos pés aberto numa grande chaga; e lá no fundo, a esbelta de uma Santa Cruz, com os braços bem abertos, parecendo pedir preces em favor dessas infelizes criaturas, nossos semelhantes, e cuja raça já tem o sobejo pago de penosíssimo tributo de ser a vergonha da humanidade e especialmente do Brasil.

AQUILOMBADOS, NEGOCIAÇÕES E CONFLITOS

Houve quilombos surgidos de protestos e ocupação de terra no interior das próprias fazendas. No século XVIII, destaca-se o conhecido episódio do engenho de Santana, na Bahia. Aquele engenho — uma antiga fazenda de jesuítas — estava sob a administração de Manuel da Silva Ferreira e contava com cerca de trezentos escravos. Em 1789, os cativos se rebelaram, mataram o mestre de açúcar e se refugiaram nas matas circunvizinhas, quando enviaram um "tratado" ao administrador que estipulava: dispensa de dois dias semanais (sexta-feira e sábado) para cultivarem seus lotes de terras; cessão de redes e canoas para que pudessem pescar; direito de embarcarem os produtos provenientes de suas roças juntamente com o açúcar que seguiria para o mercado, para não pagarem fretes de barcas; substituição imediata dos feitores e eleição de outros com a aprovação deles, escravos; autonomia para realizarem suas festas e batuques sem a necessidade de autorização prévia, e outros temas relativos ao ritmo e ao tempo do trabalho diário. Procuravam preservar e alargar espaços de autonomia que provavelmente tinham conquistado desde os tempos da administração jesuítica.

Os escravos do engenho Santana tiveram como resposta uma implacável repressão. Em 1790, o principal líder, o crioulo Gregório Luis, foi enviado para a cadeia de Salvador, onde ainda permanecia em 1806, aguardando julgamento. Algumas décadas depois, em 1821, aquela comunidade escrava — muitos deles descendentes dos rebelados de 1789-90 — reinventou sua tradição de luta, mais uma vez ocupando o engenho de Santana por três anos, qual seja até 1824. Em 1828, tentaram um novo levante, e muitos deles tinham se aquilombado. Comparando as plantações de mandioca, café, peixe e a "farinha feita" encontradas na área do aquilombamento em 1828 e os itens das reivindicações de 1789, como, por exemplo, se fazer "uma barca grande" para levar a Salvador parte da economia própria dos escravos, ou seja, para "metermos nossas cargas para não pagarmos frete" e "plantar nosso arroz onde quisermos", verifica-se que ali tinha sido formada uma economia camponesa havia bastante tempo. Os aquilombamentos de 1789, 1821-4 e depois 1828 podem ter sido renovados capítulos de uma experiência compartilhada de conexão dos mocambos e senzalas, das roças e trocas mercantis. A insatisfação no contexto de 1821-4, além das questões conjunturais como a guerra pela independência da Bahia, pode ter sido gerada, entre outras coisas — tal como em 1789 —, pelo desejo dos cativos de aumentarem margens de autonomia no que diz respeito à economia própria. Crises socioeconômicas, principalmente relacionadas ao abastecimento de alimentos, por exemplo, faziam com que alguns senhores procurassem restringir e controlar mais as roças da economia própria de seus escravos. Ao que se sabe, o aquilombamento de 1821 contou com o apoio de outros escravos de plantações vizinhas e também dos habitantes de outros quilombos que já existiam na região. Na expedição enviada foram encontrados ranchos, plantações de mandioca, cana, algodão, rodas de pilar mandioca, sal, panelas e porção de pólvora. Mais adiante, numa distância de mais alguns quilômetros, foram encontrados outros tantos ranchos e mais roças de mandioca das quais se poderiam "fazer para mais de mil alqueires de farinha".

O historiador João Reis foi quem primeiro analisou a base camponesa que articulava ali comunidades de senzalas de vários engenhos e escravos aquilombados. Ciro Cardoso, justificando sua categorização de "brecha camponesa", também citou essas análises e os documentos publicados. Várias questões foram destacadas. Primeiramente, o número de cativos trabalhando no engenho de Santana. Entre o final do século XVIII e o início do XIX sabe-se que ali trabalhavam cerca de trezentos escravos, enquanto em 1828 falava-se da existência de 220 cativos naquele engenho. Essas quantidades excediam em muito a média da estrutura de posse de

escravos dos engenhos baianos. Destaca-se também o absenteísmo do proprietário de Santana no século XIX, no caso o marquês de Barbacena, um líder da classe dominante baiana. Tal absenteísmo pode ter provocado o descontentamento dos escravos — uma vez que os engenhos acabavam sendo controlados por administradores e/ou feitores que maltratavam os cativos e não reconheciam seus direitos costumeiros. Outra questão importante, tanto em 1789 como em 1824, foi a proeminência de cativos crioulos. Tal crioulização escrava diferia do cenário étnico-demográfico da população escrava de Salvador: a maior parte formada de africanos, homens e adultos. João Reis também destacou o local do engenho de Santana, em Ilhéus, região de povoamento esparso cercada por florestas, facilitando portanto a constituição e proteção de mocambos. Ao que presumiu — ao relacionar a quantidade de mandioca encontrada como fator indicativo para calcular a possível população dos mocambos —, havia em 1821-4 entre os aquilombados cerca de 240 habitantes, com mulheres e crianças em núcleos familiares.*

O documento do "tratado" proposto no engenho de Santana em 1789 — localizado em arquivos portugueses — foi primeiramente publicado num artigo de Stuart Schwartz em 1977, gerando polêmicas na historiografia da escravidão no Brasil. Enquanto alguns historiadores chamavam a atenção para as perspectivas em torno da relação resistência/acomodação escrava e as atividades econômicas próprias dos cativos, outros procuraram ressaltar o caráter atípico que envolveu esse episódio com os escravos de uma ex-propriedade dos jesuítas confiscada pela Coroa portuguesa em 1759.**

---

* Ver mais evidências sobre os desdobramentos para o século XIX dos aquilombados do engenho de Santana em Reis, 1979: 285-97.
** Sobre o documento original do Engenho de Santana, foi localizado e publicado por Schwartz em 1977. Posteriormente foi analisado por João Reis, Ciro Cardoso, Eduardo Silva, Clovis Moura, Antonio Barros de Castro, Jacob Gorender e Flávio Gomes.

Tratado proposto a Manuel da Silva Ferreira por seus escravos durante o tempo em que se conservaram levantados (c. 1789) [Engenho de Santana, Recôncavo da Bahia, século XVIII]

Meu Senhor, nós queremos paz e não queremos guerra; se meu senhor também quiser nossa paz há de ser nessa conformidade, se quiser estar pelo que nós quisermos a saber.

Em cada semana nos há de dar os dias de sexta-feira e de sábado para trabalharmos para nós, não tirando um destes dias por causa de dia santo.

Para podermos viver nos há de dar rede, tarrafa e canoas. Não nos há de obrigar a fazer camboas nem a mariscar, e quando quiser fazer camboas e mariscar mande seus pretos Minas.

Para seu sustento, tenha lancha de pescaria ou canoas do alto, e quando quiser comer mariscos mande seus pretos Minas.

Faça uma barca grande para quando for para Bahia nós metermos nossas cargas para não pagarmos fretes.

Na planta de mandioca, os homens queremos que só tenham tarefa de duas mãos e as mulheres de duas mãos e meia.

A tarefa de farinha há de ser de cinco alqueires rasos, pondo arrancadores bastantes para estes servirem de pendurarem os tapetes. A tarefa de cana há de ser de cinco mãos, e não de seis, e a dez canas em cada feixe.

No barco há de pôr quatro varas, e um para o leme, e um no leme puxa muito por nós.

A madeira que se serrar com serra de mão embaixo hão de serrar três, e um em cima.

A medida de lenha há de ser como aqui se praticava, para cada medida um cortador, e uma mulher para carregadeira.

Os atuais feitores não os queremos, faça eleição de outros com nossa aprovação. Nas moendas há de por quatro moedeiras, e duas guindas e uma carcanha.

Em cada uma caldeira há de haver botador de fogo, e em cada terno de faixas o mesmo, e no dia sábado há de haver remediavelmente peija no Engenho.

Os marinheiros que andam na lancha além de camisa de baeta que se lhe dá, hão de ter gibão de baeta, e todo o vestuário necessário.

O canavial de Jabiru o iremos aproveitar por esta vez, e depois há de ficar para pasto porque não podemos andar tirando canas por entre mangues.

Poderemos plantar nosso arroz onde quisermos, e em qualquer brejo, sem que para isso peçamos licença, e poderemos cada um tirar jacarandás ou qualquer pau sem darmos parte para isso.

A estar por todos os artigos acima, e conceder-nos estar sempre de posse da ferramenta, estamos prontos para o servirmos como dantes, porque não queremos seguir os maus costumes dos mais Engenhos.

Poderemos brincar, folgar, e cantar em todos os tempos que quisermos sem que nos impeça e nem seja preciso licença.

Nas últimas décadas do século XIX, há mais registros de como alguns quilombos se formaram articulados com várias formas de ocupação de terra e protestos dos escravos nas senzalas. Em 1870, em Mangaratiba, havia um grupo de escravos refugiados que montaram seus ranchos nas terras da fazenda Marambaia, pertencente ao comendador Souza Breves, traficante de escravos e dono de quase uma dezena de fazendas — nos municípios de Piraí, Rio Claro, Mangaratiba, Barra Mansa e São José do Príncipe — com milhares de escravos, muitos dos quais africanos traficados ilegalmente nas décadas de 1830 a 1850. Quanto aos insubordinados, tratava-se de pelo menos dez escravos que decidiram se aquilombar devido à "repugnância de serem removidos para outras fazendas", ou seja, não queriam ser transferidos. Várias tentativas de capturá-los fracassaram. Eles estavam organizados em laços familiares e parentesco ritual e avaliavam que uma transferência representaria uma derrota para sua comunidade de senzala. Acesso às roças, a gestação de uma cultura comunitária, expectativas da alforria e margens de autonomia — embates entre políticas de domínio e aquelas dos escravos — estavam em jogo. Situações comuns numa sociedade escravista como compra, venda, doação ou transferência de escravos podiam significar momentos cruciais para as comunidades escravas que se constituíam. Na defesa daquilo que consideravam "direitos", aqueles escravos pretendiam permanecer ali, trabalhando, ao lado de parceiros e parentes. Burlando a vigilância de feitores e capatazes, chegavam a pernoitar nas próprias senzalas; enquanto de dia vagavam nas matas fugindo da repressão. Ao que parece, não construíram ranchos nem roças, optando apenas por se manterem escondidos, pois contavam com o apoio dos outros escravos, que os alimentavam e acoitavam nas senzalas durante a noite.

Aquilombamentos como ocupação de senzalas e terras das próprias fazendas ocorreram em outros lugares. Em 1874 se refugiaram alguns escravos em Barra de São João. Estava envolvido o comendador Antônio Francisco da Costa Cabral, que tinha comprado a fazenda Fructeira com seus respectivos escravos havia pouco mais de nove anos. Estabelecendo-se então com sua família e se dedicando ao cultivo do café, aquele fazendeiro, verificando estar sua "escravatura bastante insubordinada", tentou negociar com os escravos para que voltassem "aos hábitos do trabalho". Durante um tempo, teve algum sucesso, mas depois não "conseguiu um resultado feliz". Argumentou que apesar da "abundância em que viviam" os escravos — pois lhes fornecia fumo e aguardente —, "permaneciam aquilombados", ainda que "nas proximidades da fazenda", construindo ranchos e praticando "pequenos furtos, como é costume em tais casos para subsistirem". A repressão empregada para capturá-los só conseguia encontrar ranchos e roças abandonados. Nas investigações descobriu-se o motivo daquele aquilombamento: estavam "todos os escravos da roça pedindo venda, porque não que-

Libertos, cativos e roceiros negros nas áreas rurais
do sudeste escravagista

riam mais servir àquele senhor", mas não reclamaram que "sofriam castigos rigorosos", porém desejavam sair da fazenda, porque seu senhor moço tinha se retirado para a corte. Enquanto as autoridades avaliavam que eles queriam "viver na ociosidade", uma vez que "não havia o menor motivo de queixa contra o senhor", esses escravos se aquilombaram.

Nas últimas décadas da escravidão ocorreram mais episódios semelhantes. Em 1876, em Macaé, o fazendeiro Manoel Cruz Senna reclamava que seus escravos estavam refugiados no interior de sua fazenda. As escapadas tinham começado havia cerca de cinco anos, tendo pouco a pouco sido seduzida a maior parte dos escravos, até formarem um quilombo. Existiam pelo menos 39 escravos seus aquilombados na fazenda Santo Antônio, localizada na freguesia de Macabu. Além de construírem ranchos, aliciavam os cativos remanescentes e praticavam furtos "começando pelos arrombamentos nos paióis de depósito de café, gados e outras criações, do que se sustentavam". Havia denúncias de que eram acoitados e protegidos por lavradores da região. As investigações revelavam que esses aquilombados queriam ser vendidos. Depois de quase um mês de negociações, os aquilombados — em pequenos grupos — se apresentaram à polícia com a garantia de que não seriam castigados, mas imediatamente vendidos. Em Campos dos Goitacazes — área conhecida de quilombos desde o século XVIII — foi formado o quilombo da Loanda, no interior da fazenda do mesmo nome, nas margens do rio Paraíba. Tendo falecido a proprietária da fazenda, libertos e escravos resolveram ocupá-la, expulsando os administradores, uma vez insatisfeitos com a venda que dela se fizera. João Ferreira Tinoco, que havia comprado a fazenda dos herdeiros, não conseguia tomar a posse, sendo rechaçado pelos aquilombados desde 1877. O *Monitor Campista* tinha publicado o anúncio de venda da Fazenda da Loanda, destacando que tinha "de testada setecentos braços e meia légua de fundos ou 160 alqueires de terras em seu todo, apropriadas para a cultura de cana, e pastagens nas terras planas e nos altos e montanhosos para a cultura de mandioca e café". O anúncio não fazia nenhuma menção sequer da existência de escravos na fazenda, mas aquela ocupação representava "mau exemplo" para outros escravos de Campos dos Goitacazes, pois várias diligências e tentativas de negociação fracassaram. Os aquilombados não quiseram nenhum acordo, acreditando que, com a morte da senhora, tinham ficado livres e poderiam continuar trabalhando naquela fazenda apenas para seu sustento. Numa ocasião, as autoridades policiais determinaram que fossem cercadas com vistas a cortar todo e qualquer abastecimento. Com a preocupação em desocupar a propriedade, optava-se por tentar vencê-los pela fome e cansaço. Impossibilitados de cultivarem suas lavouras — já que ficariam à mercê da tropa — ou de comerciarem com outros escravos e vendeiros, os aquilombados acabaram se entregando. Mas eles conseguiram resistir por mais algum tempo ao bloqueio, sendo alguns capturados e outros tendo se entregado. Durante quase quatro anos — de 1877 a meados de 1880 —, fazendeiros e lavradores de Campos desfrutaram da vizinhança daquele quilombo original.*

---

* Estes episódios são detalhados a partir da correspondência policial – entre as décadas de 1860 a 1880 — da Província do Rio de Janeiro em documentação coligida no Arquivo Nacional (ANRJ) e no Arquivo Público do Estado do Rio de Janeiro (APERJ). Ver: Gomes, 2006.

MISTURAS ÉTNICAS

Mais conhecidos em outras partes das Américas, há também no Brasil registros sobre alianças e misturas étnicas envolvendo indígenas e africanos estabelecidos nos quilombos. Ao longo de todo o período colonial e depois pós--colonial existiram populações indígenas, tanto semi-isoladas como aldeadas. Durante os séculos XVI, XVII e até meados do XVIII, a escravidão abarcava indígenas, africanos e descendentes de ambos. Alguns grupos indígenas eram escravizados — através de tropas de resgates, apresamentos e descimentos — e transferidos para as unidades produtivas distantes. Acabavam sendo utilizados tanto no corte do pau-brasil como no trabalho em lavouras de alimentos, no pastoreio de gado e no transporte de canoas. Nas primeiras décadas, a economia colonial floresceu com a utilização de mão de obra indígena. Tanto aquela diretamente escravizada como aquela livre, num tipo de trabalho compulsório fosse em estabelecimentos agropecuários de religiosos — principalmente jesuítas, beneditinos e carmelitas — como em propriedades de leigos e colonos em geral. Em várias ocasiões, fazendeiros e religiosos entraram em conflito em torno do controle e da distribuição da mão de obra. Num primeiro momento, indígenas, trabalho escravo e catequese estavam articulados no mundo colonial. Embora em menor número, a população escrava africana foi utilizada desde os primórdios da colonização e em várias áreas. A visão de uma população cativa de origem indígena, preguiçosa e indolente substituída — de forma quase automática — pela população africana, adaptada e obediente foi, por muito tempo, reproduzida em livros didáticos. Na verdade, o estabelecimento e a força da plantation no Brasil acontecem com a utilização de mão de obra indígena em conjunto com a população de origem africana. O açúcar — que chegava através de abarrotadas caixas, alcançando os mercados europeus nos séculos XVI e XVII — foi produzido pelo trabalho de cativos indígenas e africanos.

As primeiras comunidades de fugidos no Brasil talvez tenham sido formadas também por cativos indígenas. Com a crescente chegada de africanos e sua utilização massiva, acabaram sendo a maioria nas fazendas e, portanto, entre os fugitivos. Encontros e conexões entre indígenas e africanos podiam acontecer no ambiente de trabalho — há indicação de que, em minoria, os africanos ocupavam as funções especializadas enquanto os indígenas trabalhavam nas lavouras — principalmente nos séculos XVI e XVII. Tal proporção foi paulatinamente se invertendo, até os africanos assumirem a maioria na população escrava em diversas regiões. Não é difícil sugerir grupos de escravos — indígenas e africanos — escapando juntos ou comunidades destes que se formavam e ampliavam suas populações, mas pouco sabemos como a sociedade colonial identificou o surgimento dessas microssociedades misturadas em termos étnicos. Na Amazônia, a administração colonial utilizava a denominação "mocambos de índios" para falar de comunidades de fugitivos indígenas dos aldeamentos. Assim, o termo africano era utilizado para falar do fenômeno mais geral das fugas de índios.*

Em áreas de fronteiras e/ou mineradoras temos evidências de grupos indígenas — como os carijós, waiampis, caiapós, tiriós, xavantes, waianas, guaicurus — misturados com grupos africanos. Não significaram apenas solidariedades e trocas culturais. No processo colonial, muitas vezes essas comunidades que migravam e reproduziam rearranjos multiétnicos viveram conflitos. Ainda que raros, há casos de grupos indígenas que chegaram a comprar e manter escravos africanos em suas aldeias. Desconhecemos em detalhes os movimentos étnicos dessas conexões e os nomes das populações indígenas ou origens dos africanos nelas mantidos.

* Schwartz, 2003.

Em Goiás, no final do século XVIII, os índios apinajés tinham sido acusados de assaltarem o quilombo de Pederneiras para roubar ferramentas. Antes disso, os índios avás-canoeiros já eram conhecidos por seus contatos com os quilombolas.*

Nem tudo foram flores no convívio entre quilombolas e indígenas. Invariavelmente no período colonial, especialmente no século XVII, as expedições antimocambos contavam com integrantes indígenas, fossem escravos ou livres. Também sabemos muito pouco sobre a vida cotidiana nesses agrupamentos. Populações indígenas — em determinadas áreas — podiam avaliar a aproximação e o estabelecimento de quilombos e mocambos como ameaças. A existência de mocambos numa dada região significava mais repressão e expedição de apresamentos contra grupos indígenas. Em contrapartida, muitos quilombolas se mantiveram protegidos (talvez invisíveis) em áreas indígenas que rechaçavam os contatos coloniais. Funcionavam assim como uma zona de proteção. Portanto, em alguns momentos os setores coloniais não conseguiam adentrar áreas ocupadas por indígenas, considerando que ali proliferavam comunidades de fugitivos, misturados ou não. Outras vezes a própria interiorização colonial, via bandeirantes, era motivada pela possibilidade de capturar prisioneiros a serem transformados em escravos — no caso indígenas — ou reescravizados, para a situação dos habitantes de quilombos atacados.

Também conflitos, alianças e misturas podiam acontecer em função do sequestro, já que quilombolas eram acusados de sequestrar mulheres indígenas e escravas. Há registros de indígenas aldeados em missões que foram utilizadas para capturar fugitivos e destruir quilombos; de grupos indígenas isolados que atacavam os quilombolas temendo que sua proximidade atraísse a perseguição colonial; e de quilombos formados de alianças entre fugitivos negros e indígenas. Nas

* Karasch, 1996.

regiões baianas coloniais, são várias as evidências. Em Paramirim, a ordem era extinguir os mocambos e aprisionar os índios maracazes, cucuruís e araxás que os auxiliavam. Já em Camamu surgiram denúncias de que o "gentio bárbaro" — como eram denominadas as populações indígenas não alcançadas pelos contatos de domínio colonial — estava pilhando fazendas e assassinado os escravos negros. No sertão de Rio das Contas e de Jacobina havia denúncias sobre mocambos de negros que se comunicavam com grupos indígenas ainda arredios. Para fugir das expedições que tentavam escravizá-los, os índios mongoiós se aliaram aos quilombolas em Geremoabo. Existiam também grupos indígenas pataxós, maxacalis e botocudos e contatos com os mocambos de negros. Num acampamento quilombola atacado foram apreendidos arcos, flechas, colares, vasos de barros, instrumentos musicais como pandeiro usados em danças, ídolos em forma de imagens de fogo ou do sol e machadinhas de pedra muito utilizadas pelos índios.*

Grupos quilombolas de origens indígenas e africanas podem ter surgido. No Mato Grosso, no alvorecer do século XVIII, apareceu o grande quilombo do Quariterê, depois conhecido como Piolho. Por volta de 1770 ele foi atacado e destruído, e foram capturados entre homens, mulheres e crianças mais de cem quilombolas, sendo trinta índios. Em 1795, esse quilombo reapareceu descrito em detalhes no diário de Francisco Pedro de Mello, um bandeirante enviado para destruí-lo e também para encontrar ouro. Ele permaneceu na região por mais de sete meses comandando uma grande bandeira com soldados, guias e carregadores, que, partindo de Vila Bela, desceu os rios Guaporé e Branco até penetrar o centro da Serra de Parecis, região onde sabia ter

---

* Ver os documentos coloniais publicados em Documentos Históricos (DH), volumes 75 e 76 respectivamente PPS. 133-4 e 335. Ver também Azevedo, 1953 e Toral, 1984-1985.

existido o quilombo do Piolho. Tratava-se de uma extensa área com ilhas, ribeirões e "densa e alta mataria", estando ali localizados inúmeros mocambos com indígenas e africanos miscigenados. Segundo investigações, depois dos ataques de 1770 os quilombolas teriam permanecido escondidos e tornaram a se estabelecer nas "vizinhanças do antigo lugar". O que aconteceu com os "novamente aquilombados"? Sabe-se que morreram muitos, uns de velhice e outros nas "mãos dos gentios cabixis, com que tinham continuada guerra, a fim de lhe furtarem as mulheres das quais houveram os filhos caborés". Dos quilombolas remanescentes dos ataques de 1770 havia seis vivos, os quais eram "os regentes, padres, médicos, pais e avós do pequeno povo que formava o atual quilombo". A bandeira achou em vários quilombos plantações de milho, feijão, favas, mandioca, amendoim, batatas, abóboras, fumo e algodão "de que faziam panos grossos e fortíssimos com que se cobriam". Contínuos ataques dos indígenas cabixis provocaram a redução da original população quilombola, mas como diversas mulheres indígenas haviam sido capturadas, o quilombo ressurgiu com nova conformação étnica, sendo comandado por alguns negros — entre os quais remanescentes dos antigos mocambos — e a base de habitantes indígenas e "caborés", como eram chamados os filhos de indígenas com negros. Essa mudança étnico-demográfica acarretou impactos culturais, pois em contato com os antigos quilombolas africanos, "os caborés e índios de maior idade sabiam alguma doutrina cristã" e falavam o português com a "mesma inteligência dos pretos" com os quais tinham aprendido.*

---

* Ver a documentação colonial sobre o Mato Grosso (1795) na seção de manuscritos da Biblioteca Nacional (BNRJ), Códice 22, 1,27 e no Instituto Histórico e Geográfico Brasileiro (IHGB), Códice 1,2, 5.

NAS FRONTEIRAS COM AS GUIANAS

Nas áreas de fronteiras aconteceriam aventuras originais. Desde os últimos anos do século XVII, no Grão-Pará, entre o atual estado do Amapá e a Guiana Francesa, há registros de comunidades de fugitivos, misturando africanos de procedências diversas e também grupos indígenas. Ali existiam homens e mulheres africanos escravizados — oriundos da África Ocidental e da África Central, das regiões da Senegâmbia, Baía de Benin, Baía de Biafra, Serra Leoa, Angola, Benguela e dos portos de Bissau, Cacheu, Luanda, Loango, Uidá, Gabão, Calabar, Popó, Bonny, Goreé e Mpinda — que desembarcaram tanto em Caiena, na Guiana Francesa, como em Belém, no Grão-Pará. Em áreas coloniais tanto portuguesas como francesas, eles foram trabalhar em feitorias, plantações de arroz, engenhocas de aguardente, roças de mandioca, pastoreio de gado e construção de fortalezas militares. Criaram comunidades nas unidades de trabalho e se misturaram com índios também.

Em áreas disputadas por interesses de Portugal e França, fugitivos de ambos os lados se encontraram e fizeram história. Com a ajuda de pequenos comerciantes, colonos e grupos indígenas, os africanos escravos, tanto do lado português como do francês, migravam à procura da liberdade. As disputas territoriais tornavam o controle e o policiamento cada vez mais precário nessas fronteiras. Ainda assim, autoridades francesas e portuguesas realizaram, em várias ocasiões, trocas recíprocas de cativos fugidos. Em 1734, o rei de Portugal, d. João I, escreveu determinando a restituição de escravos vindos de Caiena, que procuravam se refugiar em terras lusitanas. A Coroa portuguesa falava em punição para aqueles que auxiliassem os escravos que procuravam fugir nas fronteiras.*

---

* Ver: Anais da Biblioteca e Arquivo Público do Pará, volume VI (Alvarás, cartas-Régias e Decisões), documento 413, pp. 222.

Mais do que somente trânsito de fugitivos, especialmente mocambos e quilombos foram estabelecidos exatamente nas áreas fronteiriças, aproveitando tanto a topografia — rios, cachoeiras e extensas florestas — como as imprecisões territoriais e as jurisdições coloniais Portugal e França, e depois pós-coloniais, Brasil e França. Os contatos entre fugitivos dessas duas áreas coloniais internacionais não eram uma promessa ou simples ameaça: atemorizavam e muito. No Oiapoque, um militar que viajava na região se deparou com mais de oitenta negros, todos armados de flechas, facões e armas de fogo.* No outro lado da fronteira — Guiana Francesa — também temos a descrição de um quilombo, o Monteigne Plomb, atacado em 1748. Era formado por trinta cabanas, habitado por 72 quilombolas que praticavam a agricultura de coivara e abriam anualmente novas roças, plantando mandioca, milho, arroz, batata-doce, inhame, cana-de-açúcar, banana e algodão. Complementavam sua economia com a pesca e a caça, para a qual tinham fuzis, arcos e flechas, armadilhas e cães. Desenvolviam também atividades artesanais e fabricavam bebidas para seu consumo. De 1802 a 1806, sabe-se ainda que um dos mais famosos bandos de *maronage* da Guiana Francesa era liderado pelo negro Pompeé, que estabelecera havia cerca de vinte anos uma economia agrícola estável nesse mocambo, chamado de Maripa.**

Enfim, grupos diversos de africanos — muitos dos quais recém-desembarcados — fugiram, tanto do lado francês como do lado português, e organizaram dezenas de microssociedades na floresta. Dos vários mocambos que se constituíram na região do Amapá, aqueles que se formaram na área do Araguari foram os mais populosos, estáveis e antigos. Os fugitivos estavam bem protegidos numa área cercada

---

* Documento do Arquivo Público do Estado do Pará (APEPA), Códice 277 (1793-1794), Ofício de 27.08.1784.
** Ver: Cardoso, 1981: 41-2 e segs. e Moitt, 1996.

por rios e cachoeiras que dificultava a aproximação de expedições antimocambos, assim como facilitava imediatas retiradas. Localizava-se na passagem do rio Araguari, acima das cachoeiras. Também usavam armas: arcos, flechas e facas.

QUILOMBOS NAS FRONTEIRAS DO GRÃO-PARÁ
E À GUIANA FRANCESA, SÉCULO XVIII E XIX

NOME	DATA
AMAPÁ	1734, 1762, 1779, 1788
ARAGUAI	1762
ARAGUARI	1794-98, 1840-68
CABECEIRAS DO ARAGUARI	1766
CAVIANA	1767
CUNANI	1870-98
MAGUARI	1767
MAZAGÃO	1785, 1800
RIO ANAURAPUCU	1774
RIO ARAUARY	1762
RIO CAMARUPI	1763
RIO MATAPI	1765, 1775, 1804
RIO PESQUEIRO	1793
VILA DE IGAPURU	1803

Um documento — localizado por Anaíza Vergolino-Henry — do acervo do Arquivo Público do Estado do Pará traz detalhes sobre os contatos transnacionais daquelas fronteiras envolvendo fugitivos e colonos europeus.* Em 1791, atra-

* Documento do Arquivo Público do Pará (APEPA) coligido, transcrito e publicado por Vergolino-Henry & Figueredo, 1990: 205-6.

vés de um interrogatório realizado em Macapá, revelou-se como os quilombolas dos dois lados da fronteira se comunicavam. Mocambos formados bem perto da fronteira mantinham relações de comércio com colonos franceses. Tinham igualmente sua base econômica, fazendo "salgas", tingindo roupas, plantando roças, pastoreando gado e fabricando tijolos para a construção de fortalezas francesas. Destacam-se estratégias e rotas de fugas, e mesmo a perspectiva original dos quilombolas de procurarem autonomia e proteção. Viviam do lado da fronteira portuguesa, porém comerciavam, trabalhavam e mantinham relações diversas com os franceses do outro lado. A garantia de sucesso dessa estratégia era diariamente atravessar a fronteira, tarefa que não parecia fácil. Cortavam rios e matas, levando inclusive mantimentos para longas jornadas. Esses quilombolas estavam mesmo na fronteira da liberdade e sabiam disso. As autoridades ficaram alarmadas e dois anos depois, o próprio juiz da Câmara de Macapá chegou a propor que esses quilombolas, caso fossem capturados, não deveriam ser imediatamente soltos e entregues aos seus senhores. Em sua proposta, só deveriam sair da cadeia para "seus donos os venderem, o que devem fazer para diferentes países donde nunca mais aqui apareçam porque do contrário nos ameaça outra maior ruína, porque cada um desses escravos é um piloto para aqueles continentes".

> Auto de perguntas feitas ao preto Miguel, escravo de Antônio de Miranda, a requerimento deste.
> Sobre a fugida que queria fazer o dito escravo. Ano do nascimento de Nosso Senhor Jesus Cristo de mil e setecentos e noventa e um anos aos cinco dias do mês de setembro do dito ano nesta vila de São José de Macapá em a cadeia pública dela donde veio o juiz ordinário Manoel Francisco de Melo comigo escrivão dantes e por ele juiz foram feitas perguntas ao preto Miguel, escravo de Antônio de Miranda, a requerimento do dito seu senhor sobre a fuga que queria fazer e a fala que se

supunham ter com os pretos desertos desta vila que se acham amocambados. E sendo aí o dito preto na presença dele juiz declarou o seguinte: Que vindo ele da Campina da Roça de seu senhor encontrara o preto José escravo do falecido João Pereira de Lemos e lhe dissera se queria ele ver e falar aos pretos que andavam fugidos ao que ele respondeu que sim e logo o conduziu o dito preto José ao Curral do Contrato e aí se achava o preto Joaquim de Manoel do Nascimento, um dos fugidos que estava conversando com o preto de Antônio Fernandes Horta, e indo mais adiante achavam o preto Domingos, e outro escravo do alferes João José Pereira e um de Manoel Joaquim Picanço e um de Domingos de Ávila e que querendo assobiar o dito preto José lhe dissera que não assobiasse porque a senha deles era chupar nos beiços, o que ele logo fizera. Porém que os ditos pretos fugidos o não conheciam e fazendo pé atrás pegavam contra ele em arco e flecha, porém que conhecendo lhe falaram perguntando-lhe como passava por cá ao que eles lhes perguntaram como passavam eles por lá. Ao que eles lhes responderam que passavam muito bem que logo que daqui fugiram como iam amofinados e cansados da viagem os sangravam e purgavam e que foram tratados a galinha, e que tornando-lhes a perguntar em que se ocupavam lá lhes responderam que era em fazerem roças grandes e que seus haveres os vendiam aos franceses porque com eles tinham comércio e que eles mesmos lhes tinham dado um padre da Companhia mas que esse já tinha morrido e que lhes tinham mandado outro, e que o mesmo padre era o que os governava e que estavam muito bem de sorte que o escravo de Estevam Luis da Rocha já lá tinha um curral de gado, e que parte dos seus companheiros tinha partido a fazer uma salga para o seu padre e outros que havia pouco tempo que tinham acabado de fazer tijolo para os franceses fazerem uma fortaleza com os ditos pretos, e que todos andavam sempre armados com seus chifarotes o que se viu nos com que falou e roupas tinta de Caapiranga, e que se despedindo deles lhes disseram adeus até a festa do Natal e que eles não vinham obrigados pretos que fugissem que só sim iriam os que quisessem impor sua livre vontade e que mais lhes disseram e será que o caminho por donde costumavam a vir à vila já não era pelo frechal que gera pela banda a donde Manoel Antônio de Miranda tem o curral para amor dos brancos que iam atrás deles; e que tinham uma canoinha no rio do Araguari para que quando vinham e iam se passarem nela de uma para outra banda e que mais lhes disseram que sua existência era do Araguari para lá mas que todos os pretos fugidos estavam da parte de cá e que para irem trabalhar a terra dos franceses atravessavam um rio de água salgada para lá irem e que iam pela manhã e vinham a noite e que todos os pretos que desta vila têm fugido que lá estavam, e que só uma preta do cadete José Antônio da Cruz tinha morrido de parto e mais disse o dito preto, que os pretos fugidos lhes disseram que tinham partido dela para cá o mês passado para tornar em vir e que quando vinham deixavam metade do mantimento no meio do caminho para quando voltavam e disse mais que o preto de Fortunato Lopes e o preto de Pedro Gonçalves Homem também estavam falando com os pretos desertores na mesma noite que ele também falava com os ditos pretos e mais disse que os pretos todos com quem ele falou tinham todos chifarotes e mais não disse o dito preto perguntado pelo dito juiz que as cinco ditas perguntas de que dou fé e eu Joaquim José Lisboa, escrivão do Geral, que o escrevi. Manoel Francisco de Mello. Juiz ordinário.

Em áreas amazônicas aconteceu outro fenômeno original, quando mocambeiros e quilombolas entraram em contato — muitas vezes com a intermediação de grupos indígenas — com os grupos de *bush negroes*/"negros da mata" (como eram denominados os fugitivos e descendentes deles) da Guiana holandesa. A partir de vários estudos conhecemos um pouco da memória sobre os mocambos e comunidades remanescentes das regiões do Baixo Amazonas, destacadamente sua etnogênese e contatos inter e transculturais de grupos indígenas e *maroons* nas fronteiras. Desde o século XVIII houve contatos de quilombolas do Brasil e os "negros da mata" do Suriname. Na área do Baixo Amazonas (Santarém, Óbidos, Monte Alegre, Trombetas e Alenquer), mocambos e fugitivos produziram — entre rios, e muitas cachoeiras e escarpadas florestas — itinerários, rotas e cooperação para cenários transnacionais, redefinindo territórios e fronteiras étnicas. Alguns apareceram na documentação já no final do século XVIII. Em 1805 havia referências a "um formidável mocambo de negros do rio Curuá" e que "se presumia existir no rio Trombetas um quilombo de gente vermelha e negra". Em 1855, uma expedição antimocambos no rio Mapuera localizou "gentios, uns de cor alva e barbados e outros de cor bronzeada e barbados" que estavam em contato com os quilombolas, e todos traficavam com os comerciantes ou mascates de Demerara, nome da antiga colônia holandesa, onde compravam armas de fogo e terçados. Havia uma tradição de migrações permanentes com contatos com negros fugidos tanto no Brasil como no Suriname e a intermediação de trocas mercantis via grupos indígenas. Destacam-se os tiriós (chamados de *trios* na Guiana Holandesa), os pianocotós e os xarumas. Já em 1749, grupos indígenas instalados na fronteira estabeleciam contatos com os "negros da mata" do Suriname. Em 1875, Barbosa Rodrigues, um conhecido viajante da região do Trombetas, destacou que os "mocambistas" do lado brasileiro tinham "trato com os brancos das povoações", os quais negociavam através dos índios, alcançando os "mocambistas do Suriname".*

---

* Alonso, 2002 e Salles, 1971.

QUILOMBOS NO BAIXO AMAZONAS (ÁREAS DE ÓBIDOS, SANTARÉM, CURUÁ, MONTE ALEGRE E ALENQUER), SÉCULOS XVIII E XIX

NOME	DATA
ALTER DO CHÃO	1765
ALENQUER	1787, 1805, 1816
CIDADE MARAVILHA	1848
MONTE ALEGRE	1765, 1772
ÓBIDOS	1800, 1810-1, 1814-5
RIO CURUÁ	1767, 1797, 1801
SANTARÉM	1768, 1769-73, 1788, 1797, 1813

No final do século XIX, o barão de Marajó afirmou que índios e negros dos mocambos se comunicavam "com as malocas de negros que povoavam as cabeceiras do Saramaca e Suriname na colônia holandesa". Tavares Bastos comentou que os mocambos do Trombetas permutavam com holandeses da Guiana. Em 1928, numa expedição na região do Tumucumaque, Gustavo Cruls observou que ainda existiam negros remanescentes dos mocambeiros que faziam comércio de castanha, cumaru (um tipo de fragrância) e óleo de copaíba com os grupos indígenas dos ariquenas, xarumas e tunaianas. Também através dos tiriós e pianocotós na fronteira, mocambeiros estabeleceram contatos com os "negros da mata (*bush negroes*)" do Suriname. Investigando as fronteiras indígenas, Protássio Frikel destacou que os *ndyukas* (*maroons* do Suriname) faziam viagens comerciais às aldeias tiriós trocando cachorros de caça, arcos, pano vermelho, miçangas e instrumentos de ferro por parte dos negros.

Comunidades de negros fugidos do Suriname, grupos indígenas e mocambeiros fizeram um encontro original nas fronteiras amazônicas. Missionários atravessando a cordilheira do Tumucumaque em 1944 colheram a informação, do cacique Aparai dos macurus, de que havia naquela região dezoito tribos de índios e quatro de negros, e as "tribos negras" eram denominados de meico're, termo igual a *mekoro*, como eram apelidados pelos índios os "negros das matas" do Suriname e da Guiana Francesa.

Em meados do século XIX, as autoridades do Pará diziam que no Trombetas havia "um mocambo inexpugnável e duma existência longuíssima" com mais de trezentos habitantes. Afirmavam ainda: "Os perigos que nos cercam são inúmeros, porque além do mocambo do Trombetas, de outros menores" existiam "índios aquém da cordilheira do Tumucumaque, e para além da mesma cordilheira existem três repúblicas independentes de negros que infalivelmente devem se comunicar com os de cá por intermédio dos índios".*

No Suriname, desde o século XVII, grupos de negros fugidos estabeleceram comunidades *maroons*, existentes até os dias atuais. Em 1760, uma das comunidades de fugitivos, chamada de aukaner (ou ndyukas), negociou a paz com as autoridades holandesas, que reconheceram sua autonomia e permitiram a ocupação da terra em troca da devolução de novos fugitivos e de lealdade colonial. Estavam estabelecidos ao longo do rio Tapanahoni, perto da fronteira com a Guiana Francesa. Anos antes, em 1749, outro grupo de fugitivos, situado entre os rios Saramacca e Suriname, no centro do Suriname, havia tentado negociar a paz com as autoridades coloniais e terminaram por fazê-lo em 1762. Constituíram consideráveis comunidades que existem até hoje e são denominados saamakas. Um pequeno grupo dissidente dos saamakas continuou por cinco anos (1767) as lutas anticoloniais, vindo a formar o grupo matawai. A língua crioula dos saamakas — uma invenção linguística — é radicada em parte no português, porque os cativos fugidos que formaram tais

---

* Além do estudo clássico de Salles, 1971, ver Alonso, 1994 e 2002 e Funes, 1996.

comunidades, nos séculos XVII e XVIII, pertenciam a fazendeiros judeus sefarditas (e seus descendentes) que chegaram ao Suriname, em companhia dos holandeses, depois de serem expulsos do Nordeste brasileiro em meados do século XVII. Novos grupos de fugidos surgiram no final do século XVIII, entre os quais se destacam os alukus (também denominados bonis). Estes passaram a fronteira com a Guiana Francesa em 1776 e, ao contrário dos grupos anteriores, só conseguiram estabelecer tratados de paz em 1860, não mais com os holandeses, mas sim com os franceses. Com tratados de paz e negociações, tais grupos desenvolveram suas culturas e geraram microssociedades no interior da floresta, ao longo dos séculos XIX e XX, sem com isso permanecerem isolados. Foi com essas e outras comunidades que indígenas e quilombolas do Brasil mantiveram conexões. Atualmente nas Guianas — especialmente no Suriname e em partes da Guiana Francesa — existem milhares e milhares de habitantes em sociedades *maroons*, gerações remanescentes dessas comunidades de fugitivos da escravidão formadas nos séculos XVIII e XIX.*

* Ver os vários estudos clássicos de Richard Price e Sally Price sobre as sociedades *maroons* no Suriname e Guiana Francesa, do século XVII aos dias atuais.

FORMAS CAMPONESAS COLONIAIS E PÓS-COLONIAIS

Na perspectiva historiográfica do século XX, várias imagens foram produzidas para entender os quilombos. Podemos dividi-las em dois tipos: 1) Uma *visão culturalista* — com força nos anos de 1930 a 1950 — pensou os quilombos tão somente como resistência cultural. Escravos teriam fugido e se organizado para resistir culturalmente ao processo de opressão. Nessas visões, seria apenas nos quilombos que os africanos e seus descendentes poderiam preservar suas identidades étnicas. A África era vista numa perspectiva romantizada, homogênea ou essencializada. Autores como Nina Rodrigues, Artur Ramos, Edison Carneiro e depois Roger Bastide argumentaram nessa direção; 2) Uma *visão materialista* — que ganhou força nos anos 1960 e 1970 com críticas formuladas às teses de benevolência da escravidão brasileira propostas por Gilberto Freyre — apresentou os quilombos como a principal característica da resistência escrava. Devido aos castigos e maus-tratos, os escravos resistiram à opressão senhorial fundando quilombos. Essas visões apareceram com força nos textos de Aderbal Jurema e depois Clóvis Moura, Luis Luna, Alípio Goulart e Décio Freitas. Essas duas visões — aquela que reforçava a perspectiva *culturalista* e aquela *materialista* — acabaram produzindo uma ideia da "marginalização" dos quilombos. Seriam mundos isolados, ora de resistência cultural, ora de luta contra o escravismo.

É interessante verificar que para a legislação colonial havia várias definições de quilombos. Enquanto em 1740 o Conselho Ultramarino estabelecia como quilombo "toda a habitação de negros fugidos que passem de cinco, em parte despovoada, ainda que não tenham ranchos levantados nem se achem pilões neles", houve câmaras coloniais desde o século XVII e outras ao longo do século XIX que definiam quilombos como "dois ou mais fugidos" ou somente quando houvesse ranchos e pilões, ou seja, quando tivesse estrutura econômica fixa, pelo menos provisoriamente.*

Em função da diversidade, intensidade e frequência — espacial e temporal — dos quilombos brasileiros, uma tipologia pode sugerir generalizações. Determinar entre grandes, médios ou pequenos, formas de organização e estruturas sociais é complicado. Seriam necessárias mais e mais pesquisas arquivísticas e etnográficas (e agora também com as abordagens dos usos e sentidos da memória) sobre as histórias de quilombolas no Brasil — no passado e no presente, como veremos — que escapam a qualquer modelo. Mas foi Décio Freitas quem propôs uma tipologia em termos econômicos. Haveria sete tipos de quilombos. Os principais seriam os *agrícolas* existentes em toda parte; já aqueles *extrativistas* proliferavam nas regiões amazônicas e havia aqueles denominados *mercantis* que realizavam trocas que alcançavam grupos indígenas e regatões. Em áreas de Minas Gerais, Mato Grosso e Goiás prevaleceram os quilombos *mineradores*; enquanto no Sul, no Rio Grande, se estabeleceram os quilombos *pastoris*. Nas cidades se destacaram os quilombos suburbanos classificados como *de serviço*. E em diversas regiões prosperaram pequenos quilombos itinerantes, que viviam de saques, sendo denominados *predadores*.**

Mas tipologias não podem ser vistas como camisas de força, já que os vários tipos de quilombos eram transformados e ao mesmo tempo transformavam as paisagens onde se estabeleciam. Em determinados períodos e locais, as formas de se aquilombar adquiriam novos significados. Coexistiram quilombos que procuravam constituir comunidades independentes com atividades camponesas integradas à economia local. Havia ainda os caracterizados pelo protesto reivindicatório dos

---

* Silvia Lara abordou originalmente as mudanças nas classificações a respeito dos quilombos/mocambos (tamanho, formato, economia) na legislação colonial nos séculos XVII e XVIII. Ver: Lara, 1996: 88-98.
** Freitas, 1982.

escravos para com seus senhores. Sem falar dos pequenos grupos de quilombolas que se dedicavam aos assaltos às fazendas próximas. Embora diferentes, podiam possuir significados semelhantes tanto para os quilombolas como para os que permaneciam nas senzalas. Aqueles mais antigos e populosos tinham se reproduzido ao longo do tempo, possuindo uma economia estável. Além dos cultivos para sua subsistência, produziam excedentes, os quais negociavam, e mantinham trocas mercantis com vendeiros locais. Acabavam sendo reconhecidos como roceiros, já que iam frequentemente aos povoados circunvizinhos comercializar, comprar pólvora e munição, e alguns deles até trabalhavam eventualmente para fazendeiros locais em troca de proteção, dinheiro e mantimentos. Suas comunidades se situavam em terras de fronteiras econômicas de ocupação. Eram protegidos pela geografia de uma dada região — entre rios, montanhas e florestas — e também por um sistema de defesa com paliçadas e estrepes. Podiam ainda combinar estruturas mais estáveis com acampamentos provisórios, que ao mesmo tempo confundiam as ações das expedições repressoras — que na maioria das vezes apenas encontravam ranchos abandonados — e facilitavam as relações mercantis com os quilombolas, até mesmo mantendo contatos com os escravos de várias fazendas. Não era incomum, nos períodos de repressão, quilombolas procurarem abrigo junto às senzalas próximas.

Os quilombos caracterizados como protestos reivindicatórios eram constituídos por escravos fugidos de uma mesma localidade e/ou fazenda, sendo, na maioria das vezes, de um mesmo fazendeiro. Procuravam se manter no interior das terras de seu próprio senhor. Em protestos — que podiam durar alguns meses ou até anos —, reivindicavam espaços autonômicos. Não raras vezes aceitavam voltar à situação de cativos, com a condição de verem suas exigências atendidas. Contavam com o apoio de cativos, fossem os pertencentes ao seu próprio senhor, fossem de fazendas vizinhas. Podiam ser protegidos e acoitados por fazendeiros.

E, por fim, havia os pequenos grupos de quilombolas mais itinerantes, a maior parte constituída de pequenos agrupamentos de homens, que não possuíam acampamentos fixos e cuja economia tinha um caráter predatório. Atacavam viajantes em beira de estradas para lhes roubar dinheiro, invadiam fazendas em busca de mantimentos e furtavam criações e gado das propriedades por onde passavam. Com o dinheiro e o produto dos roubos, podiam manter trocas mercantis com taberneiros, que lhes forneciam armamento, munição, aguardente e também os avisavam do movimento das expedições punitivas. Outra característica desse tipo de quilombo era o de fazerem ataques a fazendas e povoados próximos, praticando assassinatos de feitores e fazendeiros. Tal movimentação fazia com que muitos desses agrupamentos tivessem conflitos com os cativos nas senzalas. Muitos escravos temiam que suas mulheres fossem sequestradas ou até mesmo que os produtos de suas roças fossem saqueados. Apesar de não possuírem acampamentos fixos, a área de atuação desses pequenos grupos era restrita às localidades para as quais fugiram. As autoridades viam esses agrupamentos como simples bandos de salteadores.

Embora com características diferentes, podiam coexistir numa mesma região em dado período e suas ações se integravam. Enquanto os quilombos que formaram comunidades de roceiros possibilitaram, ao longo do tempo, a gestação de vilas de camponeses — nas quais as práticas econômicas próprias dos escravos cada vez mais podiam se vincular àquelas dos quilombolas —, os caracterizados como protesto reivindicatório podiam representar uma forma de ocupação de terra e a reação daqueles que permaneceram como cativos. Manter ou alargar conquistas ou aquilo que consideravam direitos costumeiros tinha significados diversos. Aquilombarem-se — para que não fossem vendidos ou transferidos; para que não se aumentasse o ritmo de trabalho; para que pudessem continuar cultivando roças próprias; para que não recebessem castigos rigorosos; ou, então, para serem considerados livres e possuidores da terra depois da morte de seus senhores — representava lutar pelas transformações de suas vidas e também das relações escravistas. Quilombolas que saqueavam propriedades assustavam sobremaneira os fazendeiros. Medos e apreensões senhoriais podiam significar momentos favoráveis para os assenzalados forçarem barganhas, compensações e o reconhecimento definitivo de conquistas.

EM TORNO DE PALMARES

Considerado um dos mais antigos e o mais famoso mocambo do Brasil, Palmares surgiu em Alagoas, coração do Nordeste açucareiro colonial. Os primeiros núcleos se instalaram nas últimas décadas do século XVI e teriam sido cativos fugidos que promoveram uma insurreição num engenho próximo à vila de Porto Calvo. A primeira referência com o nome de mocambos de Palmares aparece em 1597.

As serras da então capitania de Pernambuco foram consideradas ideais, surgindo ali não só um, mas vários mocambos. Cercados por montanhas e florestas, os palmaristas — como eram chamados os habitantes de Palmares — encontraram um ambiente ecológico que tiveram de dominar, entre topografia, fauna e flora. Registros contavam fugas em massa em direção aos mocambos formados. Além disso, os ataques que os palmaristas realizavam eram assustadores. Falava-se em casas-grandes invadidas, paióis das fazendas e armazéns das vilas saqueados e canaviais incendiados, enquanto mulheres escravas eram sequestradas. No primeiro quartel do século XVII, Palmares já contava milhares de habitantes, visto que as primeiras gerações começavam a nascer ali.*

Assim como a população, cada vez mais aumentava o cultivo de feijão, batata, mandioca, milho, banana e outros legumes. Com a cana-de-açúcar que plantavam produziam uma espécie de melado. Colhiam ainda frutos, ervas, raízes e plantas silvestres. Da palmeira pindoba retiravam uma polpa que

---

* Sobre Palmares, estudos de referências de Altavila, 1979, Alves Filho, 1988; Anderson, 1996; Barleus, 1940; Brandão, 1940; Cabral, 1875, Carneiro, 1966; Ennes, 1938; Freire, 1675; Freitas, 2004, Gomes & Gesteira, 2002, Kent, 1965, Loreto do Couto, 1678, Peret, 1988, Rocha Pita, 1950, Rodrigues [1905] 1977 e Vainfas, 1996. O estudo clássico continua sendo de Décio Freitas. Ver as abordagens mais recentes de Silvia Lara, Luiz Felipe Alencastro e Flávio Gomes. Vasta documentação foi transcrita e publicada em revistas dos Institutos Históricos do Rio de Janeiro, Pernambuco, Alagoas e Ceará. Ver: Gomes, 2005, 2010 e 2011.

tanto podia ser misturada à farinha de mandioca, servindo de alimento, como dela extraíam óleo utilizado na iluminação dos mocambos. Da amêndoa faziam manteiga, enquanto folhas de palmeiras se transformavam em vinho. Da cultura material fabricavam cachimbos, cestos, canoas e cordas. Existiam ainda olarias e a produção de cerâmica. Os palmaristas tinham metalurgia, confeccionando lanças, flechas, facões, foices e enxadas. A economia de Palmares era vigorosa, possibilitando excedente e facilitando trocas mercantis. Farinha de mandioca, vinho de palma, manteiga e outros produtos podiam ser trocados por armas de fogo, pólvora, tecidos e sal num comércio que alcançava lavradores, pequenos sitiantes e taberneiros, preocupando as autoridades coloniais. Moradores das vizinhanças eram acusados de dar proteção aos palmaristas e por isso muitas expedições fracassavam. Havia mesmo notícias de que alguns brancos — pequenos comerciantes, mascates e taberneiros — frequentavam Palmares. Por outro lado, os constantes ataques deixavam as populações coloniais sobressaltadas. Com isso os quilombolas tanto amedrontavam como puniam os senhores de engenho que promoviam expedições punitivas contra eles. Palmaristas chegavam a cobrar tributos — em mantimentos, dinheiro e armas — aos moradores das vilas e povoados e quem não colaborasse poderia ter suas propriedades saqueadas, seus canaviais e plantações incendiados e seus escravos sequestrados.

Em grande parte, Palmares foi formado inicialmente por africanos centrais originários de áreas como Congo e Angola. Mas as culturas que forjaram tiveram influências de práticas mágicas e rituais de várias partes da África, assim como de indígenas e do catolicismo aprendido nas senzalas. Sabe-se que muitos africanos centrais já tinham entrado em contato com o cristianismo na própria África desde meados do século XV. Em Palmares, expedições punitivas encontraram capelas e santuários com imagens de santos católicos como o Menino Jesus e Nossa Senhora da Conceição. Seria uma prática religiosa reelaborada, com os palmaristas cultuando deuses africanos e santos católicos entre plantas, fogo e água com suas forças da natureza.*

Na primeira metade do século XVII, a população palmarista alcançava milhares distribuídos em inúmeros mocambos. O principal era conhecido como Macaco, centro político. Além de ser o mais povoado, nele residia Ganga-Zumba, um dos principais líderes de Palmares. Perto dele — na serra da Juçara — se localizava o mocambo Subupira, que tinha uma extensão de mais de seis quilômetros e era composto de quase mil casas, sendo utilizado como campo de treinamento militar e onde se preparavam armamentos e armadilhas. Entre os rios Paraibinha e Jundiá — a oeste do mocambo Macaco — ficava o importante mocambo Osenga. Nas proximidades da vila de Serinhaém estava o mocambo Amaro — que era o nome de um importante guerreiro palmarista —, composto de outras mil casas. Na serra do Cafuxi — na direção da Vila de Alagoas — se encontrava o sítio do mocambo com o nome Andalaquituche. Na direção da vila de Porto Calvo estavam situados os mocambos denominados Acotirene, Dambraganga, Aqualtune e Tabocas. Embora localizados de forma esparsa, todos esses mocambos estavam articulados em termos econômicos e militares. Quando um era atacado os palmaristas buscavam refúgio em outro, sendo impossível atacar todos ao mesmo tempo. Enquanto uns podiam funcionar como acampamentos militares, outros serviam de entrepostos para trocas mercantis. Segundo denúncias — com certo exagero — que chegavam às autoridades coloniais, os mocambos palmaristas alcançavam áreas das capitanias de Sergipe, Paraíba e Rio Grande do Norte. Assim, Palmares se constituía de grandes, médios, pequenos, improvisados, populosos incrustados naquelas serras.

As expedições — tanto mobilizadas pelos senhores de engenho como pelas autoridades coloniais — para destruir

* Thornton, 2010.

Palmares foram seculares, atravessando dos últimos anos do século XVI até o primeiro quartel do século XVIII. Em 1602, o governador-geral do Brasil, Diogo Botelho, enviou a primeira grande expedição militar sob o comando do oficial português Bartolomeu Bezerra. Em 1614, tropas compostas de indígenas aliados dos portugueses foram enviadas contra Palmares.

A partir de 1630, a existência — e o crescimento — de Palmares passou a ser problema dos holandeses que tinham invadido a capitania de Pernambuco, motivados por interesses comerciais no mercado de açúcar e no comércio atlântico de africanos. O mundo do açúcar ficou desestabilizado, com engenhos, vilas e Olinda ocupados pelos holandeses que passaram a controlar a produção açucareira e o tráfico negreiro para o Nordeste. Com o caos provocado pela guerra colonial — com abandonos e saques de fazendas e engenhos —, as fugas de escravos recrudesceram ainda mais. Aumentaram os ataques palmaristas às vilas, aos engenhos e povoados.

O governo holandês preparou uma grande expedição para destruir Palmares. Segundo as informações conseguidas através da espionagem de Bartolomeu Lins, que tinha vivido entre os palmaristas na serra da Barriga, existiam dois grandes quilombos: *Palmares grandes*, composto de 5 mil habitantes, e *Palmares pequenos* com 6 mil. Em 1644, marchou a primeira expedição holandesa sob o comando do capitão Rodolfo Baro, composta de centenas de soldados e contingentes de índios tapuios. Alcançou-se *Palmares grandes*, e mais de cem quilombolas acabaram mortos e muitos outros capturados. A segunda e maior expedição holandesa contra Palmares foi comandada pelo capitão João Blaer, experiente militar. Sua tropa — em mais de um mês de marcha pela floresta — localizou dezenas de pequenos e médios quilombos — um deles o de Oiteiro dos Mundéus — abandonados pelos palmaristas. O relato dessa expedição militar é um dos documentos mais detalhados sobre a organização espacial e social de Palmares, principalmente para a primeira metade do século XVII.

Diário da Viagem do capitão João Blaer aos Palmares (1645).

A 26 de fevereiro partiu de Salgados o capitão João Blaer com sua gente e, tendo marchado duas milhas, chegou a um rio chamado Elinga, além do qual havia um alto monte; dali caminhamos ainda duas milhas e chegamos junto a um rio de nome Sebahuma, em cuja margem meridional pernoitamos e onde, na mesma tarde, nossos índios fisgaram alguns peixes chamados tarairais.

A 27 do mesmo, pela manhã transpusemos o rio e o alto monte e, tendo marchado boas quatro milhas, chegamos a um pequeno rio chamado Tamala, onde descansamos um pouco; prosseguindo depois da marcha, uma milha além chegamos a um antigo engenho de nome São Miguel, aonde ainda vimos jazer algum cobre e ferragens do velho engenho; dali caminhamos uma milha e chegamos ao rio São Miguel, acampando pela noite em sua margem do norte.

A 28 continuamos a marcha ao longo da dita margem, por espaço dum quarto de milha; atravessamos então o rio e caminhamos uma milha pequena, quando de novo passamos para o lado norte e, após meia milha de marcha, encontramos alguns mundéus ou armadilhas para pegar caça, as quais, porém, estavam vazias; ali acampamos para no outro dia mandar examinar se não havia nas imediações pegadas de negros; à mão direita do nosso acampamento ficava um grande alagadiço ou pântano.

A 1º de março pela manhã o capitão de nossos índios matou a flecha um grande pássaro chamado Enijmma, na nossa língua pássaro de chifre (*Hoorenvogel*), pois tem um corno do comprimento de um dedo sobre a cabeça e outros em cada asa, os quais dizem servir de contraveneno.

A 2 do dito mês, o capitão matou ainda um outro desses pássaros, neste dia mandamos nossa gente e os índios à procura de pegadas, mas nada encontraram; por isso ficamos ali aquela noite e também o capitão João Blaer, tendo caído mortalmente doente, voltou com cinco holandeses e doze índios, carregado para as Alagoas; o tenente Jürgens Reijmbach continuou conosco a marcha e caminhamos uma milha por dentro do mato, na margem sul do rio São Miguel, e quatro através duma campina chamada Campo de Humanha; ali pernoitamos, na margem sul do rio São Miguel, que era toda cheia de penhascos.

A 3 do dito, prosseguindo na marcha através desta Campina Humanha, passamos três rios arenosos e secos, nos quais apenas havia água para beber; esses rios são chamados Cammera; continuando o caminho pela campina, e por espaço duma milha, por dentro do mato, deixamos à nossa esquerda um monte muito alto chamado Taipoú; pouco depois chegamos a um rio de nome Sagoú, junto ao qual acampamos.

A 4 do dito, depois duma pequena milha de marcha, chegamos a um braço do citado rio Sagoú; tínhamos um bom caminho, que deixamos à esquerda, e metemo-nos pelo mato e, uma milha adiante, atravessamos um alto monte, duas milhas além do qual pernoitamos junto a um riacho.

A 5 do dito, marchamos durante três boas milhas por dentro do mato e transpusemos alguns montes, porém nem altos nem íngremes, e ali acampamos.

A 6 do dito, prosseguimos na marcha e chegamos a um rio de nome Pevirgavo, o qual subimos por espaço de cinco milhas, ora numa, ora noutra margem, até chegarmos ao rio Paraíba, que despeja na Alagoa, junto do engenho de Gabriel Soares; encontramos nossa gente, que havia reconduzido o capitão João Blaer para as Alagoas, a cinco milhas do engenho de Gabriel Soares, no lugar chamado Barra de Parúgavo, onde o rio Parengabo desemboca no Paraíba; disse a nossa gente que só com grande trabalho tinha conseguido subir aquele rio Paraíba; andando pelo leito cheio de penhascos submersos, porquanto as margens estão cobertas de vegetação tão densa que é quase impossível atravessá-la; esse rio é muito piscoso e se estende mais para o norte; ali pernoitamos.

A 7 do dito, permanecemos acampados e mandamos nossa gente pescar; pegaram peixes em abundância, tanto a flechadas como com anzóis.

A 8 do dito, passamos para a margem sul desse rio e subimos o rio Parengabo por espaço de cinco milhas, margeando-o ora dum ora doutro lado; esse caminho tivemos nós mesmos de abri-lo; acampamos junto à margem sul do mesmo rio.

A 9 do dito, pela manhã, continuamos a marcha por dentro do mato, durante seis boas milhas, e transpusemos alguns montes, um dos quais bem alto, até chegarmos ao passo de Dona Ana, distante cinco milhas de Salgados, junto a um rio de nome Itubahumma, perto do qual pernoitamos.

A 10 do dito, pela manhã, marchamos duas milhas, tendo deixado à nossa direita um alto monte chamado Waipoú, chegamos na campina a um rio arenoso e seco, onde nossos índios mataram a flechadas seis grandes e dois pequenos porcos-do-mato; dali caminhamos ainda três milhas em parte pelo leito do rio seco, até o rio São Miguel, junto ao qual acampamos.

A 11 do dito, seguimos rumo de oeste, passando ora por dentro do mato, ora pela campina e às vezes pelo leito de rios secos, em um dos quais, chamado São Miguel, pernoitamos.

A 12 do dito, subimos o rio de São Miguel durante cinco milhas, encontrando aqui e ali água para beber; depois passamos para a margem sul e chegamos a um campo aberto chamado Pasto Novo ou Campo de Tamala; ali deixamos à nossa direita dois montes alcantilados, a que dão o nome de Grasícqúa; também havia em vários lugares muito capim comprido; essa campina tinha duas milhas de extensão e, tendo feito ainda meia milha por dentro do mato, acampamos e fizemos cavar poços a fim de achar água para beber.

A 13 do dito, pela manhã, seguimos a direção ao norte e, feita meia milha de caminho, chegamos de novo ao rio São Miguel, que um quarto de milha mais adiante despenha-se dum monte situado ao oeste; galgamos este, que era todo de penhascos e tem nome de Cachoeira de São Miguel; essa cachoeira não é tão elevada quanto a do Paraíba, que tem bem quatro vezes sua altura; estivemos acima dessa cachoeira do Paraíba, mas não junto a ela; nesse lugar descansamos um pouco e enviamos um negro que trazíamos conosco, com alguns índios, a bater o mato, os quais nos trouxeram seis grandes porcos-do-mato e um pequeno, mortos a flecha; depois prosseguimos na marcha e acampamos junto à margem sul do rio São Miguel.

A 14 do dito, depois de havermos subido por algum tempo esse rio, passamos para a margem norte e uma milha adiante galgamos um elevado monte de bem meia milha de altura, de cima do qual subimos ainda um outro monte, porém não tão alto; caminhando quase sempre com rumo norte ou nordeste, cerca duma milha além chegamos a um rio arenoso e seco, cheio de penhascos; marchando mais duas milhas passamos perto do lado ocidental duma cachoeira, não muito íngreme, mas presentemente sem água, no rio que aflui para o Paraíba; no dito rio acampamos, chovendo durante a noite.

A 15 do dito, pelas oito horas da manhã, conquanto ainda chovesse, partimos e depois duma milha de caminho deixamos aquele rio à nossa direita, chegando a um outro cheio de penhascos; em seu leito marchamos durante todo o dia, saltando dum penhasco para outro como os cabritos nas ilhas do Mar do Norte, na extensão de cinco ou seis milhas, ora em direção ao norte, ora a leste, até o rio Paraíba; choveu todo o dia e pernoitamos na margem norte desse rio.

A 16 do dito, subimos o rio Paraíba bem umas seis milhas e vimos à direita alguns altos montes; neste dia marchamos com grande trabalho por cima dos penhascos que eriçavam o leito do rio, onde muitos dos nossos levaram quedas, entortando suas armas e seus membros, mas não se extraviaram; acampamos na margem norte do Paraíba.

A 17 do dito, partindo da margem norte do Paraíba, chegamos, depois de boas cinco milhas de caminho, a um outro rio que, vindo do norte, despeja no Paraíba, e subimos por ele durante todo o tempo; o leito estava cheio de penhascos; neste dia esgotaram-se nossos víveres, bem como os dos brasilienses, quando teremos outro, só Deus sabe; ali na margem sul deste rio pernoitamos, avistando do lado do norte um alto monte que no dia seguinte galgamos.

A 18 do dito ganhamos o cimo do referido monte, que era alto e íngreme, e sobre o qual encontramos água para beber; a esse monte demos nome de Oiteiro dos Mundéus ou monte das armadilhas, porquanto em cima dele havia bem cinquenta ou sessenta destas para pegar caça, mas eram todas velhas de três anos, transposto esse monte chegamos, uma milha adiante, a uma antiga plantação onde encontramos algumas pacovas verdes; dali por diante tivemos de cortar caminho através dum denso canavial na extensão de duas milhas; em seguida chegamos ao Velho Palmares, que os negros haviam deixado desde três anos, abandonando-o por ser um sítio muito insalubre e ali morrerem muitos dos seus, esse Palmares tinha meia milha de comprido e duas portas; a rua era da largura de uma braça, havendo no centro duas cisternas; um pátio onde tinha estado a casa de seu rei era presentemente um grande largo no qual o rei fazia exercício com sua gente; as portas desse Palmares eram cercadas por duas ordens de paliçadas ligadas por meio de travessões, mas estavam tão cheias de mato que a muito custo conseguimos abrir passagem; dali por diante marchamos por espaço de milha e meia, sempre por dentro de roças ou plantações abandonadas, nas quais, porém, havia muitas pacovas e canas com que matamos a fome; em uma dessas roças acampamos e assamos pacovas.

A 19 do dito, pela manhã caminhamos meia milha e chegamos ao outro Palmares, onde estiveram os quatro holandeses, com brasilienses e tapuias, e o incendiaram em parte, pelo que os negros o abandonaram e mudaram o pouso para dali a sete ou oito milhas, onde construíram um novo Palmares, igual ao que precedentemente haviam habitado; uma milha adiante demos com um bonito rio, cheio de penhascos, chamado Cabelero e afluente do rio Mundaú, que despeja na Alagoa do Norte; depois de ainda duas milhas de marcha chegamos a um riacho, que corria em direção a leste, e passamos dois montes, tendo continuamente chuva, ali pernoitamos.

A 20 do dito, depois de caminhar quatro boas milhas, passando alguns montes e rios, chegamos a um rio chamado Japondá; durante este dia encontramos, todas as meias horas, mocambos feitos pelos negros quando deixaram o Velho Palmares pelo novo, situado a leste e sudeste do primeiro; duas milhas adiante demos com um outro mocambo dos negros, onde tivemos de esperar bem duas horas por três dos nossos soldados, estropiados; chegados estes, apenas caminhamos ainda uma milha, por estarmos fatigados e ser já quase noite, e molhados pela chuva constante, que se prolongou por toda a noite; estivemos acampados junto a um rio até a saída da lua; às duas horas da madrugada fizemos alguns fachos, que acendemos, e marchamos milha e meia por dentro do mato, até chegar à porta dos Palmares, quando já vinha amanhecendo.

Ao amanhecer do dia 21, chegamos à porta ocidental dos Palmares, que era dupla e cercada de duas ordens de paliçadas, com grossas travessas entre ambas, arrombando-a e encontramos do lado interior um fosso cheio de estrepes em que caíram ambos os nossos cornetas; não ouvimos ruído algum senão o produzido por dois negros, um dos quais prendemos, junto com a mulher e filho, os quais disseram que desde cinco ou seis dias ali havia apenas pouca gente, porquanto a maioria estava em suas plantações e armando mundéus no mato; ainda mataram nossos brasilienses dois ou três negros no pântano vizinho; disseram ainda os negros pegados que seu rei sabia de nossa chegada por ter sido avisado das Alagoas, um de nossos cornetas, enraivecido por ter caído nos estrepes, cortou a cabeça a uma negra; pegamos também outra negra, no centro dos Palmares havia outra porta, ainda outra do lado do alagadiço e uma dupla do lado de leste; esse Palmares tinha igualmente meia milha de comprido, a rua, larga duma braça, corria de oeste para leste e do lado norte ficava um grande alagadiço; no lado sul tinham derrubado grandes árvores, cruzando e atravessando umas em cima das outras, e também o terreno por trás das casas estava cheio de estrepes; as casas eram em número de 220 e no meio delas erguiam-se uma igreja, quatro forjas e uma grande casa de conselho; havia entre os habitantes toda sorte de artífices e seu rei os governava com severa justiça, não permitindo feiticeiros entre sua gente e, quando alguns negros fugiam, mandava-lhes crioulos no encalço e uma vez pegados, eram mortos, de sorte que entre eles reinava o temor, principalmente nos negros de Angola; o rei também tem uma casa distante dali duas milhas, com uma roça muito abundante, casa que fez construir ao saber de nossa vinda, pelo que mandamos um dos sargentos, com vinte homens, a fim de prendê-lo; mas todos tinham fugido, de modo que apenas encontraram algumas vitualhas de pouca importância; no caminho para a casa do rei tivemos de atravessar um monte alto e muito íngreme, da altura de bem uma milha, queimamos a casa do rei e carregamos os víveres; também encontramos roças grandes, na maior parte de milho novo, e achamos muito azeite de palmeira, que os negros usam em sua comida, porém nada mais; suas roupas são quase todas de entrecasca de árvores e pouca chita e todas as roças são habitadas por dois ou três indivíduos; perguntamos aos negros qual o número de sua gente, ao que nos responderam haver quinhentos homens; além das mulheres e crianças; presumimos que uns pelos outros há 1500 habitantes, segundo deles ouvimos; nesta noite dormimos nos Palmares.

A 22 do dito, pela manhã, saiu novamente um sargento com vinte homens a bater o mato, mas apenas conseguiram pegar uma negra coxa de nome Lucrécia, pertencente ao capitão Líj, que ali deixamos ficar, porquanto ela não podia andar e nos não podíamos conduzi-la, tendo já muita gente estropiada que era mister fazer carregar; enchemos nossos bornais com alguma farinha seca e feijões, a fim de voltarmos para casa, neste dia nossa gente queimou para mais de sessenta casas nas roças abandonadas; o caminho desse Palmares era margeado de aleias de palmeiras, que são de grande préstimos aos negros, porquanto, em primeiro lugar, fazem com elas suas casas, em segundo suas camas, em terceiro, abanos com que abanam o fogo, e quarto, comem o interior dos cocos e destes fazem seus cachimbos e comem o exterior dos cocos e também os palmitos; dos cocos fazem azeite para comer e igualmente manteiga que é muito clara e branca, e ainda uma espécie de vinho; nessas árvores pegam uns vermes da grossura dum dedo, que comem, pelo que têm em grande estima essas árvores. Ali também feriram-se muitos dos nossos nos estrepes que havia por trás de suas casas. Esse era o Palmares Grande de que tanto se fala no Brasil; a terra ali é muito própria ao plantio de toda sorte de cereais, pois é irrigada por muitos e belos riachos; nossa gente regressou à tarde sem nada ter conseguido; ainda esta noite dormimos nos Palmares.

A 23 do dito, queimamos os Palmares com todas as casas existentes em roda, bem como os objetos nelas contidos, que eram cabaças, balaios e potes fabricados ali mesmo; em seguida retiramo-nos, vendo que nenhum proveito havia mais a tirar; após uma milha de marcha chegamos a um rio, todo cheio de penhascos, denominado Bonguá; ali deixamos de emboscada, junto aos Palmares, um de nossos sargentos com 25 homens, mas não sabemos o que conseguiram; nesta tarde; próximo ao referido rio, ainda pegamos um negro com a mulher e um filho, e ali pernoitamos.

A 24 do dito, pela manhã, subimos esse rio durante milha e meia, ora na margem norte, ora na meridional, e ali encontramos um negro cheio de boubas em companhia de uma velha brasiliense, escrava da filha do rei, que nos disseram que nas vizinhanças ainda corriam outros negros, pelo que acampamos ali e com vinte homens batemos o mato; chegando à casa da filha do rei, que não estava nela, queimamo-la, mas nada conseguimos achar; passamos ali a noite.

A 25 do dito, permanecemos acampados e visitamos o mato em redor, num raio de cinco a seis milhas, porém sem resultado; pernoitamos de novo ali.

A 26 do dito, marchamos com rumo de leste e de sudeste, durante quatro boas milhas, sempre à vista de montes, e transpusemos dois destes, cada qual duma milha de extensão; deixamos à nossa direita um grande monte muito alcantilado; fizemos sempre caminho por dentro do mato e, chegando à margem dum pequeno rio, ali pernoitamos.

A 27 do dito, pela manhã, partimos com rumo de sudeste em direção a um monte alto, porém não muito íngreme, e marchamos duas milhas ate alcançar seu cimo; mandamos explorar; do alto duma árvore, as imediações e o espia descobriu à nossa direita uma grande planície e um elevado monte a oeste; transpusemos esse monte, que se erguia muito íngreme, no que andamos três boas milhas antes de chegar à planície onde atravessamos alguns riachos arenosos e secos; a referida planície estava coberta de mato fechado e de tabocas chamadas canabrava, de modo que só dificilmente podíamos avançar e não conseguimos conservar nosso rumo, tão densa era a vegetação; em seguida subimos um rio que despeja no Paraíba e junto a ele acampamos perto dum poço, por causa da chuva; passamos mal a noite, por falta de pindobas para fazer choças onde nos abrigássemos da chuva, que durou toda ela.

A 28 do dito, pela manhã, partimos desse rio e, deixando-o à nossa direita, chegamos a um outro que descemos por espaço de duas milhas até sua afluência na margem norte do Paraíba; descemos este durante meia milha e acampamos junto à sua margem esquerda: choveu muito durante a noite.

A 29 do dito, pela manhã, seguimos ao longo da mesma margem do Paraíba e meia milha adiante nos embrenhamos pelo mato, com rumo norte e nordeste; depois marchamos para o sudeste ao longo do rio e fizemos quatro milhas em direção ao sul; transpusemos alguns montes de pouca elevação e pernoitamos na margem esquerda.

A 30 do dito, pela manhã, continuamos a marcha pela referida margem, por espaço de três milhas, passando alguns pequenos montes, mas sempre por dentro do mato fechado, que só com grande trabalho conseguíamos atravessar, e algumas vezes tivemos de caminhar pelo leito do rio, por cima dos penhascos; neste dia os brasilienses pegaram muitos peixes, mas nossa gente poucos; também o capitão dos índios matou dois patos; durante todo o dia choveu muito e pernoitamos na margem esquerda do rio.

A 31 do dito, pela manhã, prosseguimos, descendo o rio ao longo da margem esquerda e tivemos de abrir caminho com grande dificuldade através do mato fechado, até darmos com uma antiga estrada, que percorremos até chegar de novo à margem do Paraíba; esse rio é muito piscoso e em suas vizinhanças há muita caça; neste dia matamos alguns jacus e à tarde atravessamos alguns riachos, indo acampar junto à margem esquerda do Paraíba.

A 1º de abril, partimos pela manhã e, durante uma milha, tivemos de transpor cinco ou seis vezes um riacho, atravessamos em seguida um monte, duma meia milha de altura, e chegamos a uma estrada de carros distante três milhas do antigo engenho situado junto à Alagoa do Sul; dormimos esta noite no engenho de Gabriel Soares.

A 2 do dito, marchamos com nossa gente para o alojamento na Alagoa do Sul, donde havíamos partido.

FONTE: Documento traduzido do holandês por Alfredo de Carvalho, extraído da coleção de inéditos denominada *Brieven en Papieren uit Brasilien*. Publicado em RIAP, n. 55, 1902, pp. 87--96. Ver também: Edison Carneiro, op. cit., pp. 231-9.

Os holandeses, sem sucesso, tentaram destruir Palmares. Na verdade acabaram expulsos de Pernambuco, em parte devido a intermitentes guerras coloniais. Com a retomada de Recife, os portugueses reiniciaram o envio de tropas contra Palmares. Partiram ano após ano, e só entre 1654 e 1655, cerca de cinco foram enviadas, tendo como resultado diversos mocambos invadidos e mais de trezentos palmaristas presos.

Toda a década de 1660 foi de continuada batalha com tropas seguindo em 1661, 1663, 1667, 1668 e 1669. E a década seguinte não foi diferente, com batalhas em 1672, 1674 e 1675. A novidade ficou mesmo com a expedição de 1677, sob o comando do capitão Fernão Carrilho, militar experiente que já tinha combatido mocambos baianos e sergipanos. Ele adotou a estratégia de erguer um arraial — denominado Bom Jesus e a Cruz — para servir de base para as tropas. Acabaram sendo feitos muitos prisioneiros nos mocambos, representando a primeira ameaça real contra Palmares.

Os palmaristas resistiram às inúmeras expedições punitivas oficias enviadas de portugueses e holandeses. Liderados por Ganga-Zumba e depois Zumbi, eles tinham uma complexa organização econômica, militar e política. As autoridades coloniais portuguesas, diante da impossibilidade de destruí-los, chegaram a propor tratados de paz, visando reconhecer a autonomia dos palmaristas em troca de lealdade à Coroa. Reconheceriam o território quilombola — deveria ser transferido para Cucaú — e ofereciam liberdade somente para os negros nascidos em Palmares, mas exigiam a devolução dos recentes fugitivos. Inicialmente aceito em 1678, esse acordo foi posteriormente rechaçado pelos próprios quilombolas e principalmente sabotado por fazendeiros e negociantes interessados nas terras ocupadas pelos palmaristas. As batalhas contra esses quilombos foram retomadas, intensificando-se o envio de tropas militares. Palmares foi considerado destruído em 1695, depois de investidas maciças de forças repressoras especialmente contratadas, com bandeirantes — Domingos Jorge Velho — e a utilização de canhões para derrubar as paliçadas que os quilombolas tinham construído.

As forças coloniais vasculharam aquelas serras à procura de Zumbi. Mais que destruir todo Palmares, sua captura era considerada fundamental para as autoridades da colônia. O líder palmarista bem protegido acaba traído. É localizado e assassinado em 20 de novembro de 1695. Apesar da morte de Zumbi — anunciada nos quatro cantos da colônia —, as autoridades bem sabiam que a luta contra Palmares não estava concluída. Havia ainda milhares de quilombolas naquelas serras alagoanas. Mesmo nas capitanias vizinhas os palmaristas já se faziam presentes. As batalhas continuaram. Em 1696 é atacado o quilombo do Quissama. A liderança de Palmares passa a ser de Camoanga. A ocupação paulatina das serras pernambucanas vai empurrando os quilombolas para outras regiões. Nos primeiros anos do século XVIII, Palmares continuava a dar trabalho para as autoridades coloniais. Em 1703, o líder Camoanga é morto durante um ataque. Pelo menos até o ano de 1725 forças de repressão permanecem acantonadas na região. Qualquer tentativa de reorganização de Palmares tinha de ser impedida. Alguns quilombos ainda povoavam a região. Desta vez estão mais dispersos, pois foram empurrados para o interior. Muitos quilombolas migram para a capitania da Paraíba, onde estabelecem seus mocambos. Mesmo sem ser totalmente destruída, a unidade dos quilombos em torno de Palmares nunca mais foi reconstituída. Até 1736, Alagoas continuou a ter notícia de quilombos ali estabelecidos.*

Passada a Abolição, Palmares e Zumbi se transformam em tema da militância política. No ano de 1995 foram comemorados trezentos anos da morte de Zumbi, líder dos quilombos localizados na Serra da Barriga, na capitania de Pernambuco. Tratou-se de uma data importante também para a comunidade negra. A data de 20 de novembro é feriado em várias cidades brasileiras. A data foi transformada pelos movimentos negros nos anos 1970 em "Dia Nacional da Consciência Negra". E atualmente na Serra da Barriga há um monumento em homenagem a Zumbi.**

---

* Gomes, 2005: 55-136.
** Gomes, 2011.

OUTROS QUILOMBOS COLONIAIS

Surgiram quilombos e mocambos nos quatro cantos do Brasil. No alvorecer do século XVII, Sergipe já constituía empório de mocambos. Entre 1660 e 1663 explodirá uma repressão capitaneada por Fernão Carrilho, que também depois comandaria tropas contra Palmares. Os primeiros registros que temos sobre mocambos no Rio de Janeiro são de 1625. Vinte anos depois, o Senado da Câmara já regulava os pagamentos dos capitães do mato que percorriam a cidade, os subúrbios e o interior. Em 1659 surgem denúncias de continuadas fugas e estabelecimentos de quilombos nas margens do rio Paraíba. Quase dez anos depois os quilombolas encravados na Serra dos Órgãos preocupavam as autoridades, que temiam situações semelhantes em fazendas dos subúrbios da cidade, pois já eram registrados assaltos de quilombolas em Inhaúma e São Cristovão. No final do século XVII, o problema dos mocambos já chegara com força nas circunvizinhanças do sertão carioca. Habitavam as cabeceiras do rio Guandu e realizavam saques em fazendas da região em 1691. No século seguinte os problemas só aumentaram, ainda mais com o crescimento do tráfico negreiro e a montagem de fazendas de açúcar em torno da baía de Guanabara. Entre 1711 e 1713 foram mobilizadas tropas contra os quilombolas de Santo Antônio de Sá, Magé, São João de Icaraí e Macacu.

Um grande quilombo colonial no Rio de Janeiro, embora pouco conhecido, se estabeleceu nas margens do rio Bacaxá, em Saquarema. Era uma localidade próxima a Cabo Frio, entre sertões, áreas litorâneas com povoamento esparso e a utilização de escravos espalhados em fazendas de gados, engenhocas de aguardente e engenhos de açúcar. As notícias ganharam força no ano de 1730, quando foi preparada uma expedição punitiva. Denúncias anteriores falavam de saques em fazendas e assassinatos realizados por grupos de mais de cinquenta negros armados com arcos, flechas e armas. Dizia-se que os quilombos eram antigos com casas e roças bem situadas, havendo mesmo um "quilombo velho" de ocupação bem mais antiga e um "quilombo novo" recentemente estabelecido. A repressão foi autorizada pelo governador da capitania do Rio de Janeiro, que reuniu tropas das vilas de Maricá, Saquarema e Santo Antônio de Sá.

QUILOMBOS NO RIO DE JANEIRO (CAPITANIA E PROVÍNCIA),
SÉCULOS XVII, XVIII E XIX

NOME/DENOMINAÇÃO	DATA
BACAXÁ	1729
BARRA DE SÃO JOÃO	1874
CABO FRIO	1805, 1809
CAMPO GRANDE	1779
CAMPOS DOS GOITACAZES	1751, 1769, 1792, 1807
CARUKANGO	1831
CUBANGO	1764
IGUAÇU	1859-1880
INHOMIRIM	1818
LOANDA	1878-1880
MACACU	1711-12, 1724, 1759, 1806, 1809, 1813
MACAÉ	1870, 1876
MACAÉ (CURUKANGO)	1750
MAGÉ	1808, 1809, 1818, 1825
MANOEL CONGO	1838
MARAMBAIA	1870
MARICÁ	1814
MATAS DO RIO GUANDU	1691
MORRO DO COCO	1885
MURIAÉ	1807
NITERÓI E PARATI	1763

NOME/DENOMINAÇÃO	DATA
PARATI	1813
PATI DO ALFERES	1808
PENDOTIBA	1764
PETRÓPOLIS	1854
RECÔNCAVO DA GUANABARA	1699
RESENDE	1809, 1880
RIO DEITADO	1870
SANTA CRUZ	1691, 1779
SANTA TEREZA	1811
SANTO ANTÔNIO DE SÁ	1711-12, 1761, 1818
SÃO JOÃO DE ICARAÍ	1713
SAQUAREMA	1729
SERRA DO PICU	1885
SERRA DOS ÓRGÃOS	1625, 1645-50, 1669, 1770
SERTÃO CARIOCA	1659
SURUÍ	1818
TACOARA	1762
TIJUCA	1795
TITIOCA	1764
TRAVESSÃO	1879-1883
VILA NOVA	1813

Também no século XVIII muito se falava do quilombo do Curukango, que se localizava no interior da capitania, na região de Macaé. Ele se tornou famoso por sua liderança, um africano de Moçambique conhecido como Curukango, Carucango ou Querucango. Segundo denúncias e depois os cronistas, viviam ali cerca de duzentos habitantes com muitas roças de milho e feijão. Ao que se sabe, esse quilombo só acabou destruído em 1831, sendo seu líder enforcado. Nas regiões de Macacu, Parati e Icaraí, vários outros quilombos foram denunciados na segunda metade do século XVIII, com expedições para destruí-los sendo enviadas em 1759, 1761 e 1763. Bem próximo a Niterói, junto ao engenho de Antônio da Fonseca — que séculos depois deu o nome ao bairro atual do Fonseca —, quilombolas circulavam em Titioca, Cubango e Pendotiba.

Do outro lado, bem ao norte da capitania do Rio de Janeiro, na região de Campos dos Goitacazes, não foi diferente. Região com grandes fazendas de gado desde o século XVII, logo se transformou com a economia emergente do açúcar na segunda metade do século XVIII, sendo abarrotada de africanos trazidos pelo tráfico atlântico. Em 1769 foi preparada uma grande expedição e, em 1792, igual movimento se repetiu com a reunião de tropas com centenas de soldados para cercar os quilombos e capturar os quilombolas que existiam nos sertões daquela região.*

Na capitania de São Paulo — parte da qual desmembrada às regiões de mineração para a criação da capitania das Minas Gerais — há notícias de quilombos desde o final do século XVII. Várias câmaras paulistanas — da Vila Real, Cubatão, Ubatuba, Itapetininga e Santos — já publicavam determinações quanto às ações dos capitães do mato e a preparação de expedições para combater os quilombos. Entre 1722 e 1727 surgiu uma legislação municipal específica para combater fugitivos e os inúmeros quilombos que ali existiam. Em Mogi-Guaçu denúncias revelaram haver mocambos maiores e mesmo "um quilombo muito grande" em Jundiaí, causando "graves prejuízos" aos fazendeiros. Na passagem do século XVIII para o século XIX há evidências de que muitos quilombolas — em Piracicaba, Sorocaba e Tietê — estavam migrando para regiões mais interioranas das Minas Gerais e também Goiás, procurando novas áreas para se protegerem da repressão. Coexistiram então na região tanto grupos de fugitivos e pequenos quilombos volantes — com

* Gomes, 2005.

menor população e mais itinerantes — como mocambos com maior densidade populacional. Também havia migrações no sentido inverso, com quilombolas passando das regiões mineradoras para locais mais afastados, muitos dos quais áreas indígenas. Ainda assim, em 1778 falava-se que entre Itu e Tietê havia pelo menos dois grandes quilombos compostos de fugitivos que tinham vindo de regiões mineradoras. Os rios — Tietê e outros — ajudavam no movimento migratório de vários mocambos, segundo denúncias feitas em 1789. Em 1802, próximo ao rio Piracicaba, foi atacado um quilombo constituído por fugitivos das zonas mineradoras da capitania de Minas Gerais. Junto à vila de Paranaguá, no Anhaya, tinha se formado um quilombo. Em 1811, falava-se o mesmo para a região de Linhares. Nas primeiras décadas do século XIX denúncias garantiam que muitos quilombos tinham se formado nas confluências da cidade de São Paulo, como nas freguesias da Penha, de São Bernardo, de Santana, da Senhora do Ó, de Cotia, de Santo Amaro e da Conceição. As regiões açucareiras de Itu, Sorocaba, São Carlos e Porto Feliz foram também pontos de concentração de mocambos estabelecidos nas primeiras décadas do século XIX.

As capitanias de Minas Gerais e Bahia foram as regiões coloniais com o maior número de quilombos/mocambos de que se tem notícia, em parte devido às suas características como áreas de plantation açucareira e economia mineradora fomentada pela entrada de milhares e milhares de africanos escravizados via o tráfico atlântico. Inúmeras unidades produtivas foram montadas, com o uso extensivo e massivo de africanos. Muitos escravos, mais fugas — muitas vezes —, e com elas o estabelecimento de mocambos, como eram denominados mais para a Bahia, e também quilombos, termo mais usado para Minas Gerais.* O conhecimento que temos deles se deve aos estudos detalhados — em fontes coloniais no Brasil e Portugal — de importantes historiadores.

* Schwartz, 1987.

QUILOMBOLAS EM SÃO PAULO (1722-1832)

NOME/DENOMINAÇÃO	DATA
CAMPINAS	1831-2
CIRCUNVIZINHANÇAS DA CIDADE DE SÃO PAULO	1722-3
CUBATÃO	1746
ITAPETININGA	1780
ITU	1809
LINHARES	1811
MOGI-GUAÇU	1766-7
PARANAGUÁ	1802-5
PARANAPANEMA	1770
PIRACICABA	1802-4
PORTO FELIZ	1809
RIO PARAIBUNA	1781
SANTOS	1746, 1828
SÃO BERNARDO	1830
SÃO CARLOS	1809
SÃO LUIZ DO PARAITINGA	1775
SOROCABA	1769
SUBÚRBIOS DA CIDADE DE SÃO PAULO	1807
TIETÊ	1770, 1778, 1789
UBATUBA	1784
VILA REAL	1727

Em relação aos quilombos de Minas Gerais, o historiador e arqueólogo Carlos Magno Guimarães identificou mais de 160 quilombos, entre 1701 e 1798, tanto em áreas de mineração, garimpo, vilas e cidades como nas fronteiras de ocupação. As áreas de Mariana, Sabará, Serro Frio, Tijuco, São João d'El-Rey, Baependi, Vila Rica, Caeté, Campo Grande, Rio das Mortes, Diamantina, Pitangui, Paracatu e outras logo ficaram conhecidas pela ocorrência de quilombos. Existiram aqueles situados próximos às vilas mais povoadas, como um no Tijuco atacado em 1735 ou outro na vila de Mariana destruído em 1777. De qualquer modo, era nas áreas de fronteiras abertas — para onde partiam expedições de bandeirantes à procura de ouro e também visando capturar indígenas para serem escravizados — que os quilombolas buscavam refúgio e proteção. Houve episódios de quilombos descobertos acidentalmente por expedições que desbravavam várias regiões tentando localizar ouro. Foram os casos do quilombo Casa da Casca no início do século XVII, do quilombo Araçuaí (1745), do quilombo Pitangui (1766) ou de um quilombo entre as cabeceiras dos rios Indaiá e Abaeté (1768).*

Em Minas Gerais, a região de Campo Grande logo se notabilizou pelo estabelecimento de grandes quilombos, entre os quais o Ambrósio, considerado — depois de Palmares — um dos maiores quilombos do Brasil em termos de estrutura, população e economia. As primeiras notícias datam da década de 1740. O quilombo Ambrósio — também chamado quilombo Grande — foi atacado sistematicamente na segunda metade da década de 1750, com destaque para a repressão de 1759. Uma grande expedição realizada em 1767 sob a chefia do mestre de campo Inácio Correia de Pamplona não só redescobriu o quilombo do Ambrósio como outros tantos localizados nos sertões de Campo Grande, de Caieté e de Paracatu, áreas contíguas. Assim como as

---

* Ver os estudos de Carlos Magno Guimarães.

expedições que procuravam ouro e tentavam apresar índios localizavam quilombos, as tropas que entravam no interior com o objetivo de destruir quilombos também achavam pequenas localidades habitadas por garimpeiros — entre eles escravos fugidos —, homens livres pobres. Nessas ocasiões, vilas e arraiais acabavam sendo fundados, legitimando — em termos coloniais — frentes de ocupação em várias direções. Capelas e igrejas eram erguidas em muitos lugares, em outros eram construídas pequenas pontes que facilitavam as entradas das tropas, sem falar de lavouras plantadas com o objetivo primeiro de abastecer as tropas. Enfim, as expedições contra os quilombos muitas vezes duravam anos e anos a fio de caminhos percorridos e áreas desbravadas, assim como frentes de ocupação e colonização.

Junto com o comércio clandestino de ouro e diamantes e os problemas crônicos de fiscalização e impostos, a repressão (a dificuldade) foi tema recorrente na correspondência das autoridades de Minas Gerais. Há indicações de que o uso sistemático de capitães do mato, prática sancionada em lei em meados do século XVII, surge com força nessa região. A ideia era imediatamente perseguir fugitivos e combater os pequenos quilombos recém-formados para impedir que eles se transformassem em grandes quilombos — com habitantes e estruturas — como Palmares. Patentes (licenças) para pedestres, capitães do mato e capitães de assaltos — termos diferentes utilizados para aqueles que perseguiam os fugidos e recebiam remuneração — proliferaram desde o início do século XVIII. O descobrimento de ouro e diamantes, o apogeu e depois a decadência da mineração foram acompanhados pelo desenvolvimento de quilombos por toda parte. Autoridades coloniais discutiram abertamente sobre a melhor maneira de evitar fugas, destruir os quilombos e punir os quilombolas. Houve quem defendesse que os capturados nos quilombos devessem ter cortada a orelha ou os tendões do calcanhar para impedir novas fugas. Centenas e centenas de fugitivos e

QUILOMBOS DAS MINAS GERAIS NO SÉCULO XVIII

LOCAL	DATA	LOCAL
ARAÇUAÍ	1745, 1774	INFICIONADO
BAEPENDI	1736	ITAMARANDIBA
BAMBUÍ	1770	ITAMBÉ
BORDA DO CAMPO	1748, 1769	ITAVERAVA
BREJO DO SALGADO	1754	(LOCAL DESCONHECIDO)
BRUMADO	1716, 1771	MARIANA
CACHOEIRA DO CAMPO	1769	MATEUS LEME
CAETÉ	1738, 1770, 1785	MORRO DO CHAPÉU
CAMPO GRANDE	1746, 1754	PALMITAL
CARIJÓS	1733, 1770	PARACATU
CASA DA CASCA	1726, 1770	PARAIBUNA
CATAS ALTAS	1738	PARANAÍBA
COMARCA DO RIO DAS MORTES	1742, 1760	PARAOPEBA
CONGONHAS DO CAMPO	1738	PARAÚNA
CURIMATAL	1773	PEDRA MENINA
CURRAL D'EL REY	1781	PITANGUI
CURRAL DO TORINO	1722	RIO ABAIXO
CURRALINHO	1714	RIO DAS VELHAS ABAIXO
DEMARCAÇÃO DIAMANTINA	1752, 1753	RIO DO PEIXE
FIDALGO	1772	RIO DO PINHO
FORQUIM	1743, 1777	RIO DO PRATA
GUARAPIRANGA	1736, 1737, 1743	RIO DO SONO
IBITURUNA	1737, 1759	RIO POMBA
INDAIÁ	1759	RIO VERDE
INDAIÁ E ABAETÉ	1768	SABARÁ

DATA	LOCAL	DATA
1738, 1765	SANTA BÁRBARA	1720
1785	SÃO BARTOLOMEU	1719, 1745
1738	SÃO CAETANO	1737, 1738
1755, 1758, 1795	SÃO JOÃO D'EL-REY	1733, 1756
1786	SÃO JOSÉ	1780
1711, 1733, 1760, 1770, 1772, 1780	SÃO JOSÉ DO RIO DAS MORTES	1773, 1785
1782	SÃO MIGUEL	1738
1772	SÃO SEBASTIÃO	1736
1718, 1720	SAPUCAÍ	1751
1738, 1773, 1781	SERRA DA MARCELA	1759
1764, 1769	SERRA DA MARCILA	1766
1766	SERRA DE SÃO BARTOLOMEU	1743
1741, 1780	SERRA DO CARAÇA	1719
1751	SERRA DO FUNIL	1788
1768	SERRA NEGRA	1769
1739, 1758, 1766, 1767	SERRO	1782
1737	SERRO FRIO	1722
1733	SERTÃO DE CONTAGENS	1741
1776	SÍTIO DA CAVEIRA	1764
1770	SUAÇUÍ	1741, 1769
1755	TABUA	1769
1778	TAMANDUÁ	1770
1768, 1786	TIJUCO	1731
1737, 1740	VILA RICA	1740, 1748, 1767
1720, 1738, 1753		

quilombolas capturados foram marcadas a ferro e fogo com letra F nas costas e ombros: a marca do fugitivo.*

Os quilombos da capitania da Bahia são bem conhecidos em virtude dos estudos de Stuart Schwartz.** São tão esparsos e numerosos como aqueles de Minas Gerais, porém mais antigos, haja vista que a Capitania da Bahia data do século XVI. Proliferaram por todos os cantos e direções; em áreas de montanhas, planícies, recôncavo e sertões. Em Itapicuru já se falava dos mocambos em 1601. Outros foram combatidos em 1661 na região de Cachoeira e Imbiara. No final dessa década vários mocambos foram atacados em Maragogipe, Paraguaçu, Pirajuí e Jaguaripe. No século XVIII o problema só aumentou de gravidade. Entre 1705 e 1714 foram localizados em Jacuípe, Cachoeira, Jacobina, Carinhanha e São Francisco. Nos anos de 1723-34 os mocambos em Quiricós, Nazaré das Farinhas e Santo Amaro da Purificação foram o tormento das autoridades baianas. Na mesma década, quilombolas migraram para as margens do rio das Rãs e Parateca, perto do sertão do rio São Francisco, área de Rio das Contas e Jacobina, enquanto outros tantos andavam nas vizinhanças de Camarogipe. Na segunda metade do século XVIII, os principais temores vinham de Jaguaripe, com o estabelecimento de vários mocambos. Há notícias dos mocambos na vila de Cachoeira em 1797.

---

* Guimarães, 1988.
** Schwartz, 1987.

QUILOMBOS E MOCAMBOS NA BAHIA (1575-1821)

NOME	DATA
CACHOEIRA	1661, 1714, 1807-8
CAIRU	1699, 1722
CAMAMU	1692
CAMAROGIPE	1735
CANAVIEIRAS	1733
ILHÉUS	1789, 1821-28
IMBIARA	1601-1614
INHAMBUPE	1666, 1687
ITAPICURU	1575-1580, 1632-6
ITAPUÃ	1744-64
JACOBINA	1681-91, 1726, 1735, 1801
JACUÍPE	1705, 1791
JAGUARIPE	1667, 1706, 1771
JEREMOAMO	1655
MARAGOGIPE	1667, 1713
NAZARÉ	1723, 1734
NOSSA SENHORA DO SOCORRO	1674-5
OITIZEIRO	1804
PARAGUASSU	1667
RIO DAS CONTAS	1736
RIO REAL	1640, 1687
RIO VERMELHO	1629
SANTO AMARO	1734, 1745
SERGIPE DEL REI	1674-5
SERRA DO OROBÓ	1796-9
SUBÚRBIOS DA CIDADE DE SALVADOR	1663
SUBÚRBIOS DA CIDADE DE SALVADOR (CABULA)	1807
TORRE	1666-7

A história dos quilombos teve vários e diferentes capítulos, considerando regiões, paisagens, períodos, duração, cenários, personagens, reprodução e ações. Muitos — não só Palmares — existiram durante décadas ou mesmo séculos. Fazendeiros, autoridades e os próprios escravos sabiam que em algumas regiões havia comunidades de fugitivos (e suas várias gerações ali nascidas) longevas.

No Rio de Janeiro, temos registros dos mocambos que se localizavam no recôncavo da Guanabara, nas margens dos rios Iguaçu e Sarapuí, região atualmente denominada de baixada fluminense. As primeiras notícias datam do final do século XVIII, e durante todo o século seguinte as autoridades andaram às voltas com planos para combatê-los. Já em 1808, o famoso intendente de polícia da corte Paulo Fernandes Viana expediu ordens ao capitão-mor da vila de Magé, área vizinha. Em fins de 1823, foi despachada uma portaria autorizando a execução de "um ataque geral em todos os quilombos", que constava existir nas freguesias da Guia, Inhomerim, Magé e Suruí. Dois anos depois o chefe de polícia da corte informava que o quilombo era "antigo neste lugar", sempre "atacado porém ainda não extinguido". As dificuldades maiores estavam por conta da localização "mangue do rio Iguaçu" e também devido às conexões que o quilombo tinha com taberneiros que compravam lenha e permutavam por outros artigos de que precisavam. Tinham base agrícola com "grandes plantações de abóbora e mangalô" e "insignificantes plantações de cana", sendo o local "piscoso e abundante em caça". Havia indícios também de que assaltavam os moradores da "vizinhança, com o fim de arrebatar-lhes bois e outros animais domésticos próprios para alimentação". Em 1859, alertava-se quanto ao "interesse dos taberneiros na manutenção dos negros, com que negociam em grande escala em lenha de mangue,

Saída da comunidade de senzala para o trabalho, escravos e fugitivos na formação do campesinato negro

que é muito bem paga na corte, dando em troca de canoas de lenha gêneros alimentares de pequeno valor". De fato, a originalidade das histórias dos quilombolas de Iguaçu foi sua conexão mercantil através da lenha — principal combustível da época — que abastecia a corte do Rio de Janeiro. Parte da lenha era escoada pelos quilombolas e vendida pelos escravos ao ganho, chegando às casas, mansões e palácios. Havia em torno do recôncavo da Guanabara um verdadeiro *campo negro* que definimos como uma complexa rede social, palco de lutas e solidariedades entre as comunidades de fugitivos, cativos nas plantações e até nas áreas urbanas vizinhas, libertos, lavradores e fazendeiros. Em uma diligência em 1876, as tropas encontraram em um acampamento "uma canoa, uma espingarda de caça embalada, machados, foices, enxadas, rede de pescar, alguma ferramenta de carpinteiro e 64 talhas de boa lenha". Em Iguaçu, é possível acompanhar por quase um século — na documentação de polícia e nas denúncias de jornais — a reprodução desses quilombolas que constituíram uma comunidade camponesa na região, negociando não só os excedentes de suas economias, mas também extraindo, armazenando e controlando parte do comércio de lenha. Até o final da década de 1880 se noticiava a movimentação desses quilombolas. Depois da abolição, eles — ao que parece — desaparecem da documentação. Uma parte desses quilombolas pode ter se interiorizado e migrado para áreas de Minas Gerais, e outros tantos se dissolveram nas inúmeras comunidades ribeirinhas envolvidas no comércio fluvial dos rios que desaguavam na baía de Guanabara, abastecendo a cidade do Rio de Janeiro de gêneros alimentícios.*

---

* A longa tradição (séculos XVIII e XIX) dos quilombos na baixada fluminense (RJ), também conhecidos como de Iguaçu, de Estrela e do Bomba, foi analisada com base em farta correspondência policial e noticiário da imprensa da Corte. Ver: Gomes, 2006, primeiro capítulo.

No Maranhão, ao longo dos séculos XVIII, XIX e XX se formaram grandes mocambos organizados por mocambeiros — como eram chamados ali os quilombolas — numa extensa rede socioeconômica, articulando fazendeiros, grupos indígenas, roceiros, garimpeiros e outros setores rurais. Juntamente com o Nordeste açucareiro da Bahia e de Pernambuco, foi uma das mais importantes regiões agroexportadoras, com plantações de arroz e algodão. A partir da segunda metade do século XVIII o tráfico atlântico se intensificou, e nas primeiras décadas do século XIX entraram pelos portos maranhenses mais de 40 mil africanos escravizados. Diversas paragens ficaram famosas por terem se transformado — desde o século XVIII — em verdadeiros empórios de escravos fugidos. Entre o Turiaçu e o Gurupi, as notícias sobre quilombos datavam de 1702. Situada entre os limites do Pará e o Maranhão, tal área permaneceu muito tempo marcada por litígios da administração colonial: primeiramente pelo estado do Maranhão e Grão-Pará, depois dividida pelas capitanias do Grão-Pará e do Maranhão, alcançando no império as fronteiras das então províncias do Maranhão e Grão-Pará. Era cortada por dois grandes rios que foram usados como marcadores de fronteiras. Até 1852, o rio Turiaçu pertencia ao Pará, e depois passou a pertencer ao Maranhão. Posteriormente as marcações seriam as margens do rio Gurupi, uma pertencendo ao Pará e a outra ao Maranhão.*

A extensa região foi marcada pelas experiências de lutas, alianças, resistências, ocupação e conflitos. Disputas das autoridades coloniais e imperiais pela jurisdição da extensa área só favoreceram o desenvolvimento dos mocambeiros. Muitas eram as dificuldades em mobilizar tropas ora de uma, ora de outra capitania ou província. As fugas continuavam acontecendo e os mocambos se multiplicavam. Em 1731, falava-se que as fazendas estavam ficando desertas com tan-

---

* Araújo, 1992 e 1994; Assumpção, 1996 e Gomes, 2005.

tas escapadas, e em 1774 os governadores do Maranhão e do Grão-Pará já mencionavam a necessidade de uma ação conjunta, pois os fugitivos procuravam se esconder nas áreas opostas da direção da repressão enviada, ou seja, quando atacados pelo Maranhão atravessavam para o Grão-Pará e vice-versa. Uma providência conjunta — destacaram na ocasião — seria de "interesse dos senhores" de ambas as regiões devido ao "grande prejuízo de suas lavouras". Mas a coisa só se complicava e em 1793 era mencionada tanto a necessidade de se abrir "estradas para carga" ligando o Grão-Pará ao Maranhão como de patrulhamento através de canoas nos rios para perseguir os "amocambados", pretos e índios.

As áreas de Viseu, Ourém, Bragança no Grão-Pará e Turiaçu, Guimarães, Maracassumé, Gurupi, Montes Áureos, Santa Helena e Viana no Maranhão estavam ocupadas por diversos mocambos. Em meados da década de 1830 as províncias do Maranhão e o Grão-Pará viveram períodos de extrema ebulição política. Eclodiram a Cabanagem (1836-9) e a Balaiada (1838-40), com confrontos armados envolvendo vários setores rurais de fazendeiros e lavradores, fazendo aumentar ainda mais as fugas escravas. Na região do rio Acará — no Grão-Pará —, o preto Félix foi acusado de liderar tropas de fugitivos escravos que pilhavam as propriedades. No Maranhão, no vale do Itapicuru-Mirim, o preto forro Cosme Bento das Chagas, natural do Ceará, comandou mais de 3 mil negros, a maior parte deles fugida. Juntando uma grande massa negra sublevada, foi acusado de invadir e saquear fazendas, tendo sido perseguido, preso e condenado à forca em 1842.

A repressão aos revoltosos da Cabanagem e da Balaiada não fez cessar aquela aos mocambos. Aliás, muitas vezes se falou que quilombolas/mocambeiros estavam aliados aos cabanos e balaios em várias partes. Em 1839 há registros de uma grande expedição contra os quilombos do Turiaçu enviadas pelas autoridades do Grão-Pará. Centenas de soldados partiram das localidades de Parauá e Igarapé-Açu e durante mais de trinta dias vasculharam toda a região. Na ocasião, foram gastos muitos recursos para tal mobilização militar, e vários mocambos com dezenas de ranchos e muitas roças foram encontrados e destruídos, mas apenas quinze quilombolas foram capturados. Em 1843, foi a vez das autoridades do Maranhão enviarem tropas, novamente sem muito êxito.

Com a mudança de jurisdição — agora eram as margens do rio Gurupi que funcionavam como demarcação de fronteira —, as regiões onde se concentravam os quilombolas passaram a ser do Maranhão em 1852. No ano seguinte, autoridades provinciais prepararam uma extensa campanha militar e falavam em "cortar pela raiz um mal que tanto flagela a lavoura" do Turiaçu. A perseguição foi implacável, tendo sido capturados 53 quilombolas. A repressão continuou nos anos seguintes com a invasão do quilombo São Benedito em 1858 e a prisão de mais dezessete mocambeiros. No ano seguinte foi a vez da invasão dos quilombos Camundá e Spiridião, localizados em Maracassumé, numa das margens do rio Gurupi. As ondas de repressão passaram a ser anuais, sempre com invasão de mais e novos quilombos, destruição de roças e plantações e a captura de seus habitantes. Em meados de 1860 foi ordenado um ataque a um quilombo localizado entre a colônia militar de São Pedro de Alcântara do Gurupi e Montes Áureos. No ano seguinte, mais duas diligências seguiram para Viana e Macarassumé. Em 1863, 1864 e 1865, a rotina de ataques aos quilombos do Turiaçu-Gurupi permaneceu inalterada, com mais prisões e destruições de mocambos.

Tal onda de repressão, mais que resultados, revelou a profundidade do problema na região, posto não haver um, mas dezenas de quilombos, muitos dos quais com centenas de habitantes e incrustados na floresta. E o pior aconteceu com os quilombos partindo para o contra-ataque. Em 1867 eclodiu uma insurreição envolvendo os quilombolas do Turiaçu-Gurupi. Com um contingente de mais de quinhentos negros, eles saíram de seus quilombos e realizaram um grande ataque a algumas fazendas e à sede do município de Viana. Como resposta a esse ataque inesperado, mais expedições punitivas foram preparadas, sendo o principal alvo o quilombo São Benedito do Céu, que já tinha sido atacado e considerado destruído, mas que havia sido reerguido. Uma nova onda de repressão com melhor êxito alcançou a região em meados da década de 1870. Primeiro com a expedição ao quilombo São Sebastião em 1876 e a captura de 113 mocambeiros e depois com dois ataques — em 1877 e 1878 — contra os quilombos do Limoeiro, quando foram presos respectivamente dezesseis e 78 fugidos, entre crianças, homens e mulheres.*

O destaque nas histórias dos mocambeiros do Maranhão são os extensos relatórios produzidos pelos comandantes das expedições militares enviadas para destruí-los. Quase como narrativas etnográficas, revelam uma face da cultura material e da organização social deles. Na expedição enviada em 1853, as autoridades descreveram que os mocambeiros eram garimpeiros pois "descobriram perto do quilombo minas de excelente ouro". Além disso, "aventureiros, traficantes e mesmo lavradores" tinham "comércio ativo com os calhambolas, permutando por ouro, armas de fogo, e outras cortantes e perfurantes, pólvora e chumbo de munição" e também roupa. Num extenso relatório da expedição, o alferes Antônio Tomás Freitas dos Reis produziu um verdadeiro mapa topográfico, geográfico e socioeconômico dos vários mocambos espalhados em diversas partes da região. Alcançaram — vestígios de mocambos abandonados —, entre outros, o "antigo mocambo" Pau de Ferro, "o antigo e grande mocambo de Santo Antônio", o mocambo Bacanga, o mocambo Pau Quebrado, o mocambo Pacoval e o mocambo Perdido. Do mocambo Jacareguara descreveu que havia "63 casas espalhadas em uma área de duzentos braços quadrados" e "muita mandioca, ba-

* Araújo, 1992 e 1994.

tata, cará, macaxeira, enfim muita abundância de mantimento em diferentes roças". Já do mocambo Queimado encontrou "quarenta casas abandonadas a coisa de dois anos, porém ainda cobertas". No mocambo Cachoeira localizou "quatro ranchadas contendo quarenta e tantas casas cada uma, espalhadas pelo mato e impossível de cerco" e escondida na mata "toda a bagagem, catorze armas de fogo, muitas lanças, terçados, facas, caldeirões, ferramenta de lavoura, 64 redes entre elas muitas em bom uso, e novas de labirinto, e outras muitas coisas que se inutilizou". Nas expedições enviadas em 1862 contra os mocambos São Vicente do Céu, o tenente Máximo Fernandes Monteiro descreveu que "existiam para mais de noventa casas, das quais só duas se achavam cobertas, e conservadas, visto que as demais tinham sido queimadas" além de "grandes roças de mandioca, arroz, cana, e muitas outras qualidades de plantações alimentícias" e "sessenta alqueires de farinha, seis de arroz e fumo", além de "carrapato e algodão" e criações de galinha.* Também ali havia "69 batéis de tirar ouro, trinta caldeirões, e alguns ferros do tráfico de ouro" utilizados pelos mocambeiros garimpeiros. Ficou impressionado com a "fartura espantosa" no mocambo, posto existir "seis [casas] de forno, uma de tecelão", "uma de engenho de moer cana" e mais "estoques com muito arroz, cana-de-açúcar, algodão, caça e diamba (maconha)". As conexões mercantis ali eram complexas, já que

> comerciam com os pretos fugidos todos os mascates e negociantes colocados nos centros, visto que tendo eles de comprar, e vender gêneros aos escravos de muitas fazendas, que estão em contato com os negros fugidos estes com aqueles se associam em suas digressões noturnas como oportuna ocasião para tais empresas sem risco de serem conhecidos; assim não lhes é possível evitar qualquer gênero de comércio com eles.

* Gomes, 2005: 129-324.

MOCAMBOS/QUILOMBOS NA REGIÃO DO TURIAÇU-GURUPI – SÉCULO XIX

NOME/DENOMINAÇÃO	DATA
ANANÁS	1867
ANAJÁ	1867
BACANGA	1853
BATALHA	1867
BELÉM	1888
BOM QUE DÓI	1867
CAXOEIRA	1853
CAMUNDÁ	1859
CERTO	1877
CIPÓ	1863
CRUZ SANTO	1833
CUCI-PARANÁ	1867
ENSEADA GRANDE	1868
ESCUTA	1877
ESPIRIDIÃOZINHO DO PARÁ	1867
FAVEIRA	1867
FLEXAL	1867
GERIMUM	1867
ITAMAUARY	1885, 1887
JACAREPAGUÁ	1853, 1862
JOÃO BAIANO	1867
JOÃO CONGO	1811
LARANJAL	1876-1877
LAJE	1867
LIMÃO	1867
LIMOEIRO	1878-79, 1883
MACARASSUMÉ ("MOCAMBO-GUIA")	1853

NOME/DENOMINAÇÃO	DATA
MOCAMBO GRANDE	1867
OLHO-D'ÁGUA	1867
PACOVAL	1853, 1862
PAU QUEBRADO	1853
PAU DE REINO	1853
PERDIDO	1853
PIRANHA	1878
QUEIMADO	1853, 1862
REDONDO	1880
ROLLA	1877
SANTANA	?
SANTO ANTÔNIO	1853
SÃO BENEDITO DO CÉU	1853, 1862, 1867-8, 1878
SÃO JOSÉ	1867
SÃO LUÍS	1862
SÃO PINDOBA	1867
SÃO SEBASTIÃO	1876-77
SÃO VICENTE DO CÉU	1853, 1862, 1873
SPIRIDIÃO	1859
VITÓRIA	1867

Vivendo do manejo e dos recursos naturais, fronteiras do Maranhão e Pará, comunidade do Itamaoari

Em 1867, nos ataques ao mocambo São Benedito do Céu, foi descrita a estrutura econômica camponesa, onde os quilombolas viviam "todos da lavoura e caça", havia nele "quantidade de mandioca e massa e eram para ser desmanchadas em farinhas", existindo ali "cinco casas de forno". Isso sem falar de "muito arroz cortado e por cortar", "cana em quantidade", "excelentes fumais" e macaxeiras, batatas, canas e "carazes". Segundo depoimentos dos mocambeiros capturados, "dos produtos da lavoura nada vendiam, servindo apenas para o consumo dos moradores do quilombo". O complexo econômico era completado com: três engenhocas de cana, três alambiques de barro, uma tenda de ferreiro, dois teares "de tecer pano", "ralos de ralar mandioca" sendo mais ainda encontrado "arroz empaneirado escondido nas matas" que foi utilizado na alimentação da tropa.

Nas últimas décadas do século XIX, a estratégia das autoridades do Maranhão foi ocupar a região estabelecendo uma colônia de migrantes cearenses — retirantes da grande seca do Ceará em 1877. Mais uma vez o fracasso ocorreu, pois os mocambeiros permaneceram ocupando a região, atuando como garimpeiros.* Entre 1919 e 1923, o engenheiro Henrique Jorge Hurley visitou a região do Turiaçu e Gurupi numa missão do então estado do Pará para pacificar as populações indígenas que eram acusadas de fazer incursões nas áreas do alto Irituia, alto Guamá e alto Gurupi. Ele visitou as aldeias São José, São Pedro, Tauary e Jupuuba, realizando um estudo a respeito da "língua, uso e vida das tribos" da região, especialmente dos índios tembés e dos "sanguinolentos" caapores. Segundo seu relato, a expedição avançou mais de cem quilômetros de floresta, cachoeiras, rios, mosquitos e chuvas torrenciais, chegando à aldeia Uruaim onde moravam, além de índios tembés, "pretos" maranhenses e colonos cearenses. Subindo ainda mais o rio Gurupi, alcançou a localidade

---

* Hurley, 1963.

Comunidade do Itamaoari nas margens do Rio Gurupi, remanescentes de antigos mocambeiros que migraram do Maranhão Oitocentista

de Itamaoari, que era um mocambo remanescente com "cerca de oitenta casas e uma capela em honra a São Benedito" onde moravam mais de trezentas pessoas, "na maioria pretos que emigram do Maranhão para se empregarem na agricultura e na extração de ouro". Ali também havia "algumas mulheres tembés vivendo maritalmente com pretos". Também visitou as localidades de Caamiranga, Ariua-Curucaia e Glória, povoados pequenos com população negra descendente dos antigos mocambeiros dos séculos XVIII e XIX. Quando Hurley visitou esses povoados camponeses no Gurupi, do lado do Pará, as histórias da luta negra ali estavam longe de acabar. Também do lado do Maranhão vários povoados negros com a mesma memória comunitária de lutas se formaram. Aquela região de Turiaçu-Gurupi continuou pertencendo aos grupos indígenas — cada vez mais dizimados —, camponeses negros remanescentes dos quilombolas e outros novos personagens como grileiros e posseiros. Nos anos de 1949, 1950 e 1951, Darci Ribeiro e uma equipe de antropólogos, linguistas e cineastas visitaram os sertões do Gurupi, os povoados negros de Caamiranga e Itamaoari e as aldeias dos urubus-pretos — como pejorativamente eram chamados os indígenas caapores —, muitos dos quais miscigenados com os mocambeiros.* Atualmente na região há ainda inúmeras comunidades remanescentes de quilombo — com destaque para as comunidades de Itamaoari e Caamiranga, que já foram reconhecidas pela Fundação Palmares e tiveram suas terras demarcadas pelo INCRA como remanescentes de quilombos.

---

* Ribeiro, 1996.

REMANESCENTES E SIMBOLOGIAS DOS VÁRIOS QUILOMBOS NO BRASIL

O que aconteceu com os quilombos depois de 1888 com o fim da escravidão? Com sua extinção não havia mais escravos e, portanto, fugitivos. Mas os quilombos e mocambos continuaram a se reproduzir mesmo com o fim da escravidão. Eles nunca desapareceram, porém não os encontramos mais na documentação de polícia e nas denúncias dos jornais. Os vários quilombos — que já eram verdadeiras microcomunidades camponesas — continuaram se reproduzindo, migrando, desaparecendo, emergindo e se dissolvendo no emaranhado das formas camponesas do Brasil de norte a sul. Há quem diga que parte da população de Canudos — movimento milenarista da Bahia que foi destruído em 1897 — era de fugitivos da escravidão e também de libertos do 13 de maio de 1888.*

No século XX, os quilombos ficaram em parte invisíveis e em parte estigmatizados. O processo de produção da invisibilidade data desde a escravidão — quando os quilombos se articularam com as roças dos escravos, transformando-se em camponeses, sendo difícil definir quem era fugido diante de roceiros negros, além daqueles que tinham nascido nos quilombos e nunca foram escravos. No pós-abolição, o processo de invisibilidade foi gerado pelas políticas públicas — ou a falta delas — que não enxergavam em recenseamentos populacionais e censos agrícolas centenas de povoados, comunidades, bairros, sítios e vilas de populações negras, mestiças, indígenas, ribeirinhas, pastoris, extrativistas etc. Camponeses negros — parte dos quais quilombolas do passado — foram transformados em caboclos, caiçaras, pescadores e retirantes. Quase nunca "pretos" podiam ser "pardos" e mesmo "brancos" aos olhos dos recenseadores do IBGE, e o pior: suas atividades econômicas não eram contempladas nos dados censitários, pois se articulavam entre a agricultura familiar, os traba-

* Levine, 1995.

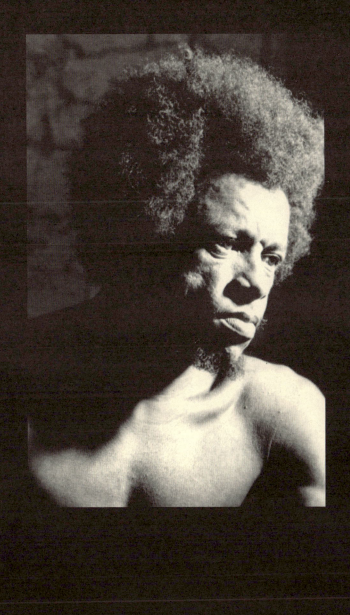

Mocambeiro na divisa do Maranhão e Pará, comunidade de Caamiranga.

Tio Marco, liderança quilombola, Itamaoari, 1996.

lhadores sazonais e o extrativismo; quase tudo ignorado nos censos agropecuários republicanos. Constituiria uma ideologia do isolamento das comunidades rurais e com elas algumas identificadas como negras e descendentes de antigos escravos. Não é difícil imaginar como essas comunidades recriaram suas dimensões de suposta invisibilidade através de linguagens e culturas próprias com festas que iam do jongo às congadas e outras manifestações de uma cultura rural de base étnica e familiar. O invisível passaria a ser isolado e depois estigmatizado. Populações negras rurais — isoladas pela falta de comunicação, transporte, educação, saúde e políticas públicas e outras formas de cidadania — foram estigmatizadas, a ponto de seus moradores recusarem a denominação de quilombolas ou ex-escravos. Porém, nunca deixaram de existir lutas seculares no mundo agrário, parte das quais para defender territórios, costumes seculares e parentesco na organização social. Na segunda metade do século XX, os quilombolas e as comunidades negras rurais sofreram novas investidas. Setores agrários hegemônicos que defendem formas econômicas exclusivas de acesso à terra passaram a investir sistematicamente contra territórios seculares — manejo de recursos hídricos — das populações rurais, indígenas, negros e ribeirinhos.

Os quilombos nunca desapareceram, pelo contrário, se disseminaram mais ainda.* De fato, para as décadas seguintes da abolição, a movimentação de famílias negras de libertos e também de quilombolas pode ter ajudado na emergência de centenas de comunidades negras rurais que encontramos no Brasil contemporâneo. A historiadora Ana Rios elaborou uma tipologia que — embora identificada com o Sudeste — bem pode nos ajudar a entender uma face das formações camponesas negras. Segundo ela, tais formações do pós-emancipação

---

* Ver: Acevedo Marin, 1993, Andrade, 1995, Anjos, 2000, Bandeira, 1988, Carvalho, 1996, Fry & Vogt, 1996, Funes, 1996, Gomes, 1996, Gusmão, 1996, Leite, 1996, Monteiro, 1985, O'DWYER, 2002, Queiroz, 1983 e Silva, 1999.

Trabalhadores negros e as comunidades de senzalas, sudeste escravagista, século XIX.

estavam representadas pelo "campesinato itinerante", ou seja, as famílias de libertos organizadas num parentesco ampliado que vivenciaram processos de imigração contínua em busca de terra e trabalho em várias áreas entre Minas Gerais, São Paulo, Rio de Janeiro e Espírito Santo. O deslocamento permanente foi um traço marcante para várias famílias de libertos nas primeiras décadas do século XX. Através de arranjos de moradias, trabalho e parceria, as primeiras gerações de libertos tentavam reconstruir territórios para si e suas famílias. Outra experiência foi aquela do "pacto paternalista", no qual famílias de libertos permaneceram nas mesmas fazendas onde elas, seus pais e avós tinham sido escravos, agenciando roças, autonomia e direitos costumeiros no uso da terra. Por fim, havia as *terras de preto*, que eram as parcelas de terras (muitas das quais indivisas) doadas em testamento para ex-escravos e suas famílias antes da abolição — no período da emancipação eles mantinham tais direitos —, o que gerou conflitos com os descendentes de fazendeiros e as fronteiras econômicas abertas em determinadas regiões. Seria possível ampliar essa explicação para outras partes do Brasil e, sobretudo, incluir a movimentação dos quilombos, suas aldeias camponesas e suas conexões mercantis na escravidão e no pós-abolição.* Certamente a proliferação de comunidades negras rurais e aquelas remanescentes de quilombo foram determinantes nesse processo.

No Brasil dos últimos anos, o debate sobre a reforma agrária tem se articulado às temáticas da questão racial, em particular das comunidades negras rurais e remanescentes de quilombo. Com visibilidade nacional, tem mobilizado a sociedade civil, como movimentos sociais, intelectuais, universidades e não menos frequentemente partidos políticos e agendas dos governos federal, estaduais e municipais. Eventos políticos e/ou efemérides comemorativas (transformadas em agendas de denúncias e protestos) como o centenário da abolição da

---

* Almeida, 1990.

escravidão (1988), o aniversário de trezentos anos da morte de Zumbi, líder do quilombo de Palmares (1995) e mesmo a Conferência Mundial contra o Racismo (Durban, 2001) mobilizaram diversos setores sociais na reflexão e na intervenção política visando o combate das desigualdades raciais.

Mas como os quilombos se tornaram símbolos étnicos para a militância negra na luta contra o racismo? Ao longo do século XX, a despeito da existência de inúmeras comunidades remanescentes de quilombos no interior do Brasil — a maior parte das quais desconhecida —, a ideia de quilombo passou a ser agenciada. A militância negra se apropriou do quilombo como representação política de luta contra a discriminação racial e valorização da "cultura negra". Nos anos 1960 e principalmente 1970 houve uma conexão da ideia de quilombo e a ideia de resistência contra a opressão. Nas interpretações e nos usos políticos, o quilombo podia ser tanto a resistência cultural como a resistência contra a ditadura. Antes mesmo havia o *quilombismo* de Abdias do Nascimento — importante intelectual —, uma perspectiva de ver o Brasil a partir do *pan-africanismo*. Outra face também politizada do quilombo nos anos 1970 foi "A quilombo" — do expoente músico negro Candeia —, escola de samba (Grêmio Recreativo Arte Negra Quilombo) criada como espaço de resistência à dominação "branca" no samba, representada pela televisão, grupos econômicos e políticos, bicheiros, empresas turísticas estatais etc. Dela faziam parte artistas e intelectuais negros importantes, como Paulinho da Viola, Elton Medeiros, Nei Lopes, Luís Carlos da Vila, entre outros.*

Por outro lado, Palmares, por exemplo, o maior símbolo da resistência negra no Brasil, foi descrito (e esse discurso tem sido ainda reproduzido por intelectuais e setores da militância) como uma sociedade permissiva a brancos e índios, desprovida, portanto, de intolerância racial. Enfim, o

---

* Gomes, 2011.

discurso sobre a identidade da população negra foi em parte construído, tendo os quilombos como paradigma. Além da etnicidade, eram paradigma de cultura e de raça.

A história dos quilombos, do passado e do presente, se transformou em bandeira de luta. Na década de 1980, com os debates da Constituinte e a efervescência política, foi criada a Fundação Cultural Palmares (FCP) em pleno período de redemocratização, no governo Sarney. Entidade pública vinculada ao Ministério da Cultura, a FCP tinha como objetivo formular e implementar políticas públicas para "potencializar a participação da população negra brasileira no processo de desenvolvimento, a partir de sua história e cultura".

Nesse processo, tornadas invisíveis por longo tempo, emergirão centenas de comunidades negras, em processos semelhantes à emergência das populações indígenas no Nordeste. Onde se dizia ou se pensava não existir, milhares de homens e mulheres em comunidades rurais, populações ribeirinhas, povos da floresta ou populações tradicionais passaram a reivindicar terra, territórios e políticas públicas. Ao longo dos anos 1980 e 1990 em vários encontros — com destaque ao pioneirismo do Maranhão —, comunidades negras rurais remanescentes de quilombo começaram a se organizar, nas reivindicações de seus direitos sobre as terras que ocupavam. O termo *remanescente de quilombos* foi oficializado na Constituição brasileira de 1988. O art. 68º dos ADCT (Atos das Disposições Constitucionais Transitórias) promulgava que "aos remanescentes das comunidades dos quilombos que estejam ocupando suas terras é reconhecida a propriedade definitiva, devendo o Estado emitir-lhes os títulos respectivos", garantindo automaticamente o direito possessório das terras ocupadas e herdadas por seus antepassados; enquanto o art. 216, § 5º da Constituição, instituía o tombamento de "documentos" e "sítios detentores de remanescências de antigos quilombos", determinando assim que os "remanescentes de quilombos" sejam reconhecidos como patrimônio cultural da nação. A definição de "remanescente de quilombos" era abrangente e operacional no sentido do reconhecimento dos direitos sobre a posse da terra e a cidadania.

Quilombos e mocambos do passado e do presente se encontraram aí.* Em todo o Brasil, próximo às grandes cidades, em áreas importantes da agroexportação e produção de alimentos dos séculos XVIII e XIX, como em áreas de fronteiras e mesmo em divisa com terras indígenas (reconhecidas, demarcadas, tituladas ou não), encontramos comunidades negras rurais, que são parte dos remanescentes dos quilombos da época da escravidão e também de várias comunidades negras transformadas a partir delas e nas décadas seguintes da pós-emancipação. Trata-se de uma secular história de luta pela terra articulada às experiências da escravidão e da pós-abolição. Atualmente são tanto as terras herdadas de quilombolas/escravos fugidos e seus descendentes da escravidão como aquelas de doações de senhores ou ordens religiosas a ex-escravos; terras compradas por libertos e herdadas pelos seus descendentes; terras conseguidas do Estado em troca de participação em guerras ou ainda de inúmeras migrações de libertos e suas famílias no período imediatamente pós-emancipação.

As atuais comunidades remanescentes de quilombos no Brasil estão espalhadas de norte a sul do Brasil. Nos últimos anos, para além das poucas dezenas que tiveram suas terras tituladas pelo INCRA ou as quase 2 mil comunidades reconhecidas e certificadas pela Fundação Cultural Palmares, existem inúmeras associações rurais, o movimento negro e principalmente o movimento nacional de articulação política quilombola, que identificou cerca de 5 mil comunidades que lutam por reconhecimento, cidadania, terras e políticas públicas de educação e saúde.

* Para uma arqueologia das comunidades de fugitivos (*maroons*) na Jamaica, ver: Agorsah, 1994. Para o Brasil, ver o estudo arqueológico pioneiro de Carlos Magno Guimarães na década de 1980 e destacadamente a arqueologia de Palmares em diversas publicações de Pedro Paulo Funari e Scott Allen.

Descanso na colheita, comunidade negra rural escrava no sudeste, século XIX.

BIBLIOGRAFIA

ACEVEDO MARIN, Rosa Elizabeth; CASTRO, Edna M. Ramos. *Negros do Trombetas: Guardiões de matas e rios*. Belém: UFPA, 1993.

AGORSAH, E. Kofi. "Background to Maroon Heritage". In: _____. (Org.). *Maroon Heritage: Archaelogical Ethnografic and Historical Perspectives*. Kingston: University of the West Indies, 1994.

ALENCASTRO, Luis Felipe de. *O trato dos viventes: A formação do Brasil no Atlântico Sul*. São Paulo: Companhia das Letras, 2000.

ALLEN, Scott Joseph. "A 'cultural mosaic' at Palmares? Grappling with historical archeology of a seventeenth-century Brazilian quilombo". In: FUNARI, Pedro Paulo de Abreu (Org.). *Cultura material e arqueologia histórica*. Campinas: IFCH-Unicamp, 1998. pp. 141-78.

_____. Africanisms, Mosaics, and Creativity: The Historical Archaeology of Palmares. Providence (RI): Brown University, 1995, dissertação de mestrado.

ALMEIDA, Alfredo Wagner Berno de. "Terras de preto, terras de santo, terras de índio: uso comum e conflito". In: CASTRO, Edna M. R.; HABETTE, Jean (Orgs.). "Na trilha dos grandes projetos: modernização e conflito na Amazônia". Cadernos do NAEA/UFPA, n. 10, 1990.

ALMEIDA, Maria Regina Celestino de. "Trabalho compulsório na Amazônia: séculos XVII-XVIII". *Revista Arrabaldes*. Ano I, n. 2, set./dez. 1988.

ALONSO, José Luis Ruiz-Peinado. "Hijos del rio: negros del Trombetas". In: JORDAN, Pilar Gracia; IZAR, Miguel; LAVINA, Javier (Orgs.). *Memoria, creación e historia: Luchar contra el olvido*. Barcelona: Universitat de Barcelona, 1994. pp. 349-57.

_____. "Publicadores de la Amazonia. Cimarrones del Trombetas". *Africa Latina Cuadernos*. Barcelona: n. 21, pp. 59-68.

_____. *Cimarronaje en Brasil: Mocambos del Trombetas*. Barcelona: El Cep i la Nansa Edicions, 2002.

ALTAVILA, Jaime de. *História da civilização de Alagoas e quilombo dos Palmares*. Maceió: Depto. de Cultura, 1976.

ALVES FILHO, Ivan. *Memorial dos Palmares*. Rio de Janeiro: Xenon, 1988.

ANDERSON, Robert N. "The Quilombo of Palmares: A new overview of a Maroon State in seventeenth-century Brazil". *Journal of Latin America*, v. 28, parte 3, 1996, pp. 545-66.

ANDRADE, Lúcia M. M. "Os quilombolas da bacia do rio Trombetas? Breve histórico". In: O'DWYER, Eliane Cantarino (Org.). *Terra de quilombos*. Rio de Janeiro: Associação Brasileira de Antropologia, jul. 1995.

ANJOS, Rafael Sanzio Araújo dos. *Territórios das comunidades remanescentes de antigos quilombos no Brasil: Primeira configuração espacial*. Brasília: Mapas Editora & Consultoria, 2000.

ARAÚJO, Mundinha. *A invasão do quilombo Limoeiro*. São Luís: SIOGE, 1998.

_____. *Insurreição de escravos em Viana (1867)*. São Luis: SIOGE, 1994.

ASSUNÇÃO, Mathias Rohrig. "Quilombos maranhenses". In: REIS, João José; GOMES, Flávio dos Santos (Orgs.). *Liberdade por um fio: História dos quilombos no Brasil*. São Paulo: Companhia das Letras, 1996.

AZEVEDO, Célia Maria Marinho de. *Onda negra, medo branco: O negro no imaginário das elites, século XIX*. 2 ed. São Paulo: AnnaBlume, 2004.

AZEVEDO, Thales de. "Índios, brancos e pretos no Brasil colonial". *América Indígena*, v. XIII, n. 2, abr. 1953.

BANDEIRA, Maria de Lourdes. *Território negro em espaço branco: Estudo antropológico de Vila Bela*. São Paulo: Brasiliense, 1988.

BARBOSA, Waldemar de Almeida. *Negros e quilombos em Minas Gerais*. Belo Horizonte: 1972.

BARICKMAN, B. J. "'A bit of land, wich they call a roça': slave provision grounds in the Bahia Recôncavo, 1780-1860". *Hispanic American Historical Review*, v. 74, n. 4, pp. 649-87.

BARLEUS, Gaspar. *História dos feitos recentemente praticados durante oito anos no Brasil*. Rio de Janeiro: Companhia Editora Nacional, 1940.

BARNET, Miguel. *Memórias de um cimarrón: Testemunho*. São Paulo: Marco Zero, 1986.

BASTIDE, Roger. "The Other Quilombos". In: PRICE, Richard (Org.). *Maroon Societies: Rebel slave communities in the Americas*. 2 ed. Baltimore: The Johns Hopkins University Press, 1979. pp. 191-201.

_____. *As Américas negras: As civilizações africanas no Novo Mundo*. São Paulo: Difel, 1974.

_____. *As religiões africanas no Brasil: Contribuição a uma sociologia das interpretações das civilizações*. São Paulo: Livraria Pioneira Ed., 1985.

BRANDÃO, Alfredo. "Documentos antigos sobre a guerra dos negros palmaristas" In: _____. *O negro no Brasil*. Rio de Janeiro: Companhia Editora Nacional, 1940.

_____. "Os negros na história de Alagoas". *Estudos Afro-Brasileiros*, 1 (ed. fac-símile). Recife: Fundaj/Massangana, 1988, esp. pp. 60-77.

CABRAL, João Francisco Dias. "Narração de alguns sucessos relativos à Guerra dos Palmares de 1668 a 1680". *Revista do Instituto Arqueológico e Geográfico Alagoano*, 7, dez. 1875, pp. 184-5.

CADORNEGA, Antônio de Oliveira. *História das guerras angolas*. Lisboa, 1940.

CAMPBELL, Mavis C. "Marronage in Jamaica: its origin in the seventeenth century". In: RUBIN, Vera; TUDEN, Arthur (Orgs.). *Comparative perspectives on slavery in New World plantation societies*. Nova York: v. 292, 1977, pp. 389-419.

CARDOSO, Ciro Flamarion S. *Agricultura, escravidão e capitalismo*. Petrópolis: Vozes, 1979.

_____. *Economia e Sociedade em áreas coloniais periféricas: Guiana Francesa e Pará, 1750-1817*. Rio de Janeiro: Graal, 1984.

_____. *Escravo ou camponês? O protocampesinato negro nas Américas*. São Paulo: Brasiliense, 1987.

CARNEIRO, Edison. *Ladinos e crioulos: Estudos sobre o negro no Brasil*. Rio de Janeiro: Civilização Brasileira, 1964.

_____. *O quilombo dos Palmares*. 3 ed. Rio de Janeiro: Civilização Brasileira, 1966.

CARVALHO, José Jorge de (Org.). *O quilombo do Rio das Rãs: Histórias, tradições e lutas*. Salvador: CEAO/EDUFBA, 1996.

CARVALHO, Marcus de. "O quilombo do Malunguinho, o rei das matas de Pernambuco". In: REIS, João José; GOMES, Flávio dos Santos (Orgs.). *Liberdade por um fio: História dos quilombos no Brasil*. São Paulo: Companhia das Letras, 1996. pp. 407-32.

CASTRO, Antônio Barros de. "A economia política, o capitalismo e a escravidão". In: AMARAL LAPA, José Roberto (Org.). *Modos de produção e realidade brasileira*. Petrópolis: Vozes, 1980. pp. 67-107.

CAVAZZI DE MONTECÚCCOLO, Pe. Giovani Antonio. *Descrição histórica dos três reinos do Congo, Matamba e Angola*. Tradução, notas e índices do Pe. Graciano Maria de Leguzzamo. Lisboa: Junta de Investigações do Ultramar, 1965. 2v.

COARACY, Vivaldo. "Quilombolas no Rio de Janeiro". In: CARNEIRO, Edison (Org.). *Antologia do negro brasileiro*. Rio de Janeiro: Globo, 1950.

CUNHA, Manuela Carneiro da. *Negros estrangeiros: Os escravos libertos e sua volta à Africa*. São Paulo: Brasiliense, 1985.

DANTAS, Beatriz Góis. *Vovô nagô e papai branco: Usos e abusos da África no Brasil*. Rio de Janeiro: Graal, 1982.

DONALD JR., Cleveland. "Slave Resistance and Abolitionism in Brazil: the Campista Case, 1879-1888". *Luso-Brazilian Review*, v. 13, n. 2, inverno 1976, pp. 182-93.

ENNES, Ernesto. *As guerras nos Palmares*. São Paulo: Companhia Editora Nacional, 1938.

FARIAS, Juliana Barreto; SOARES, Carlos Eugênio Líbano; GOMES, Flávio dos Santos. *No labirinto das nações: Africanos e identidades no Rio de Janeiro, século XIX*. Rio de Janeiro: Arquivo Nacional, 2005.

FIGUEREDO, Ariosvaldo. *O negro e a violência do branco: O negro em Sergipe*. Rio de Janeiro: J. Alvaro, 1977.

FLORY, Thomas. "Fugitive slaves and free society: the case of Brazil". *Journal of Negro History*, v. LXIV, n. 2, 1979, pp. 116-30.

FREIRE, Francisco Brito. *Nova Lusitânia*. Lisboa: [s.n.], 1675.

FREITAS, Décio, *Palmares: A guerra dos escravos*. Porto Alegre: Movimento, 1973 (2 ed. rev.: Rio de Janeiro: Graal, 1978; 3 ed. Rio de Janeiro: Graal, 1981; 5 ed. rev. e ampl: Porto Alegre: Mercado Aberto, 1984).

____. *Insurreições escravas*. Porto Alegre: Movimento, 1976.

____. *O escravismo brasileiro*. 2 ed. Porto Alegre: Mercado Aberto, 1982.

____. *República de Palmares: Pesquisa e comentários em documentos históricos do século XVII*. Maceió: EdUfal, 2004.

FREITAS, M. M. de. *Reino Negro de Palmares*. Rio de Janeiro: Biblioteca do Exército, 1954 (2 ed.: Rio de Janeiro: Biblioteca do Exército, 1988).

FREUDENTHAL, Aída. "Os quilombos de Angola no século XIX; a recusa da escravidão". *Estudos Afro-Asiáticos*, n. 32, 1997, pp. 109-34.

FREYRE, Gilberto. *Casa-grande & senzala: Formação da família brasileira sob o regime da economia patriarcal*. Rio de Janeiro: Maia & Schmidt, 1933.

____. *O escravo nos anúncios de jornais brasileiros do século XIX*. 2 ed. aum. São Paulo: Ed. Nacional; Recife: Instituto Joaquim Nabuco de Pesquisas Sociais, 1979.

FRY, Peter; VOGT, Carlos. *Cafundó (com a colaboração de Robert Slenes): A*

África no Brasil. Linguagem e sociedade. São Paulo: Companhia das Letras, 1996.
FUNARI, Pedro Paulo A. "A 'República de Palmares' e a arqueologia da Serra da Barriga". *Revista USP*, n. 28, 1995-6, pp. 6-13.
_____. "Novas perspectivas abertas pela arqueologia na Serra da Barriga". In: SCHWARCZ, Lília Moritz; REIS, Letícia Vidor de Sousa (Orgs.). *Negras imagens: Escravidão e cultura no Brasil*. São Paulo: Edusp, 1996. pp. 139-151.
_____. "A arqueologia de Palmares. Sua contribuição para o conhecimento da história da cultura afro-americana. In: REIS, João José; GOMES, Flávio dos Santos (Orgs.). *Liberdade por um fio: História dos quilombos no Brasil*. São Paulo: Companhia das Letras, 1996. pp. 26-51.
FUNARI, Pedro Paulo A.; ORSER JR., Charles E. "Pesquisa arqueológica inicial em Palmares". *Estudos Ibero-Americanos*, Porto Alegre: v. 18, n. 2, 1994, pp. 53-69.
FUNES, Eurípedes. "'Nasci nas matas, nunca tive senhor'. História e memória dos mocambos do Baixo Amazonas". In: REIS, João José; GOMES, Flávio dos Santos (Orgs.). *Liberdade por um fio: História dos quilombos no Brasil*. São Paulo: Companhia das Letras, 1996. pp. 467-97.
GALLOIS, Dominique Tilkin. *Mairi revisitada: A reintegração da fortaleza de Macapá na tradição oral do Waiãpi*. São Paulo: Núcleo de História Indígena e do Indigenismo, USP, FAPESP, 1994.
GEBARA, Ademir. "Escravidão: fugas e controle social". *Estudos Econômicos*, v. 18, n. esp., 1988, pp. 103-46.
_____. "Escravos: fugas e fugas". *Revista Brasileira de História*, v. 6, n. 12, mar./ago. 1986, pp. 89-100.
GENOVESE, Eugene. *Da rebelião à revolução: As revoltas de escravos nas Américas*. São Paulo: Global, 1983.
GOMES, Flávio dos Santos; GESTEIRA, Heloísa. "Fontes neerlandesas e o quilombo de Palmares na América portuguesa do século XVII: primeiras reflexões sobre representações e narrativas". *Américas. Zeitschrift für Kontinentalamerika und die Karibik*. Konak-wien, v. 24, n. 4, 2002, pp. 7-28.
GOMES, Flávio dos Santos; REIS, João José (Orgs.). *Liberdade por um fio: História dos quilombos no Brasil*. São Paulo: Companhia das Letras, 1996.
GOMES, Flávio dos Santos. "Uma tradição rebelde: Notas sobre os quilombos na capitania do Rio de Janeiro (1625-1818)". *Afro-Ásia*. Salvador: CEAO, UFBA, n. 17, 1996.
_____. "Inventando uma tradição: quilombolas na Capitania de São Paulo (1722-1811)". *Pós-História*, Revista de Pós-Graduação em História, São Paulo, Assis: UNESP, v. 4, 1996.
_____. "Seguindo o mapa das minas: Plantas e quilombos mineiros setecentistas". *Estudos Afro-Asiáticos*, Rio de Janeiro: CEAA, mar. 1996.
_____. *História de quilombolas: Mocambos e comunidades de senzalas. Século XIX*. Rio de Janeiro: Arquivo Nacional, 1995.
_____. "'O Campo Negro' de Iguaçu: escravos, camponeses e mocambos no

Rio de Janeiro (1812-1883)". *Estudos Afro-Asiáticos*, Rio de Janeiro: n. 25, dez. 1993.

GOMES, Flávio dos Santos. "Em torno dos bumerangues: Outras histórias de mocambos na Amazônia colonial". *Revista USP*, n. 28, dez./jan./fev., 1995-6.

_____. "Jogando a rede, revendo as malhas: fugas e fugitivos no Brasil escravista". *Tempo*, n. 1, abr. 1996, pp. 67-93.

_____. "Mocambos e mapas nas Minas: Novas fontes para a história social dos quilombos no Brasil (Minas Gerais, século XVIII)". *Textos de História*, Revista da Pós-Graduação em História da Unb. Brasília, v. 2, n. 4, 1994.

_____. "Quilombos no Rio de Janeiro no século XIX". In: REIS, João José; GOMES, Flávio dos Santos (Orgs.). *Liberdade por um fio: História dos quilombos no Brasil*. São Paulo: Companhia das Letras, 1996, pp. 263--90.

_____. "Repensando a construção de símbolos de identidade étnica no Brasil". In: FRY, Peter; REIS, Elisa; ALMEIDA, Maria Hermínia Tavares de. *Política e cultura: Visões do passado e perspectivas contemporâneas*. São Paulo: Hucitec/ANPOCS, 1996. pp. 197-221.

_____. "Uma tradição rebelde: notas sobre os quilombos na capitania do Rio de Janeiro (1625-1818)". *Afro-Ásia*, n. 17, 1996.

_____. A 'safe haven': runaways slaves, mocambos, and bordes in Colonial Amazônia, Brazil". *Hispanic American Historical Review*, v. 82, n. 3, 2002, pp. 469-98.

_____. *A hidra e os pântanos: Mocambos, quilombos e comunidades de fugitivos no Brasil escravista (sécs. XVII-XIX)*. São Paulo: Polis/UNESP, 2005.

_____. *Palmares: Escravidão e liberdade no Atlântico Sul*. São Paulo: Contexto, 2005.

GORENDER, Jacob. "Questionamentos sobre a teoria econômica do escravismo colonial". *Estudos Econômicos*, v. 13, n. 1, 1983, pp. 7-39.

_____. *A escravidão reabilitada*. São Paulo: Ática, 1990.

_____. *O escravismo colonial*. São Paulo: Ática, 1978.

GOULART, José Alípio. *Da fuga ao suicídio (aspectos de rebeldia dos escravos no Brasil)*. Rio de Janeiro: Conquista, 1972.

GROOT, Silvia W. de. "A comparison between the history of Maroon communities in Surinam and Jamaica". *Slavery & Abolition*, v. 6, n. 3, dez. 1985, pp. 173-84.

GUIMARÃES, Carlos Magno; LANNA, Ana Lúcia Duarte. "Arqueologia de quilombos em Minas Gerais". *Pesquisas: Antropologia*, n. 31, 1980, pp. 147-64.

GUIMARÃES, Carlos Magno; REIS, Liana Maria. "Agricultura e escravidão em Minas Gerais (1700-1750)". *Revista do Departamento de História*, v. 1, n. 2, jun. 1986, pp. 7-36, Belo Horizonte.

GUIMARÃES, Carlos Magno. "Mineração, quilombos e Palmares. Minas Gerais no século XVIII". In: REIS, João José; GOMES, Flávio dos Santos (Orgs.). *Liberdade por um fio: História dos quilombos no Brasil*. São Paulo: Companhia das Letras, 1996. pp. 139-63.

GUIMARÃES, Carlos Magno. "O Quilombo do Ambrósio: lenda, documentos e arqueologia". Simpósio Gaúcho sobre a Escravidão Negra. *Estudos Ibero-Americanos*, v. 16, n. 1/2, pp. 161-74.

_____. "Os quilombos do século do ouro". *Revista do Departamento de História*, n. 6, jul. 1988.

_____. "Quilombos e brecha camponesa (Minas Gerais, século XVIII)". *Revista do Departamento de História*, n. 8, jul. 1989.

_____. "Os quilombos do século do ouro (Minas Gerais, século XVIII)". *Estudos Econômicos*, n. 18, 1988, pp. 7-43.

_____. *Quilombos: Classes, política e cotidiano (Minas Gerais, século XVIII)*. São Paulo: USP, 1999. Tese de doutorado.

_____. *Uma negação da ordem escravista. Quilombos em Minas Gerais no século XVIII*. São Paulo: Ícone Editora, 1988.

GUSMÃO, Neusa M. Mendes de. *Terra de pretos, terra de mulheres: Terra, mulher e raça num bairro negro*. Brasília; MEC/Fundação Cultural Palmares, 1996.

HELMS, Mary W. "Negro or Indian? The Changing Indentity of a Frontier Population". In: PESCATELLO, Ann M. *Old Roots in New Lands: Historical and Anthropological Perspectives on Black Experiences in the Americas*, Westport: Greenwood Press, 1972. pp. 157-72.

HUXLEY, Francis. *Selvagens amáveis: Uma antropologista entre os índios Urubus do Brasil*. São Paulo: Companhia Editora Nacional, 1963.

JUREMA, Aderbal. *Insurreições negras no Brasil*. Recife: Edições Mazart, 1935.

KARASCH, Mary. *A vida dos escravos no Rio de Janeiro, 1808-1850*. São Paulo: Companhia das Letras, 2000.

_____. "Os quilombos do ouro na Capitania de Goiás". In: REIS, João José; GOMES, Flávio dos Santos (Orgs.). *Liberdade por um fio: História dos quilombos no Brasil*. São Paulo: Companhia das Letras, 1996. pp. 240-62.

KENT, Raymond K. "Palmares: An African State in Brazil". *Journal of African History*, 6, n. 2, 1965, p. 175.

KING, Johannes. "Guerrilha warfare: A bush Negro View". In: PRICE, Richard (Org.). *Maroon Societies: Rebel slave communities in the Americas*. 2 ed. Baltimore: The Johns Hopkins University Press, 1979. pp. 298-304.

KLEIN, Herbert S. *A escravidão africana: América Latina e Caribe*. São Paulo: Brasiliense, 1987.

LAMEGO, Alberto R. "O Carunkango". *Anuário Geográfico do Estado do Rio de Janeiro*, n. 11, IBGE, 1958, pp. 97-9.

LARA, Silvia Hunold. "Do singular ao plural: Palmares, capitães do mato e o governo dos escravos". In: REIS, João José; GOMES, Flávio dos Santos (Orgs.). *Liberdade por um fio: História dos quilombos no Brasil*. São Paulo: Companhia das Letras, 1996. pp. 81-109.

_____. *Campos da violência: Escravos e senhores na capitania do Rio de Janeiro, 1750-1808*. Rio de Janeiro: Paz e Terra, 1988.

LEITE, Ilka Boaventura (Org.). *Negros no Sul do Brasil: Invisibilidade e territorialidade*. Santa Catarina: Letras Contemporâneas, 1996.

LEVINE, Robert M. *O sertão prometido: O massacre de Canudos*. São Paulo: EDUSP, 1995.

LIMA, Lana Lage da Gama. *Rebeldia negra e abolicionismo*. Rio de Janeiro: Achiamé, 1981.

LINHARES, Maria Yedda; SILVA, Francisco Carlos Teixeira da. *História da agricultura brasileira: Combates e controvérsias*. São Paulo: Brasiliense, 1981.

LORETO DO COUTO, Domingos. *Desagravos do Brasil e glórias de Pernambuco*. In: Anais da Biblioteca Nacional do Rio de Janeiro, v. XXIV e XXV.

LUNA, Luis. *O negro na luta contra a escravidão*. Rio de Janeiro: Leitura, 1968.

MACHADO, Maria Helena P. T. "Vivendo na mais perfeita desordem: os libertos e o modo de vida camponês na província de São Paulo do século XIX". *Estudos Afro-Asiáticos*, n. 25, dez. 1993.

_____. "Em torno da autonomia escrava: uma nova direção para a história social da escravidão". *Revista Brasileira de História*, vol. 8, n. 16, mar./ago. 1988, pp. 143-60.

_____. *Crime e escravidão: Trabalho, luta e resistência nas lavouras paulistas, 1830-1888*. São Paulo: Brasiliense, 1987.

_____. *O plano e o pânico: Os movimentos sociais na década da abolição*. Rio de Janeiro: Ed. UFRJ/EDUSP, 1994.

MAESTRI FILHO, Mário José. "Em torno ao Quilombo". *História em Cadernos*, v. 2, n. 2, 1984.

_____. *Quilombos e quilombolas em terras gaúchas*. Porto Alegre: Universidade de Caxias, 1979.

_____. "Pampa negro: quilombos no Rio Grande do Sul". In: REIS, João José; GOMES, Flávio dos Santos (Orgs.). *Liberdade por um fio: História dos quilombos no Brasil*. São Paulo: Companhia das Letras, 1996. pp. 433-66.

MATA MACHADO FILHO, Aires de. *O negro e o garimpo em Minas Gerais*. Rio de Janeiro: José Olympio, 1943.

MATTOS, Hebe M. de. *Das cores do silêncio: Os significados da liberdade no Sudeste escravista, Brasil, século XIX*. Rio de Janeiro: Nova Fronteira, 1998.

MELLO, J. A. Gonçalves de. *Fontes para a história do Brasil holandês*. Recife: MEC/SPHAN/Fundação Pró-Memória, 1981.

METCALF, Alida. "Millenarian Slaves? The Santidade de Jaguaripe and Slave Resistance in the Americas". *American Historical Review*, dez. 1999, pp. 1531-59.

MILLER, Joseph C. *Kings and Kinsmen: Early Mbundu States in Angola*. Oxford: Clarendon Press, 1976.

_____. *Poder político e parentesco: Os antigos estados Mbundu em Angola*. Luanda: Arquivo Histórico Nacional, 1995.

_____. "Retention, reinvention, and remembering: restoring through enslavemente in Africa and under slavery in Brazil". In: LOVEJOY, Paul E.; CURTO, José C. *Enslaving Connections: Changing Cultures of Africa and Brazil during The Era of Slavery*. Nova York: Humanity Books, 2004. pp. 81-121.

MINTZ, Sidney W. "A note on the definition of peasantries". *Journal of Peasant Studies*, v. 1, n. 1, out. 1972, pp. 91-106.

_____. "The origins of the Jamaican market system". *Caribbean Transformations*. Chicago: Aldine Publishing Company, 1974.

_____. "Slavery and the rise of peasantries". *Historical Reflections*, v. 6, n. 1, verão 1979, pp. 213-53.

_____. *Caribbean Transformations*. Baltimore: The Johns Hopkins University Press, 1974.

MINTZ, Sidney W.; PRICE, Richard. *An Anthropological Aproach to the Afro--American Past: A Caribbean Perspective*. Philadelfia: ISHI, 1976.

_____. *O nascimento da cultura afro-americana: Uma perspectiva antropológica*. Rio de Janeiro: Pallas, 2003.

MONTEIRO, Anita M. de Q. *Castainho: Etnografia de um bairro rural de negros*. Recife: Mansangana, 1985.

MOTA, Isadora Moura. "O 'vulcão' negro da Chapada: Rebelião escrava nos sertões diamantinos (Minas Gerais, 1864)". Campinas: Unicamp, 2005. Dissertação de mestrado.

MOTTA, Márcia Maria Menendes (Org.). *Dicionário da Terra*. Rio de Janeiro: Civilização Brasileira, 2005.

MOURA, Clóvis (Org.). *Os quilombos na dinâmica social do Brasil*. Maceió: EDFAL, 2001.

MOURA, Clóvis. *Os quilombos e a rebelião negra*. São Paulo: Brasiliense, 1981.

_____. *Rebeliões da senzala: Quilombos, insurreições e guerrilhas*. Rio de Janeiro: Conquista, 1972.

MUNANGA, Kabengele. "Origem e histórico do quilombo na África". *Revista USP*, v. 28, 1995-6.

NASCIMENTO, Abdias. *O quilombismo*. Brasília/Rio de Janeiro: Fundação Palmares, 2002 (1 ed.: Petrópolis: Vozes, 1980).

NETO, M. C. "Kilombo, quilombos, ocilombo...". *Revista Mensagem*. Luanda: Secretaria de Estado de Cultura, 1989.

O'DWYER, Eliane Cantarino (Org.). *Quilombos: Identidade étnica e territorialidade*. Rio de Janeiro: FGV/ABA, 2002.

OSCAR, João. *Curukango Rei*. Niterói: Cromos, 1988.

PALACIOS, Guilhermo. "A 'Guerra dos Maribondos': Uma revolta camponesa no Brasil escravista (Pernambuco, 1851-1852) Primeira Leitura". *História: Questões & Debates*, Curitiba, v. 10, n. 18-19, jun./dez. 1989, pp. 7-75.

_____. "Campesinato e escravidão: Uma proposta de periodização para a história dos cultivadores pobres livres no Nordeste oriental do Brasil, c. 1700--1875". *DADOS, Revista de Ciências Sociais*, v. 30, n. 3, 1987, pp. 325-56.

_____. *Cultivadores libres, Estado y crisis de la esclavitud en Brasil en la época de la Revolución Industrial*. México: El Colégio de México/Fondo de Cultura Económica, 1998.

PATTERSON, Orlando. "Esclavos y revueltas esclavas: análisis sociohistorico de la primera guerra cimarrona, 1665-1740". In: PRICE, Richard (Org.). *Sociedades cimarronas: Comunidades esclavas rebeldes en las Américas*. Madrid: Siglo Ventiuno, 1981. pp. 187-235.

PEDREIRA, Pedro Tomás. "Os quilombos baianos". *Revista Brasileira de Geografia*. São Paulo, out./nov. 1962.

____. "Sobre o quilombo 'Buraco do Tatu'". *Mensário do Arquivo Nacional*, Rio de Janeiro, 10(7), pp. 7-10, 1979.

PERET, Benjamim. *O quilombo de Palmares: Crônica da "República dos Escravos", Brasil, 1640-1695*. Lisboa: Fenda Edições, 1988.

PINAUD, João Luiz Duboc et al. *Insurreição negra e justiça*. Rio de Janeiro: Expressão e Cultura/OAB, 1987.

PRICE, Richard (Org.). *Sociedades cimarronas: Comunidades esclavas rebeldes en las Américas*. Madrid: Siglo Ventiuno, 1981.

____. *Maroon Societies: Rebel Slave Communities in The Americas*. 2 ed. Baltimore: The Johns Hopkins University Press, 1979.

PRICE, Richard. "Palmares como poderia ter sido". In: REIS, João José; GOMES, Flávio dos Santos (Orgs.). *Liberdade por um fio: História dos quilombos no Brasil*. São Paulo: Companhia das Letras, 1996. pp. 81-109.

____. "Resistance to slavery in the Americas: Maroons and their communities". *Indian Historical Review*, v. 15, n. 1-2, 1988-9.

____. *Alabi's World*. Baltimore: The Johns Hopkins University Press, 1990.

____. *First-Time: The Historical Vision of on Afro-American People*. Baltimore: The Johns Hopkins University Press, 1983.

____. *To Slay The Hidra: Ducth Colonial to Perspective on the Saramaka Wars*. Arbor: Karona, 1983.

QUEIROZ, Renato da S. *Caipiras negros no vale do Ribeira: Um estudo de antropologia econômica*. São Paulo: FFLCH/USP, 1983.

QUEIROZ, Suely Robles Reis de. "Rebeldia escrava e historiografia". *Estudos econômicos*, v. 17, n. esp., 1987, p. 7-35.

RAMOS, Arthur. *A aculturação negra no Brasil*. São Paulo: Companhia Nacional, 1942.

____. *As culturas negras no Novo Mundo*. 3 ed. São Paulo: Companhia Nacional, 1979.

____. *O negro brasileiro*. Rio de Janeiro: Civilização Brasileira, 1935.

____. *O negro na civilização brasileira*. Rio de Janeiro: Casa do Estudante do Brasil, 1953.

RAMOS, Donald. "O quilombo e o sistema escravista em Minas Gerais do século XVIII". In: REIS, João José; GOMES, Flávio dos Santos (Orgs.). *Liberdade por um fio: História dos quilombos no Brasil*. São Paulo: Companhia das Letras, 1996. pp. 164-92.

REIS, Isabel Cristina Ferreira dos. "Uma negra que fugio, e consta que já tem dous filhos: fuga e família entre escravos na Bahia oitocentista". *Afro-Ásia*, 1999, pp. 29-48.

REIS, João José; GOMES, Flávio dos Santos. "Uma história da Liberdade". In: REIS, João José; GOMES, Flávio dos Santos (Orgs.). *Liberdade por um fio: História dos quilombos no Brasil*. São Paulo: Companhia das Letras, 1996. pp. 9-25.

REIS, João José. "Quilombos e revoltas escravas no Brasil. 'Nos achamos em campo a tratar da liberdade'". *Revista USP*, v. 28, dez./fev., 1995-6.

REIS, João José. "Recôncavo rebelde: revoltas escravas nos engenhos baianos". *Afro-Ásia*, n. 15, 1992, pp. 100-26.

_____. "Resistência escrava em Ilhéus". *Anais do Arquivo Público do Estado da Bahia*, n. 44, 1979, pp. 285-97.

_____. "Resistência escrava na Bahia: 'Poderemos brincar, folgar e cantar...' . O protesto escravo na América". *Afro-Ásia*, n. 14, dez. 1983, pp. 107-22.

_____. "Um balanço dos estudos sobre as revoltas escravas da Bahia". In: REIS, João José (Org.). *Escravidão e invenção da liberdade: Estudos sobre o negro no Brasil*. São Paulo: Brasiliense, 1988. p. 87-140.

_____. "Escravos e coiteiros no quilombo do Oitizeiro: Bahia, 1806". In: REIS, João José; GOMES, Flávio dos Santos (Orgs.). *Liberdade por um fio: História dos quilombos no Brasil*. São Paulo: Companhia das Letras, 1996. pp. 332-72.

_____. "O mapa do Buraco do Tatu". In: REIS, João José; GOMES, Flávio dos Santos (Orgs.). *Liberdade por um fio: História dos quilombos no Brasil*. São Paulo: Companhia das Letras, 1996. pp. 501-5.

_____. *Rebelião escrava no Brasil: A história do levante dos malês em 1835*. Ed. rev. e ampl. São Paulo: Companhia das Letras, 2003.

_____. *Rebelião escrava no Brasil: A história do levante dos malês em 1835*. São Paulo: Brasiliense, 1986.

RIBEIRO, Darcy. *Diários índios: Os Urubus-Kaapor*. São Paulo: Companhia das Letras, 1996.

ROCHA PITTA, Sebastião da. *História da América portuguesa*. Salvador: Progresso, 1950.

RODRIGUES, Nina. *Os africanos no Brasil*. 5 ed. São Paulo: Nacional, 1977.

SALLES, Vicente. *O negro no Pará*. Rio de Janeiro: FGV, 1971.

SANTOS, Maria Januária Vilela. *A Balaiada e a insurreição de escravos no Maranhão*. São Paulo: Ática, 1983.

SCHWARTZ, Stuart B. "Cantos e quilombos numa conspiração de escravos haussás". In: REIS, João José; GOMES, Flávio dos Santos (Orgs.). *Liberdade por um fio: História dos quilombos no Brasil*. São Paulo: Companhia das Letras, 1996. pp. 332-72.

_____. "Mocambos, quilombos e Palmares: a resistência escrava no Brasil colonial". *Estudos Econômicos*. São Paulo: IPE-USP, v. 17, n. esp., 1987, pp. 61-88.

_____. "Repensando Palmares: resistência escrava na colônia". In: _____. *Escravos, roceiros e rebeldes*. Bauru: EDUSC, 2001. pp. 213-55.

_____. "Resistance and accommodation in eighteenth-century Brazil: The slaves view of slavery". *Hispanic American Historical Review*, v. 57, n. 1, pp. 69-81.

_____. "The mocambo: slave resistance in colonial Bahia". In: PRICE, Richard (Org.). *Maroon Societies: Rebel slaves communities in the Americas*. 2 ed. Baltimore: The Johns Hopkins University Press, 1979. pp. 305-11.

_____. *Escravos, roceiros e rebeldes*. São Paulo: Editora Sagrado Coração.

_____. "Tapanhuns, negros da terra e curibocas: causas comuns e confrontos entre negros e indígenas". *Afro-Ásia*, 2003, pp. 13-40.

_____. "The mocambo: slave resistance in colonial Bahia". *Journal of Social History*, 3, 1970, pp. 313-33.

SILVA, Eduardo. "A função ideológica da brecha camponesa". In: REIS, João José; SILVA, Eduardo. *Negociação e conflito: A resistência negra no Brasil escravista*. São Paulo: Companhia das Letras, 1989. p. 22-31.

_____. "Fugas, revoltas e quilombos: os limites da negociação". In: REIS, João José; SILVA, Eduardo. *Negociação e conflito: A resistência negra no Brasil escravista*. São Paulo: Companhia das Letras, 1989. pp. 62-78.

SILVA, Valdélio Santos. "Rio das Rãs à luz da noção de Quilombo". *Afro-Ásia*, n. 23, 1999, pp. 267-95.

SLENES, Robert W. "'Malungu, ngoma vem!': África coberta e descoberta no Brasil". *Revista USP*. São Paulo, n. 12, dez./jan./fev. 1991-2.

_____. "Histórias do Cafundó". In: VOGT, Carlos; FRY, Peter (com a colaboração de Robert Slenes). *Cafundó, a África no Brasil: Linguagem e sociedade*. São Paulo: Companhia das Letras, 1996. pp. 37-102.

_____. "Senhores e subalternos no Oeste paulista". In: ALENCASTRO, Luiz Felipe (Org.). *História da vida privada: Império: a corte e a modernidade nacional*. São Paulo: Companhia das Letras, 1997.

_____. *Da senzala uma flor: esperanças e recordações na formação da família escrava*. Rio de Janeiro: Nova Fronteira, 1999.

SOUSA, José Antônio Soares de. "O efêmero quilombo do Pati do Alferes, em 1838". *RIHGB*, n. 295, 1972, pp. 33-67.

——. "Quilombo de Bacaxá". *RIHGB*, n. 253, 1961-2.

THORNTON, John K. *The Kingdom of Kongo: Civil War and Transition, 1641-1718*. Madison (WI): The University of Wisconsin Press, 1983.

_____. "African dimensions of the Stono rebellion". *The American Historical Review*, v. 96, n. 4, out. 1991, pp. 1101-13.

_____. "The art of war in Angola, 1575-1680". *Comparative Studies in Society and History*, v. 30, n. 2, abr. 1988, pp. 368-71.

_____. *A África e os africanos na formação do mundo atlântico, 1400-1800*. Rio de Janeiro: Campus/Elsevier, 2004.

_____. "An trail of voodoo: African Christianity in Africa and the Americas". In: *The Americas*, XLIV, n. 3, jan. 1988, pp. 261-78.

TORAL, André Amaral. "Os índios negros ou os carijós de Goiás: A história dos avá-canoeiro". *Revista de Antropologia*, São Paulo, FFLCH/USP, v. 27-8, 1984-5, pp. 287-342.

VAINFAS, Ronaldo. "Deus contra Palmares: Representações e ideias jesuíticas". In: REIS, João José; GOMES, Flávio dos Santos (Orgs.). *Liberdade por um fio: História dos quilombos no Brasil*. São Paulo: Companhia das Letras, 1996. pp. 60-80.

VERGOLINO-HENRY, Anaíza; FIGUEREDO, Arthur Napoleão. *A presença africana na Amazônia colonial: Uma notícia histórica*. Belém: Arquivo Público do Pará, 1990.

VOLPATO, Luíza Rios Ricci. "Quilombos em Mato Grosso: Resistência negra em área de fronteira". In: reis, João José; gomes, Flávio dos Santos (Orgs.). Liberdade por um fio: História dos quilombos no Brasil. São Paulo: Companhia das Letras, 1996. pp. 222-6.

ANEXOS

QUADRO 1:
Quantidade de comunidades quilombolas reconhecidas e certificadas no Brasil considerando os estados da federação

UF	QUANTIDADE DE COMUNIDADES
ALAGOAS	82
AMAPÁ	52
AMAZONAS	6
BAHIA	919
CEARÁ	121
ESPÍRITO SANTO	96
GOIÁS	87
MARANHÃO	1569
MATO GROSSO DO SUL	59
MATO GROSSO	126
MINAS GERAIS	578
PARÁ	523
PARAÍBA	55
PARANÁ	85
PERNAMBUCO	174
PIAUÍ	212
RIO DE JANEIRO	54
RIO GRANDE DO NORTE	78
RIO GRANDE DO SUL	218
RONDÔNIA	13
SANTA CATARINA	29
SÃO PAULO	82
SERGIPE	47
TOCANTINS	54

QUADRO 2:
Comunidades remanescentes de quilombos no Brasil, organizadas por estados e municípios

ALAGOAS		PIRANHAS	1
MUNICÍPIO	QUANT.	POÇO DAS TRINCHEIRAS	6
ÁGUA BRANCA	4	SANTA LUZIA DO NORTE	1
ANADIA	2	SANTANA DO MUNDAÚ	5
ARAPIRACA	2	SÃO JOSÉ DA TAPERA	4
BATALHA	1	SENADOR RUI PALMEIRA	1
CACIMBINHAS	1	TAQUARANA	8
CANAPI	3	TEOTÔNIO VILELA	3
CARNEIROS	1	TRAIPU	5
DELMIRO GOUVEIA	1	UNIÃO DOS PALMARES	1
IGACI	1	VIÇOSA	2
IGREJA NOVA	2	**AMAPÁ**	
JACARÉ DOS HOMENS	4	MUNICÍPIO	QUANT.
JAPARATINGA	1	CALÇOENE	1
MAJOR ISIDORO	1	FERREIRA GOMES	1
MONTEIRÓPOLIS	1	ITAUBAL DO PIRIRIM	1
OLHO-D'ÁGUA DAS FLORES	4	MACAPÁ	37
PALESTINA	3	MAZAGÃO	3
PALMEIRA DOS ÍNDIOS	2	OIAPOQUE	1
PÃO DE AÇÚCAR	2	SANTANA	7
PARICONHA	3	TARTARUGALZINHO	1
PASSO DE CAMARAGIBE	2	**AMAZONAS**	
PENEDO	3	MUNICÍPIO	QUANT.
PIAÇABUÇU	1	BARREIRINHA	4

NOVO AIRÃO	2	BOTUPORÃ	1
BAHIA		BRUMADO	1
MUNICÍPIO	**QUANT.**	BUERAREMA	1
ABAÍRA	2	CACHOEIRA	29
ABARÉ	4	CAÉM	3
ÁGUA QUENTE	1	CAETITÉ	37
ALAGOINHAS	6	CAIRU	8
ALCOBAÇA	1	CALDEIRÃO GRANDE	1
AMÉRICA DOURADA	14	CAMAÇARI	1
ANAGÉ	2	CAMAMU	22
ANDARAÍ	6	CAMPO FORMOSO	27
ANGICAL	1	CANABRAVA	1
ANTÔNIO CARDOSO	2	CANARANA	2
ANTÔNIO GONÇALVES	6	CANDEIAS	2
ARAÇÁS	7	CARAVELAS	1
ARAMARI	1	CARDEAL DA SILVA	1
BARRA	10	CARINHANHA	10
BARRA DA ESTIVA	4	CASA NOVA	2
BARRA DO MENDES	11	CATU	1
BARREIRAS	3	CIPÓ	3
BARRO ALTO	6	CONDEÚBA	3
BARROCAS	1	CONTENDAS DO SINCORÁ	1
BIRITINGA	2	COTEGIPE	4
BOA VISTA DO TUPIM	4	CRUZ DAS ALMAS	41
BOM JESUS DA LAPA	27	CURAÇÁ	3
BOM JESUS DA SERRA	1	ENTRE RIOS	2
BONINAL	5	ÉRICO CARDOSO	5
BOQUIRA	2	ESPLANADA	2

FEIRA DE SANTANA	6	JAGUARARI	1
FILADÉLFIA	24	JEQUIÉ	1
FORMOSA DO RIO PRETO	4	JEREMOABO	12
GENTIO DO OURO	2	JOÃO DOURADO	10
GUANAMBI	1	JUAZEIRO	14
IAÇU	1	JUSSARA	3
IBIASSUCÊ	1	LAGOA REAL	5
IBICOARA	4	LAPÃO	7
IBIPEBA	5	LENÇÓIS	6
IBIQUERA	1	LICÍNIO DE ALMEIDA	1
IBIRAPUÃ	1	LIVRAMENTO DE NOSSA SENHORA	14
IBITIARA	13	MACAÍBA	1
IBITITA	5	MACAÚBAS	3
IBOTIRAMA	1	MACURURÉ	1
IGAPORÃ	9	MALHADA	2
IGRAPIÚNA	11	MALHADA DE PEDRAS	4
INHOBIM	1	MARAGOGIPE	15
IRARÁ	8	MARAÚ	12
IRECÊ	2	MATA DE SÃO JOÃO	3
ITABUNA	1	MILAGRES	4
ITACARÉ	17	MIRANGABA	12
ITAETÊ	2	MORRO DO CHAPÉU	13
ITAGUAÇU DA BAHIA	10	MUCUGÊ	2
ITAMARAJU	1	MUQUÉM DE SÃO FRANCISCO	3
ITAMBÉ	1	NILO PEÇANHA	3
ITANHÉM	1	NORDESTINA	3
ITAQUARA	3	NOVA CANAÃ	1
ITORORÓ	1	NOVA IBIÁ	1
ITUBERÁ	6	NOVA VIÇOSA	9
JACOBINA	6	OUROLÂNDIA	1

PALMAS DE MONTE ALTO	2	SÃO GONÇALO DOS CAMPOS	1
PALMEIRAS	1	SÃO SEBASTIÃO DO PASSE	1
PARAMIRIM	5	SAÚDE	1
PIATÃ	10	SEABRA	12
PILÃO ARCADO	3	SENHOR DO BONFIM	20
PINDAÍ	4	SENTO SÉ	1
PINDOBAÇU	3	SERRINHA	1
PIRIPÁ	4	SIMÕES FILHO	3
PLANALTO	3	SÍTIO DO MATO	4
PONTO NOVO	1	SÍTIO DO QUINTO	3
POÇÕES	1	SOUTO SOARES	2
PRESIDENTE DUTRA	1	TANHAÇU	1
PRESIDENTE TANCREDO NEVES	3	TANQUE NOVO	5
REMANSO	3	TAPEROÁ	3
RIACHÃO DAS NEVES	2	TEIXEIRA DE FREITAS	1
RIACHO DE SANTANA	12	TEOLÂNDIA	1
RIBEIRÃO DO LARGO	1	TERRA NOVA	2
RIO DE CONTAS	9	TREMEDAL	1
RIO REAL	1	UIBAÍ	2
RUY BARBOSA	1	UNA	3
SALVADOR	16	VALENÇA	17
SANTA MARIA DA VITÓRIA	7	VÁRZEA DA ROÇA	5
SANTA TEREZINHA	1	VÁRZEA NOVA	1
SANTANÓPOLIS	2	VITÓRIA DA CONQUISTA	29
SANTO AMARO	7	WANDERLEY	3
SANTO ANTÔNIO DE JESUS	3	WENCESLAU GUIMARÃES	12
SANTO ESTEVÃO	1	XIQUE-XIQUE	3
SÃO FÉLIX	5	**CEARÁ**	
SÃO FRANCISCO DO CONDE	1	**MUNICÍPIO**	**QUANT.**
SÃO GABRIEL	8	AIUABA	1

AQUIRAZ	7	QUIXADÁ	1
ARACATI	1	QUIXERAMOBIM	3
ARARIPE	1	SALITRE	2
AURORA	4	SÃO BENEDITO	1
BATURITÉ	1	TAMBORIL	9
BREJO SANTO	1	TAUÁ	2
CHAVAL	1	TIANGUÁ	1
COREAÚ	2	TURURU	2
CRATEÚS	7	**ESPÍRITO SANTO**	
CRATO	1	**MUNICÍPIO**	**QUANT.**
CROATÁ	1	ALEGRE	4
ERERÊ	2	ANCHIETA	1
FORTALEZA	8	ATÍLIO VIVÁCQUA	1
HORIZONTE	1	CACHOEIRO DE ITAPEMIRIM	4
INDEPENDÊNCIA	4	CONCEIÇÃO DA BARRA	14
IPUEIRAS	7	CONCEIÇÃO DO CASTELO	2
IRACEMA	3	DIVINO DE SÃO LOURENÇO	2
ITAPIPOCA	1	DORES DO RIO PRETO	2
ITAREMA	1	FUNDÃO	1
MONSENHOR TABOSA	5	GUARAPARI	1
MORAÚJO	1	IBIRAÇU	2
MUCAMBO	1	IÇONHA	1
NOVO ORIENTE	9	ITAPEMIRIM	1
OCARA	1	IÚNA	3
PACAJUS	4	JERÔNIMO MONTEIRO	2
PACUJÁ	1	LARANJA DA TERRA	1
PARAMBU	6	MIMOSO DO SUL	1
PEREIRO	4	MUNIZ FREIRE	5
PORTEIRAS	3	MUQUI	7
QUITERIANÓPOLIS	10	PRESIDENTE KENNEDY	2

RIO NOVO DO SUL	4	POSSE	3
SANTA TERESA	1	SANTA CRUZ DE GOIÁS	1
SÃO JOSÉ DO CALÇADO	1	SANTA RITA DO NOVO DESTINO	2
SÃO MATEUS	29	SÃO DOMINGOS	1
VARGEM ALTA	1	SÃO JOÃO D'ALIANÇA	1
VIANA	3	SÃO LUIZ DO NORTE	2
GOIÁS		SILVÂNIA	3
MUNICÍPIO	**QUANT.**	TERESINA DE GOIÁS	8
ALTO PARAÍSO DE GOIÁS	1	TRINDADE	2
APARECIDA DE GOIÂNIA	2	URUAÇU	2
BARRO ALTO	4	**MINAS GERAIS**	
CAMPOS BELOS	2	**MUNICÍPIO**	**QUANT.**
CAVALCANTE	10	ABADIA DOS DOURADOS	1
CIDADE OCIDENTAL	1	ALAGOA	1
COLINAS DO SUL	1	ALÉM PARAÍBA	1
CROMÍNIA	2	ALMENARA	3
FAINA	1	ALVORADA DE MINAS	1
FLORES DE GOIÁS	3	ANGELÂNDIA	5
GOIANÉSIA	2	ANTÔNIO CARLOS	1
GOIÁS	5	ANTÔNIO DIAS	3
IACIARA	1	ARAÇUAÍ	10
LUZIÂNIA	1	ARINOS	1
MINAÇU	6	ATALEIA	4
MINEIROS	2	BAIXA FUNDA	1
MONTE ALEGRE DE GOIÁS	11	BARBACENA	1
MORRINHOS	1	BELO HORIZONTE	4
NOVA ROMA	2	BELO ORIENTE	2
PALMEIRAS DE GOIÁS	2	BELO VALE	3
PALMELO	1	BERILO	13
PIRES DO RIO	1	BIAS FORTES	1

BOCAIUVA	3	CURVELO	2
BOM DESPACHO	4	DIAMANTINA	3
BOM SUCESSO	1	DIONÍSIO	1
BONITO DE MINAS	8	DIVINO	2
BRASILÂNDIA DE MINAS	1	DORES DE GUANHÃES	4
BRASÍLIA DE MINAS	2	FELISBURGO	2
BRUMADINHO	5	FERROS	1
CACHOEIRA DA PRATA	1	FERVEDOURO	1
CAETÉ	1	FORMOSO	5
CANDEIAS	1	FRANCISCO BADARÓ	3
CANTAGALO	1	FRANCISCO SÁ	1
CAPELINHA	5	FREI LAGONEGRO	1
CAPINÓPOLIS	2	FRONTEIRA DOS VALES	3
CAPITÃO ENEIAS	1	GAMELEIRAS	1
CARLOS CHAGAS	6	GLAUCILÂNDIA	1
CATUTI	6	GOUVEIA	1
CAXAMBU	1	GUANHÃES	1
CHAPADA DO NORTE	27	GUIDOVAL	1
CHAPADA GAÚCHA	10	INDAIABIRA	1
COLUNA	4	ITABIRA	1
CONCEIÇÃO DO MATO DENTRO	7	ITAMARANDIBA	9
CONTAGEM	1	ITAOBIM	2
CORAÇÃO DE JESUS	1	ITAÚNA	1
CORDISBURGO	3	ITINGA	1
COROMANDEL	2	JABOTICATUBAS	5
COUTO DE MAGALHÃES	1	JAÍBA	9
CRISÓLITA	1	JANAÚBA	16
CRISTÁLIA	2	JANUÁRIA	14
CRUCILÂNDIA	1	JECEABA	3
CURRAL DE DENTRO	1	JENIPAPO DE MINAS	5

JEQUERI	1	NOVA ERA	1
JEQUITAÍ	3	OLIVEIRA	1
JEQUITIBÁ	3	ONÇA DE PITANGUI	1
JEQUITINHONHA	6	OURO PRETO	2
JOAÍMA	3	OURO VERDE DE MINAS	13
JOÃO PINHEIRO	1	PAI PEDRO	20
LAGOA FORMOSA	1	PARACATU	9
LEME DO PRADO	3	PARAOPEBA	2
LIMA DUARTE	1	PASSA TEMPO	1
LUISLÂNDIA	1	PATROCÍNIO	1
MACHADO	1	PEDRAS DE MARIA DA CRUZ	1
MANGA	19	PEDRO LEOPOLDO	1
MARIANA	1	PESCADOR	2
MARTINHO CAMPOS	4	PIMENTA	1
MATERLÂNDIA	6	PIRACEMA	2
MATEUS LEME	1	PIRANGA	4
MATIAS CARDOSO	3	PITANGUI	1
MEDINA	1	POMPEU	1
MINAS NOVAS	19	PONTE NOVA	5
MIRABELA	1	PORTEIRINHA	7
MOEDA	1	PRESIDENTE JUSCELINO	2
MONJOLOS	1	RAUL SOARES	1
MONTE AZUL	1	RESENDE COSTA	1
MONTE CARMELO	2	RESSAQUINHA	2
MONTES CLAROS	2	RIACHO DOS MACHADOS	1
MONTEZUMA	1	RIO ESPERA	2
MORRO DO PILAR	1	RIO PARDO DE MINAS	2
MUZAMBINHO	3	RIO PIRACICABA	1
NANUQUE	2	RIO POMBA	1
NAZARENO	1	SABINÓPOLIS	9

SALINAS	3	VARZELÂNDIA	4
SANTA BÁRBARA	2	VAZANTE	8
SANTA FÉ DE MINAS	1	VERDELÂNDIA	3
SANTA LUZIA	4	VESPARIANO	1
SANTA MARIA DE ITABIRA	5	VIÇOSA	2
SANTANA DO RIACHO	1	VIRGEM DA LAPA	15
SANTO ANTÔNIO DO ITAMBÉ	3	VIRGOLÂNDIA	1
SANTO ANTÔNIO DO RETIRO	2	VISCONDE DO RIO BRANCO	1
SANTOS DUMONT	1	**MARANHÃO**	
SÃO DOMINGOS DO PRATA	1	**MUNICÍPIO**	**QUANT.**
SÃO FRANCISCO	6	ALCÂNTARA	231
SÃO GONÇALO DO RIO ABAIXO	1	ALDEIAS ALTAS	9
SÃO GONÇALO DO RIO PRETO	1	ALTO ALEGRE DO MARANHÃO	4
SÃO JOÃO DA PONTE	10	AMPARO DA SERRA	1
SÃO JOÃO DEL REI	1	ANAJATUBA	16
SÃO JOÃO DO PARAÍSO	2	APICUM-AÇU	5
SÃO JOSÉ DA LAPA	3	AXIXÁ	9
SÃO ROMÃO	1	BACABAL	20
SERRA DO SALITRE	1	BACABEIRA	1
SERRANÓPOLIS DE MINAS	6	BACURI	17
SERRO	9	BACURITUBA	7
SETE LAGOAS	1	BARRA DO CORDA	1
TABULEIRO	1	BARREIRINHAS	5
TEÓFILO OTONI	7	BEQUIMÃO	18
TRÊS PONTAS	3	BOA VISTA DO GURUPI	1
UBÁ	2	BREJO	26
UBAÍ	2	BURITI	3
UBERABA	1	BURITI DE INÁCIA VAZ	13
UBERLÂNDIA	2	CAJAPIÓ	5
URUCUIA	1	CAJARI	21

CÂNDIDO MENDES	4	MONÇÃO	6
CANTANHEDE	4	MORROS	1
CAPINZAL DO NORTE	9	NINA RODRIGUES	22
CAXIAS	24	NOVA OLINDA DO MARANHÃO	5
CEDRAL	17	OLINDA NOVA DO MARANHÃO	3
CENTRAL DO MARANHÃO	34	PALMEIRÂNDIA	5
CHAPADINHA	22	PARNARAMA	4
CODÓ	56	PAULINO NEVES	1
COELHO NETO	24	PEDREIRAS	5
COLINAS	6	PEDRO DO ROSÁRIO	10
COROATÁ	1	PENALVA	57
CURURUPU	44	PERI MIRIM	12
FERNANDO FALCÃO	1	PERITORÓ	12
GOVERNADOR EUGÊNIO BARROS	2	PINDARÉ-MIRIM	6
GRAJAÚ	1	PINHEIRO	15
GUIMARÃES	27	PIRAPEMAS	6
HUMBERTO DE CAMPOS	10	PORTO RICO DO MARANHÃO	15
ICATU	22	PRESIDENTE JUSCELINO	25
IGARAPÉ DO MEIO	5	PRESIDENTE SARNEY	13
IGARAPÉ GRANDE	2	PRESIDENTE VARGAS	27
IMPERATRIZ	2	PRIMEIRA CRUZ	1
ITAPECURU-MIRIM	84	ROSÁRIO	20
LIMA CAMPOS	27	SANTA HELENA	25
MAGALHÃES DE ALMEIDA	3	SANTA QUITÉRIA DO MARANHÃO	7
MATA ROMA	41	SANTA RITA	22
MATINHA	14	SANTANA DO MARANHÃO	2
MATÕES	1	SÃO BENEDITO DO RIO PRETO	3
MATÕES DO NORTE	4	SÃO BENTO	11
MIRANDA DO NORTE	3	SÃO BENTO DO RIO PRETO	1
MIRINZAL	43	SÃO BERNARDO	3

SÃO JOÃO DO SOTER	11	PEDRO GOMES	2
SÃO JOSÉ DE RIBAMAR	1	RIO BRILHANTE	1
SÃO LUÍS	1	RIO NEGRO	2
SÃO LUÍS GONZAGA DO MARANHÃO	41	SONORA	1
SÃO VICENTE FERRER	63	TERENOS	2
SERRANO DO MARANHÃO	28	**MATO GROSSO**	
TIMBIRAS	4	MUNICÍPIO	QUANT.
TIMON	1	ACORIZAL	4
TURIAÇU	50	BARRA DO BUGRES	11
TURILÂNDIA	1	CÁCERES	6
URBANO SANTOS	2	CHAPADA DOS GUIMARÃES	8
VARGEM GRANDE	24	COMODORO	4
VIANA	34	CUIABÁ	4
VITÓRIA DO MEARIM	8	NOSSA SENHORA DO LIVRAMENTO	16
MATO GROSSO DO SUL		NOVA LACERDA	2
MUNICÍPIO	QUANT.	POCONÉ	34
AQUIDAUANA	1	PONTES E LACERDA	1
BANDEIRANTES	1	PORTO ESTRELA	2
BATAGUASSU	2	SANTO ANTÔNIO DO LEVERGER	14
BONITO	2	VÁRZEA GRANDE	1
CAMPO GRANDE	7	VILA BELA DA SANTÍSSIMA TRINDADE	19
CORGUINHO	2	**PARÁ**	
CORUMBÁ	11	MUNICÍPIO	QUANT.
DOURADOS	1	ABAETETUBA	24
FIGUEIRÃO	4	ABEL FIGUEREDO	1
JARAGUARI	2	ACARÁ	25
MARACAJU	5	ALENQUER	12
MIRANDA	1	ALMEIRIM	1
NIOAQUE	6	ANAJÁS	1
PARANAÍBA	4	ANANINDEUA	1

AUGUSTO CORRÊA	2	ORIXIMINÁ	65
BAGRE	7	OURÉM	1
BAIÃO	34	PONTA DE PEDRAS	7
BARCARENA	1	PORTO DE MOL	4
BELÉM	3	PRAINHA	3
BOM JESUS DO TOCANTINS	1	SALVATERRA	27
BONITO	3	SANTA ISABEL DO PARÁ	10
BRAGANÇA	1	SANTA LUZIA DO PARÁ	7
BUJARU	12	SANTARÉM	16
CACHOEIRA DO ARARI	1	SÃO DOMINGOS DO CAPIM	4
CACHOEIRA DO PIRIÁ	9	SÃO MIGUEL DO GUAMÁ	7
CAMETÁ	28	SOURE	1
CAPITÃO POÇO	1	TOMÉ-AÇU	1
CASTANHAL	2	TRACUATEUA	1
COLARES	3	TRAIRÃO	1
CONCÓRDIA DO PARÁ	22	VISEU	8
CURRALINHO	3	**PARAÍBA**	
CURUÁ	5	MUNICÍPIO	QUANT.
GURUPÁ	15	ALAGOA GRANDE	2
IGARAPÉ-MIRI	2	AREIA	2
INHANGAPI	11	CACIMBAS	3
IRITUIA	17	CAJAZEIRINHAS	2
ITAITUBA	1	CATOLÉ DO ROCHA	5
LIMOEIRO DO AJURU	1	CONDE	3
MOCAJUBA	24	COREMAS	6
MOJU	25	DIAMANTE	2
MONTE ALEGRE	3	DONA INÊS	2
MUANÁ	5	GURINHÉM	1
ÓBIDOS	28	INGÁ	2
OEIRAS DO PARÁ	25	JOÃO PESSOA	2

LAGOA	3	CARNAÍBA	4
LIVRAMENTO	3	CARNAUBEIRA DA PENHA	3
MANAÍRA	1	CASINHAS	1
PICUÍ	1	CATENDE	1
POMBAL	4	CUPIRA	1
RIACHÃO DO BACAMARTE	2	CUSTÓDIA	18
SANTA LUZIA	1	FLORESTA	2
SÃO BENTO	1	GARANHUNS	8
SÃO JOSÉ DE PRINCESA	1	GOIANA	1
SERRA REDONDA	1	IATI	1
TAVARES	1	IBIMIRIM	1
TRIUNFO	2	IGUARACI	1
VÁRZEA	1	INAJÁ	1
VIEIRÓPOLIS	1	INGAZEIRA	2
PERNAMBUCO		ITACURUBA	3
MUNICÍPIO	QUANT.	LAGO DOS GATOS	2
AFOGADOS DA INGAZEIRA	4	LAGOA DO CARRO	1
AFRÂNIO	1	LAGOA GRANDE	1
AGRESTINA	3	MIRANDIBA	13
ÁGUAS BELAS	3	OLINDA	1
ALAGOINHA	2	OROCÓ	5
ARCOVERDE	11	PANELAS	2
BETÂNIA	6	PASSIRA	3
BEZERROS	2	PESQUEIRA	1
BOM CONSELHO	6	PETROLÂNDIA	1
BREJÃO	2	PETROLINA	2
BUÍQUE	2	QUIXABA	1
CABO DE SANTO AGOSTINHO	2	RECIFE	1
CABROBÓ	5	RIO FORMOSO	1
CAPOEIRAS	5	SALGADINHO	2

SALGUEIRO	5	DOM INOCÊNCIO	1
SALOÁ	1	ESPERANTINA	5
SANTA MARIA DA BOA VISTA	3	FARTURA DO PIAUÍ	1
SÃO BENTO DO UNA	9	FLORIANO	2
SÃO JOSÉ DO EGITO	1	ISAÍAS COELHO	10
SERTÂNIA	8	ITAINÓPOLIS	3
TERRA NOVA	2	JACOBINA DO PIAUÍ	7
TRIUNFO	5	JERUMENHA	1
VICÊNCIA	1	JOÃO COSTA	1
PIAUÍ		LAGOA DO SÍTIO	1
MUNICÍPIO	**QUANT.**	LAGOINHA DO PIAUÍ	1
ACAUÃ	7	MASSAPÊ DO PIAUÍ	2
ALAGOINHA DO PIAUÍ	3	MONSENHOR HIPÓLITO	2
ALTOS	1	NAZARÉ DO PIAUÍ	1
AMARANTE	9	OEIRAS	3
AROAZES	1	PADRE MARCOS	2
AROEIRAS DO ITAIM	2	PAQUETÁ	6
ASSUNÇÃO DO PIAUÍ	7	PATOS DO PIAUÍ	1
BATALHA	6	PAULISTANA	10
BELA VISTA DO PIAUÍ	1	PICOS	6
BELÉM DO PIAUÍ	1	PIO IX	5
BETÂNIA DO PIAUÍ	3	PIRIPIRI	3
CAMPINAS DO PIAUÍ	3	PORTO	1
CAMPO GRANDE DO PIAUÍ	5	QUEIMADA NOVA	13
CAMPO LARGO DO PIAUÍ	7	REDENÇÃO DO GURGUEIA	1
CAMPO MAIOR	1	REGENERAÇÃO	1
CAPITÃO GERVÁSIO OLIVEIRA	1	RIBEIRO GONÇALVES	1
CARIDADE DO PIAUÍ	2	SANTA CRUZ DO PIAUÍ	4
CURRAIS	1	SÃO JOÃO DA VARJOTA	2
CURRAL NOVO DO PIAUÍ	5	SÃO JOÃO DO PIAUÍ	14

SÃO JOSÉ DO PIAUÍ	1	PONTA GROSSA	2
SÃO MIGUEL DO TAPUIO	2	RESERVA DO IGUAÇU	1
SÃO RAIMUNDO NONATO	12	SÃO MIGUEL DO IGUAÇU	1
SIMÕES	9	TIBAGI	2
SIMPLÍCIO MENDES	5	TURVO	1
URUÇUÍ	2	**RIO DE JANEIRO**	
VALENÇA DO PIAUÍ	1	MUNICÍPIO	QUANT.
VERA MENDES	3	ANGRA DOS REIS	1
PARANÁ		ARARUAMA	2
MUNICÍPIO	QUANT.	ARMAÇÃO DE BÚZIOS	1
ADRIANÓPOLIS	16	BARRA DO PIRAÍ	1
ARAPOTI	2	CABO FRIO	7
BOCAIUVA DO SUL	1	CAMPOS DOS GOYTACAZES	11
CAMPO LARGO	2	MAGÉ	4
CANDÓI	13	MANGARATIBA	1
CANTAGALO	3	NATIVIDADE	1
CASTRO	13	PARATI	3
CURIÚVA	2	PATY DO ALFERES	1
DOUTOR ULYSSES	4	PETRÓPOLIS	1
GENERAL CARNEIRO	6	PINHEIRAL	1
GUAÍRA	1	QUATIS	1
GUARAPUAVA	1	QUISSAMÃ	1
GUARAQUEÇABA	2	RIO CLARO	2
IVAÍ	1	RIO DE JANEIRO	4
JAGUARIAÍVA	2	SÃO FIDÉLIS	1
LAPA	3	SÃO FRANCISCO DE ITABAPOANA	2
PALMAS	3	SÃO PEDRO DA ALDEIA	3
PINHÃO	1	VALENÇA	2
PIRAÍ DO SUL	1	VASSOURAS	3

RIO GRANDE DO NORTE		POÇO BRANCO	1
MUNICÍPIO	QUANT.	PORTALEGRE	9
ACARI	2	SANTANA DO MATOS	3
AFONSO BEZERRA	4	SANTO ANTÔNIO	3
ASSU	1	SÃO PAULO DO POTENGI	1
BARCELONA	1	SÃO TOMÉ	1
BODÓ	1	SERRA NEGRA DO NORTE	1
BOM JESUS	4	SEVERIANO MELO	1
CAICÓ	4	TIBAU DO SUL	1
CAMPO REDONDO	1	TOUROS	4
CARAÚBAS	1	**RONDÔNIA**	
CEARÁ-MIRIM	3	MUNICÍPIO	QUANT.
CERRO CORÁ	1	ALTA FLORESTA D'OESTE	2
CURRAIS NOVOS	3	COSTA MARQUES	5
DOUTOR SEVERIANO	1	PIMENTEIRAS DO OESTE	2
GROSSOS	1	SÃO FRANCISCO DO GUAPORÉ	3
IELMO MARINHO	1	SÃO MIGUEL DO GUAPORÉ	1
IPANGUAÇU	1	**RIO GRANDE DO SUL**	
IPUEIRA	2	MUNICÍPIO	QUANT.
JARDIM DO SERIDÓ	2	ACEGUÁ	2
JUNDIÁ	1	ALEGRETE	4
LAGOA NOVA	1	ALVORADA	1
MACAÍBA	4	ARROIO DO MEIO	1
NATAL	4	ARROIO DO PADRE	1
PARELHAS	3	ARROIO DO TIGRE	2
PARNAMIRIM	1	BAGÉ	7
PATU	1	BOA VISTA	1
PAU DOS FERROS	1	BOM RETIRO DO SUL	1
PEDRO AVELINO	2	BROCHIER	1
PEDRO VELHO	1	BUTIÁ	2

CAÇAPAVA DO SUL	4	MARAU	1
CACHOEIRA DO SUL	2	MATO LEITÃO	1
CAMBARÁ DO SUL	1	MORRO REDONDO	1
CANDIOTA	3	MOSTARDAS	5
CANGUÇU	15	MUITOS CAPÕES	1
CANOAS	2	NÃO-ME-TOQUE	1
CAPIVARI DO SUL	1	NOVA PALMA	2
CARAZINHO	1	NOVA RAMADA	1
CATUÍPE	1	OSÓRIO	5
CERRITO	1	PALMARES DO SUL	1
COLORADO	2	PAVERAMA	1
CONSTANTINA	2	PEDRAS ALTAS	4
COXILHA	1	PELOTAS	5
CRISTAL	1	PINHEIRO MACHADO	1
ENCRUZILHADA DO SUL	1	PIRATINI	5
ENTRE RIOS DO SUL	1	PORTÃO	1
ESPUMOSO	2	PORTO ALEGRE	8
FAZENDA VILA NOVA	1	QUARTO DISTRITO DE ENCRUZILHADA DO SUL	1
FORMIGUEIRO	7	RESTINGA SECA	2
FORTALEZA DOS VALOS	1	RIO GRANDE	1
GIRUÁ	3	RIO PARDO	7
GLORINHA	1	RODEIO BONITO	1
GRAMADO XAVIER	1	ROSÁRIO DO SUL	4
GRAVATAÍ	3	SALTO DO JACUÍ	1
HERVAL	2	SANTA MARIA	4
IPÊ	1	SANTA VITÓRIA DO PALMAR	1
JACUZINHO	2	SANTANA DA BOA VISTA	4
JAQUARÃO	5	SANTANA DO LIVRAMENTO	1
MAÇAMBARA	1	SÃO GABRIEL	4
MAQUINÉ	3	SÃO JOÃO DO POLÊSINE	1

SÃO JOSÉ DO NORTE	2	PAULO LOPES	1
SÃO LOURENÇO DO SUL	13	PORTO BELO	1
SÃO SEPÉ	4	PRAIA GRANDE	1
SÃO VALENTIM	1	RIO NEGRINHO	1
SERTÃO	4	SANTO AMARO DA IMPERATRIZ	2
SERTÃO SANTANA	1	SÃO JOAQUIM	1
SILVEIRA MARTINS	1	SEARA	1
TAPES	1	TUBARÃO	2
TAQUARA	1	VÍTOR MEIRELES	2
TAVARES	5	**SERGIPE**	
TERRA DE AREIA	1	**MUNICÍPIO**	**QUANT.**
TRÊS FORQUILHAS	3	AMPARO DE SÃO FRANCISCO	2
TURUÇU	1	AQUIDABÃ	1
URUGUAIANA	1	ARACAJU	1
VIAMÃO	6	BARRA DOS COQUEIROS	2
VILA LÂNGARO	1	BREJO GRANDE	1
VILA NOVA DO SUL	1	CANHOBA	1
SANTA CATARINA		CAPELA	3
MUNICÍPIO	**QUANT.**	CUMBE	1
BALNEÁRIO CAMBORIÚ	1	ESTÂNCIA	4
CAMPOS NOVOS	1	FREI PAULO	3
CAPIVARI DE BAIXO	2	GARARU	1
CRICIÚMA	3	ILHA DAS FLORES	1
GAROPABA	2	INDIAROBA	1
GRAVATAL	1	JAPARATUBA	1
ITAJAÍ	1	JAPOATÃ	2
JOINVILLE	2	LAGARTO	2
JOSÉ BOITEUX	1	LARANJEIRAS	2
LAGUNA	2	PACATUBA	1
MONTE CARLO	1	PEDRINHAS	1

PIRAMBU	2	SÃO ROQUE	1
POÇO REDONDO	1	SARAPUÍ	2
POÇO VERDE	1	UBATUBA	9
PORTO DA FOLHA	1	VOTORANTIM	1
PROPRIÁ	1	**TOCANTINS**	
RIACHÃO DO DANTAS	1	**MUNICÍPIO**	**QUANT.**
RIACHUELO	1	ALMAS	1
SANTA LUZIA DO ITANHY	7	ARAGOMINAS	2
SÃO CRISTÓVÃO	1	ARAGUAÍNA	1
SÃO PAULO		ARAGUATINS	1
MUNICÍPIO	**QUANT.**	ARRAIAS	5
AGUDOS	1	BREJINHO DE NAZARÉ	4
BARRA DO CHAPÉU	2	CHAPADA DA NATIVIDADE	2
BARRA DO TURVO	7	DIANÓPOLIS	1
CANANEIA	9	DOIS IRMÃOS DO TOCANTINS	2
CAPIVARI	1	FILADÉLFIA	1
ELDORADO	18	JAÚ DO TOCANTINS	1
FRANCO DA ROCHA	1	MATEIROS	9
GUARATINGUETÁ	1	MONTE DO CARMO	2
IGUAPE	1	MURICILÂNDIA	1
IPORANGA	13	NATIVIDADE	2
ITAOCA	1	NOVO ACORDO	2
ITAPEVA	1	PALMEIRÓPOLIS	1
ITATIBA	1	PARANÁ	4
JAÚ	1	PEIXE	1
MIRACATU	1	SANTA FÉ DO ARAGUAIA	1
PILAR DO SUL	2	SANTA ROSA DO TOCANTINS	5
REGISTRO	2	SANTA TEREZA DO TOCANTINS	2
RIO CLARO	1	SÃO FÉLIX DO TOCANTINS	1
SALTO DE PIRAPORA	6		

QUADRO 3:
Comunidades quilombolas no Brasil, organizadas por nome e estados

ALAGOAS	
MUNICÍPIO	COMUNIDADES
ÁGUA BRANCA	BARRO PRETO, LAGOA DAS PEDRAS, POVOADO CAL, SERRA DAS VIÚVAS
ANADIA	JAQUEIRA, SERRA DAS MORENAS
ARAPIRACA	CARRASCO, PAU D'ARCO
BATALHA	CAJÁ DOS NEGROS
CACIMBINHAS	GUAXINIM
CANAPI	MUMDUMPIR, SERRA ALTA DE NEGRAS, TUPETE
CARNEIROS	LAGOA DO ALGODÃO
DELMIRO GOUVEIA	POVOADO CRUZ
IGACI	SÍTIO SERRA VERDE, PALMEIRA DOS NEGROS
IGREJA NOVA	SAPÉ
JACARÉ DOS HOMENS	ALTO DA MADEIRA, BAIXAS, POÇÕES, RIBEIRAS
JAPARATINGA	MACUCA
MAJOR ISIDORO	PUXINANÃ
MONTEIRÓPOLIS	PAUS PRETOS
OLHO-D'ÁGUA DAS FLORES	GAMELEIRA, AGUAZINHA, GAMELEIRO, GUARANI
PALESTINA	SANTA FILOMENA, VILA SANTO ANTÔNIO, VILA SÃO JOSÉ
PALMEIRA DOS ÍNDIOS	POVOADO TABACARIA, TABACARIA
PÃO DE AÇÚCAR	CHIFRE DO BODE, POÇO DO SAL
PARICONHA	BURNIL, MALHADA VERMELHA, MELANCIA
PASSO DE CAMARAGIBE	BOM DESPACHO, PERPÉTUA
PENEDO	OITEIRO, PENEDO, TABULEIRO DOS NEGROS
PIAÇABUÇU	PIXAIM
PIRANHAS	SÍTIO LAGES
POÇO DAS TRINCHEIRAS	ALTO DO TAMANDUÁ, JACU, JACU/ MOCÓ, JORGE, MOCÓ, POVOADO JORGE
SANTA LUZIA DO NORTE	QUILOMBO
SANTANA DO MUNDAÚ	FILUS, JUSSARA, JUSSARINHA, MARIANA, MORRO DOS CACHORROS

SÃO JOSÉ DA TAPERA	CABLOCO, CACIMBA DO BARRO, MOCAMBO
SENADOR RUI PALMEIRA	SERRINHA DOS COCOS
TAQUARANA	BOCA DA MATA, LAGOA DO COXO, MAMELUCO, PASSAGEM, PASSAGEM DO VIGÁRIO, POÇOS DO LUNGA, SÍTIO DO MEIO
TEOTÔNIO VILELA	ABOBREIRAS, BIRRUS
TRAIPU	MOMBAÇA, MUMBAÇA, SÍTIO BELO HORIZONTE, SÍTIO TABULEIRO, URUÇU
UNIÃO DOS PALMARES	MUQUÉM
VIÇOSA	GURGUMBA, SABALANGA

AMAPÁ

MUNICÍPIO	COMUNIDADES
CALÇOENE	CUNANI
FERREIRA GOMES	IGARAPÉ DO PALHA
ITAUBAL DO PIRIRIM	SÃO MIGUEL DO MACACOARI
MACAPÁ	ABACATE DA PEDREIRA, ALEGRE DA PEDREIRA, ALTO DO PIRATIVA, AMBÉ, CAMPINA GRANDE, CAMPOS DO LAGUINHO, CARMO DO MARUANUM, CASA GRANDE, CAVALO DA PEDREIRA, CONCEIÇÃO DO MACACOARI, CONCEIÇÃO DO MARUANUM, CORAÇÃO, CURIAU, CURRALINHO, IGARAPÉ DO LAGO, ILHA REDONDA, LAGOA DE FORA, LAGOA DOS ÍNDIOS, LONTRA DA PEDREIRA, MARUANUM, MATAPI, MEL DA PEDREIRA, PIRATIVA, PORTO DO ABACATE, RESSACA DA PEDREIRA, RETIRO DO SANTO ANTÔNIO, ROSA, SANTA LUZIA DO MARUANUM, SANTA MARIA DO MARUANUM, SANTO ANTÔNIO DO MATAPI, SÃO JOÃO DO MATAPI, SÃO JOSÉ DO MATA FOME, SÃO JOSÉ DO MATAPI DO PORTO DO CÉU, SÃO PEDRO DO CARANA, SÃO PEDRO DOS BOIS, SÃO SEBASTIÃO DO MARUANUM, TORRÃO DO MATAPI
MAZAGÃO	CARVÃO, CONCEIÇÃO DO MARACÁ, MAZAGÃO VELHO
OIAPOQUE	KULUMBU DO PATUAZINHO
SANTANA	ALTO PIRATIVA, CINCO CHAGAS, ENGENHO DO MATAPI, IGARAPÉ DO LAGO, NOSSA SENHORA DO DESTERRO DOS DOIS IRMÃOS, SÃO RAIMUNDO DO PIRATIVA, VILA NOVA
SANTANA	CINCO CHAGAS
TARTARUGALZINHO	SÃO TOMÉ DO APOREMA

AMAZONAS

MUNICÍPIO	COMUNIDADES
BARREIRINHA	BOA FÉ, MATUPIRI, SANTA TEREZA, TRINDADE
NOVO AIRÃO	DOS PRETOS, TAMBOR

BAHIA

MUNICÍPIO	COMUNIDADES
ABAÍRA	ALTO DA BOA VISTA, ASSENTO
ABARÉ	ELDORADO, ELDORADO E ADJACÊNCIAS, FAZENDA TARATAS, TARATAS
ÁGUA QUENTE	PARAMIRIM DAS CRIOULAS
ALAGOINHAS	BURI, CATUZINHO, FAZENDA CANGULA, FAZENDA OITEIRO, GAIOZO, TERRA NOVA
ALCOBAÇA	ALCOBAÇA
AMÉRICA DOURADA	ALEGRE, CANABRAVA, FAZENDA ALEGRE, GARAPA, LAGOA DOS BORGES, LAGOA VERDE, LAJEDÃO DOS MATHEUS, LAPINHA, PORCOS, PREVENIDO, QUEIMADA DOS BENEDITOS, QUEIMADA DOS VIANAS, SARANDI, VEREDA
ANAGÉ	LAGOA TORTA DOS PRETOS, MANDACARU
ANDARAÍ	ANDARAÍ, FAZENDA VELHA, IGATU, MATA GRANDE, MORRINHOS, RUA DOS NEGROS
ANGICAL	CRIOULOS
ANTÔNIO CARDOSO	PAUS ALTOS E GAVIÃO, TOKOS
ANTÔNIO GONÇALVES	BANANEIRA DOS PRETOS, CONCEIÇÃO, JIBOIA, MACACO DE CIMA, TIJUAÇU
ARAÇÁS	FAZENDA CRUZEIRO, GAIOSO, JUREMA, MANDACARU, MATO LIMPO, PÉ DE SERRA, PROGRESSO II
ARAMARI	OLHOS-D'ÁGUA
BARRA	BANDEIRA, BREJO DO MUTUCA, BREJO DO SACO, CURRALINHO, JUÁ, MURIBECA, PORTO ALEGRE, PORTO DA PALHA, TORRINHA, VANDERLEI
BARRA DA ESTIVA	CAMULENGO, EXTREMA, GINETE, MOITINHA
BARRA DO MENDES	ABADE, ANTARE, CANARINA, LAGOA DA PALHA, MURIBECA, PEDRA MOLE, PONTA, PORTO DA PALHA, RIO CORMUSI, RIO NOVO, SALINAS
BARREIRAS	BARRACÃO, MOCAMBO
BARRO ALTO	BARREIRINHO, CAFELÂNDIA, MALVINAS, RUA DO JUÁ, SEGREDO, VOLTA GRANDE

BARROCAS	FAZENDA BARREIRA
BIRITINGA	TRINDADE, VILA NOVA
BOA VISTA DO TUPIM	BARRACÃO, CAIXÃO, CALDEIRÃO, CANABRAVA
BOM JESUS DA LAPA	ALAGOINHAS, BANDEIRA, BARREIRA, BARRINHA, BATALHINHA, BEBEDOURO, CAMPO GRANDE I, CAMPO GRANDE II, CAPÃO DE AREIA, ARAÇÁ CARIACÁ, FAZENDA BATALHA, FAZENDA JATOBÁ, FAZENDA VOLTA, FORTALEZA, JUÁ, LAGOA DO PEIXE, MACACO, NOVA BATALHINHA, NOVA VOLTA, PATOS, PEDRAS, PEIXES, PIRANHAS, RIO DAS RÃS, SANTA RITA
BOM JESUS DA SERRA	MUMBUCA E SAMAMBAIA
BONINAL	CAPÃO, CONCEIÇÃO, CUTIA, MULUNGU, OLHOS D'AGUINHA
BOQUIRA	BURITI, SÃO BERNARDO
BOTUPORÃ	RIACHO DOS NOVATOS
BRUMADO	COVAS DAS MANDIOCAS
BUERAREMA	SERRA DO RONCA
CACHOEIRA	BREJO DO ENGENHO DA GUAÍBA, CAIMBONGO, CAIMBONGO VELHO, CAIOLE, CALEMBA, CAMPINAS, CAONGE, COIMBOFO, DENDÊ, DESTERRO, EMBIARA, ENGENHO DA CRUZ, ENGENHO DA PEDRA, ENGENHO DA PONTE, ENGENHO DA PRAIA, ENGENHO DA VITÓRIA, ENGENHO NOVO DO VALE DO IGUAPE, GUAÍBA, IMBIARA, KAIMBONGO, KAONJE, OPALMA, SANTIAGO DO IGUAPE, SÃO FRANCISCO DO PARAGUAÇU, SÃO TIAGO DO IGUAPE, TABULEIRO DA VITÓRIA, TOMBO
CAÉM	MONTEIRO, BOM JARDIM E PAU SECO
CAETITÉ	ANGICO, BAIXÃO, BOA ESPERANÇA, CAJAZEIRA, CANDONGA, COLÔNIA, CONTENDAS, CRISTINA, ELEFANTE, FAZENDA, FUNDO DOS MORROS, JACARÉ, JATOBAZINHO, JUAZEIRO PAU FERRO, LAGEDO DO OROCA, LAGOA DA CABRA, LAGOA DO FUNDO, LAGOA DO MATO, LAGOA DO MEIO, LAGOA DOS BOIS, MALHADA, MERCÊS, MORROS, OLHO D'ÁGUA, PALMITAL, PAU FERRO, POÇO DANTAS, QUEIMADA, RIACHO DA VACA, SAMBAÍBA, SAPÉ, SÍTIO DO JUAZEIRO, VARGEM DO SAL, VARGEM DO SOL, VELAME, VEREDA DOS CAIS
CAIRU	BATATEIRA, CAJAZEIRAS, GALEÃO, PRATA, RUA DO FOGO, TORRINHA, TORRINHAS, VILA MONTE ALEGRE

CALDEIRÃO GRANDE	BOA VISTA DO TUPIM
CAMAÇARI	CORDOARIA
CAMAMU	ACARAÍ, ÁGUAS VERMELHAS, BARROSO, BURUDANGA, CONDURU, GARCIA, JAQUEIRA, JETIMANA, LAMEIRO, OROJO, PEDRA RASA, PIMENTEIRA, PIMENTEIRAS, PINARÉ, PONTE NOVA, PORTO DO CAMPO, PRATIGI, RONCO, SOROJO, TAPUIA, TERRA SECA, VARJÃO
CAMPO FORMOSO	ALAGADIÇO DE LAGE DOS NEGROS, BARROCAS, BEBEDOURO, BICA, BORGE, BURACO, CASA NOVA DOS AMAROS, CASA NOVA DOS FERREIRAS, CASA NOVA DOS MARINOS, GAMELEIRA DO DIDA, LAGE DE BAIXO, LAGE DOS NEGROS, LAGOA BRANCA, LAJE DE CIMA II, MUCABINHO, MULUGUN, PAQUI, PAQUIM, PATOS I, PATOS II, PATOS III, PEDRA, POÇO DA PEDRA, SANGRADOURO I, SANGRADOURO II, SÃO TOMÉ, SAQUINHO
CANABRAVA	BOA VISTA DO TUPIM
CANARANA	BREJINHO, LAGOA DO ZECA
CANDEIAS	CABOTO, MAPELE
CARAVELAS	JUERENA
CARDEAL DA SILVA	JANGADA
CARINHANHA	ANGICO, BARRA DO PARATECA, BARRINHA, CANABRAVA, ESTREITO, FEIRINHA (PELA NEGRO), GARRIDO, LAGOA DO ZECA, RAMALHO, TRÊS ILHAS
CASA NOVA	MOCAMBO, RIACHO GRANDE
CATU	CASSAROGONGO
CIPÓ	CABOGE, RUA DO JORRO, VÁRZEA GRANDE
CONDEÚBA	AREIAL, TAMBORIL
CONTENDAS DO SINCORÁ	SÃO GONÇALO
COTEGIPE	ALTO ALEGRE, GREGO RIO, TAPERA, VOLTA DA ALEGRIA
CRUZ DAS ALMAS	BAIXA DA LINHA
CURAÇÁ	NOVA JATOBÁ, ROMPEDOR, VILA NOVA JATOBÁ
ENTRE RIOS	FAZENDA PORTEIRAS, GAMBA
ÉRICO CARDOSO	CASCALHO, MORRO DO FOGO, PARAMIRIM DAS CREOLAS, PARAMIRIM DOS CRIOULOS, POÇO DE DANTAS

ESPLANADA	MUCAMBINHO, TIMBO
FEIRA DE SANTANA	CANDEAL, LAGOA DA NEGRA, LAGOA GRANDE, LAGOA SALGADA, MATINHA, ROCADO
FILADÉLFIA	AGUADAS, BARREIRAS, CABEÇA DA VACA I, CABEÇA DA VACA II, CAJÁ, CANA-FISTA, CAXIMBO, CONCEIÇÃO, GAVIÃO, GRAVATÁ, MACACO DE BAIXO, PAPAGAIO, PATOS, RIACHO DAS PEDRINHAS, TIJUAÇU, VÁRZEA DA SERRA, VÁRZEA DO RANCHO
FORMOSA DO RIO PRETO	BEIRA DO RIO PRETO, BOQUEIRÃO, MUTAMBA, PRAZERES
GENTIO DO OURO	ALOGOINHAS, BARREIRO PRETO
GUANAMBI	CURRAL DA VARA
IAÇU	CAATINGA VELHA
IBIASSUCÊ	SANTO INÁCIO
IBICOARA	CÓRREGO FUNDO, LAPÃO DA VOLTA, RIO DA LAGE, RIO DA PALHA
IBIPEBA	BAIXÃO, OLHO D'ÁGUA DO BADU, SALVA VIDAS, SEGREDO, VEREDA
IBIQUERA	BARRA DA CASA DOS NEGROS
IBIRAPUÃ	VILA JUAZEIRO
IBITIARA	BURACÃO, CANA BRAVA, CAPÃO, CARAÍBAS, CHORADOS, LAPÃO DA VOLTA, MACACO DE BAIXO, MARCELINO DOS PRETOS, OLHO D'ÁGUA NOVA, RIACHÃO, TIRIRICA DE CIMA, VÁRZEA GRANDE, VILA NOVA
IBITITA	BARRO DURO, BATATA, CANOÃO, LAGOA DA PEDRA, PEDRA LISA
IBOTIRAMA	BOA VISTA DO PIXAIM
IGAPORÃ	BRINGELA, CANABRAVA, GUARENTA, GURUNGA, IMBIRIÇU, LAGOA GRANDE, LAPINHA E ADJACÊNCIAS, SANTA MARIA, SANTANA
IGRAPIÚNA	DENDÊ, ILHA DAS FLORES, LARANJEIRAS, MARTIM, OSMEIRA, PEDRA MOLE, PONTA, RIO DE CARMUCIM, RIO NOVO, SALINA, SAPUCAIA
INHOBIM	CACHOEIRA DO RIO PARDO
IRARÁ	BAIXINHA, CRIOULO, MASSARANDUBA, MOCAMBINHO, OLARIA, OLARIA E PEDRA BRANCA, TAPERA, TAPERA MELÃO
IRECÊ	ALGODÕES, LAGOA NOVA
ITABUNA	ITAMARACÁ

ITACARÉ	ÁGUA VERMELHA, AMANO-GUIDO, CAMPO DO AMOCO, FOJO, FORMIGA, ITAMARACÁ, JOÃO RODRIGUES, KM 5, OITIZEIRO, PINHEIRO, PORTO DE TRÁS, PORTO DO OITIZEIRO, SANTO AMARO, SÃO GONÇALO, SERRA DE ÁGUA, SOCO, TABOQUINHAS
ITAETÊ	BANANEIRAS, MACACO SECO
ITAGUAÇU DA BAHIA	MELADOR, ALEGRE, ALTO BEBEDOURO, BARREIROS, CAJUEIRO, CHAPADA DA ONÇA, DOIS IRMÃOS, FLORESTA VERDE
ITAMARAJU	HELVÉCIA
ITAMBÉ	PEDRA
ITANHÉM	MOLA
ITAQUARA	MAGAL, NOVO HORIZONTE, PIABINHA
ITORORÓ	RUA DE PALHA
ITUBERÁ	BREJO GRANDE, CAGADOS, INGAZEIRA, LAGOA SANTA, SÃO JOÃO DE SANTA BÁRBARA, VINGAZEIRA
JACOBINA	CAEM, CAFELÂNDIA, JARDIM ALEGRE, MOCAMBO DOS NEGROS, SACO, TRIÂNGULO
JAGUARARI	GAMELEIRA
JEQUIÉ	BARRO PRETO
JEREMOABO	ALGODÕES, ALGODÕES DOS NEGROS, ANGICO, ARIADE, BAIXÃO DA TRANQUEIRA, BAIXÃO DA VIRAÇÃO, CASINHAS, OLHO D'ÁGUA, OLHO D'ÁGUA DOS NEGROS, VASOS DO OURICURI, VIRAÇÃO
JOÃO DOURADO	DESCOBERTA, DESCOBERTA DOS PIROCAS, FEITOSA, LAGOA DO MEIO, LAGOA DOS LUNDUS, MATA DO MILHO, PARAQUEDAS, RIACHO, SABINO, SERRINHA
JUAZEIRO	ALAGADIÇO, ALDEIA, ANGICO, BARRINHA DO CAMBÃO, BARRINHA DO CONCEIÇÃO, CAMPIM DE RAIZ, CURRAL NOVO, DEUS DARÁ, JUNCO, PASSAGEM, PAU PRETO, QUIPÁ, RODEADOURO, SALITRE
JUSSARA	ALGODÕES, SÍTIO NOVO
LAGOA REAL	BEBEDOURO, LAGOA DA ROCHA, RIACHÃO, SÃO ROQUE, VAZANTE
LAPÃO	BABILÔNIA, LAGEDO DO PAU D'ARCO, LAGOA DO GAUDÊNCIO, LAGOA DOS GUADÊNCIOS, LAGOA DOS NEGROS, LAJEDO DOS EURÍPEDES, SALGADA
LENÇÓIS	IUNA, LAGOA, LAGOAS, LENÇÓIS, REMANSO, RIO SANTO ANTÔNIO
LICÍNIO DE ALMEIDA	SÃO DOMINGOS

LIVRAMENTO DE NOSSA SENHORA	AMOLA FACA, CIPOAL, COUROS, JATOBÁ, JIBOIA, LAGOA DO LEITE, LAGOA DOS COUROS, LAGOINHA E POÇO, MARACUJÁ, OLHO D'ÁGUA DO MEIO, PAJEU, POÇO, ROCINHA-ITAGUASSU, VÁRZEA GRANDE DE QUIXABEIRA
MACAÍBA	SÍTIO CAPOEIRAS
MACAÚBAS	BOMBA, CALÇADINHO, CATULÉ
MACURURÉ	FAZENDA MARIA
MALHADA	PAU D'ARCO E PARATECA, TOMÉ NUNES
MALHADA DE PEDRAS	ANIL, AZALVE, JENIPAPO, SACO DE BOI
MARAGOGIPE	BAIXÃO DO GUAÍ, BURI, ENSEADA DO PARAGUAÇU, GIRAL GRANDE, GUARUÇU, GUERÉM, PINHO, PORTO DA PEDRA, QUIZANGA, SALAMINA PUTUMUJU, SALAMINAS, SÍTIO DENDÊ, TABATINGA, TOPA DE CIMA, ZUMBI
MARAÚ	BARRO VERMELHO, BOITE, EMPATA VIAGEM, MARAÚ, MINÉRIO, PIRACANGA, QUITUNGO, SÃO RAIMUNDO, TERRA SECA, TERRA VERDE, TORRINHA
MATA DE SÃO JOÃO	BARREIROS, PAU GRANDE, TAPERA
MILAGRES	CARIRI, GAMELEIRA, LAGE DE PEDRA, LAGOA DUAS IRMAS
MIRANGABA	COQUEIRO, COQUEIRO DE BAIXO, COQUEIRO DE CIMA, COQUEIROS, DIONISIA E OLHOS D'ÁGUA, JATOBÁ JATOBÁ, LAGEDO, PALMEIRA, SANTA CRUZ, SOUDADE, TRES COQUEIROS
MORRO DO CHAPÉU	BARRA DOS NEGROS, BARRA II, BOA VISTA, GRUTA DOS BREJÕES, GRUTA DOS BREJÕES, OIRICURIII, OURICURIII, POVOADO CANABRAVA, QUEIMADA NOVA, VALE DE CANABRAVA, VELAME, VEREDA, VEREDINHA
MUCUGÊ	BARRIGUDA, FAZENDA MARI
MUQUÉM DE SÃO FRANCISCO	BOA VISTA DO PIXAIM, FAZENDA GRANDE, JATOBÁ
NILO PEÇANHA	BOITARACA, JATIMANE, MARUJADA
NORDESTINA	CATUZINHO, COMUNIDADE NEGRA RURAL DE LAGOA DA SALINA
NOVA CANAÃ	QUERÉM
NOVA IBIÁ	CANARISCO
NOVA VIÇOSA	CÂNDIDO MARIANO, HELVÉCIA, MUTUM, NAIA, RIO DO SUL, VOLTA MIÚDA
OUROLÂNDIA	NOVO ACHADO
PALMAS DE MONTE ALTO	PAU D'ARCO E PARATECA, VARGEM ALTA

PALMEIRAS	CORCOVADO
PARAMIRIM	CAFUNDÓ, CARAÍBAS, COVAS DAS MANDIOCAS, SALINAS, TORTA
PIATÃ	CAFUNDÓ, CAPÃO, CARRAPICHO, MACHADO, MUTUCA, PALMEIRA, PÉ DE SERRA E VÁRZEA, RIO DAS CONTAS, SÍTIO DOS PEREIRAS, TIJUCO E CAPÃO FRIO
PILÃO ARCADO	ALTO DO SILVA, BOA VISTA, SILVA
PINDAÍ	ANTAS, BOI, CACOS, SÃO DOMINGOS
PINDOBAÇU	BANANEIRA DE SANTA EFIGÊNIA, FUMAÇA, LAGINHA E ADJACÊNCIAS
PIRIPÁ	CONTENDAS, GUARIBAS, LAGINHA, RANCHO DE CASCA
PLANALTO	CINZENTO, LAGOINHA, TIAGOS
PONTO NOVO	REPRESA
PORÇÕES	LAGOA DO JOÃO (PIMENTEIRA E VASSOURA)
PRESIDENTE DUTRA	COLOUDOS RAMOS
PRESIDENTE TANCREDO NEVES	ALTO ALEGRE, ALTO DA PRATA, PAU DA LETRA
REMANSO	NEGROS, POTE, VILA APARECIDA
RIACHÃO DAS NEVES	BARRA DO RIACHO, PINTOR
RIACHO DE SANTANA	AGRESTE, AGRESTINO, CAPÃO DAS GAMELAS, DUAS LAGOAS, GATOS VESPERINA, LARGO DA VITÓRIA, MATA DO SAPÉ, PAUS PRETOS, RIO DO TANQUE, SAMBAIBA, SÃO JOSÉ
RIBEIRÃO DO LARGO	THIAGOS
RIO DE CONTAS	BANANAL, BANANEIRA DOS NEGROS, BARAÚNAS, BARRA, BARRA DO BRUMADO, RIACHO DAS PEDRAS
RIO REAL	MOCAMBO DO RIO AZUL
RUY BARBOSA	SERRA DO OROBÓ
SALVADOR	ALTO DA SEREIA, ALTO DO TORORÓ, BANANEIRAS, CALABAR, CALEMBA, CANDEAL, CURUZU, DENDÊ, ENGENHO DA PONTE, ENGENHO DA PRAIA, GRANDE, ILHA DE MARÉ, MARTELO, PONTA GROSSA, PORTO DOS CAVALOS, PRAIA GRANDE
SANTA MARIA DA VITÓRIA	ÁGUA QUENTE, CAFUNDÓ, CAFUNDÓ DOS CRIOULOS, CURRAIS, MONTE VIDINHA, MONTEVIDINHA, PORCO BRANCO
SANTA TEREZINHA	CAMPO GRANDE
SANTANÓPOLIS	SÍTIO CIDADE, TAPERINHA

SANTO AMARO	ALTO DO CRUZEIRO-ACUPE, BARRO VELHO, BARRO VERMELHO, CAEIRA, CAMBUTA, SÃO BRAZ, SUBAÉ
SANTO ANTÔNIO DE JESUS	ALTO DO MORRO, SÃO ROQUE DOS MACACOS, TERRA SECA
SANTO ESTÊVÃO	OLEIROS
SÃO FÉLIX	OITEIRO REDONDO, PAU GRANDE, QUILOMBO, SANTO ANTÔNIO, TERRAS DO GOVERNO
SÃO FRANCISCO DO CONDE	MONTE RECÔNCAVO
SÃO GABRIEL	ALGODÃO DOS NEGROS, BOA HORA, BOQUEIRÃO DO CARLOS, CAROAZAL, CURRALINHO, LAGOINHA, RUA DA BRASÍLIA
SÃO GONÇALO DOS CAMPOS	BETE II
SÃO SEBASTIÃO DO PASSE	PALMEIRA DA ÁGUA BOA
SAÚDE	GRUTA DOS PAULOS
SEABRA	AGRESTE, BAIXÃO VELHO, CACHOEIRA DA VÁRZEA, CAPÃO DAS GAMELAS, LAGOA DO BAIXÃO, MOCAMBINHO, MOCAMBO DA CACHOEIRA, MORRO REDONDO, OLHOS D'ÁGUA DO BASÍLIO, SERRA DO QUEIMADÃO, VÃO DAS PALMEIRAS, VAZANTE
SENHOR DO BONFIM	ÁGUA BRANCA, ALTO BONITO, ALTO DA MARAVILHA, ANACLETO, BARREIRAS, CAPIM, CARIACA, CONCEIÇÃO, CRUZEIRO, LAGE, LAGINHA, MACACO, MAMOEIRO, OLARIA, QUEBRA FACÃO, QUEIMADA GRANDE, QUEIMADA NOVA, TIJUACU, UMBURANA, VÁRZEA GRANDE
SENTO SÉ	ANDORINHAS
SERRINHA	FAZENDA BARREIRA
SIMÕES FILHO	DANDA, PITANGA DOS PALMARES
SÍTIO DO MATO	BARRO VERMELHO, MAGAL BARRO VELHO, MANGAL, TALISMÃ
SÍTIO DO QUINTO	BARREIRO, JUREMA, SACO DO TINGUI
SOUTO SOARES	SEGREDO, SEGREDO DOS NEGROS
TANHAÇU	TUCUM
TANQUE NOVO	BAIXADA, CALDEIRÃO, GASPAR, LICURIL, PÉ DO MORRO
TAPEROÁ	GRACIOSA, LANMEGO, MIGUEL CHICO
TEIXEIRA DE FREITAS	ARARA
TEOLÂNDIA	BOQUEIRÃO
TERRA NOVA	CAMBOATÃ, MALEMBA
TREMEDAL	QUENTA DO SOL

UIBAÍ	CALDEIRÃO, LAGOINHA
UNA	PEDRA DE UNA, PEDRA NUA, RIO DA INDEPENDÊNCIA
VALENÇA	ARUEIRA, BURACO AZUL, CAROBA, JAQUEIRA, MACACOS, MONTE IPIRANGA, NOVO HORIZONTE I, OROBA, PAU QUE RONCA, PONTE DO MEIO, RIO JEQUIRIÇÁ, SANTANA, SAPÉ GRANDE, SARAPUÍ, SERRA GRANDE, TESOURA, VILA VELHA DO JEQUIRIÇÁ
VÁRZEA DA ROÇA	CRUZ DAS ALMAS, FAZENDA BARBOSA, FAZENDA CHAPADA, FAZENDA DA ROÇA, MORRINHOS
VÁRZEA NOVA	MULUNGU
VITÓRIA DA CONQUISTA	ALTO DA CABACEIRA, BAIXA SECA, BARROCAS, BATALHA, BOQUEIRÃO, CARTALOTE, CASA DE TELHA, CORTA LOTE, FURADINHO, FURADO DA ROSEIRA, LAGOA DE VITORINO, LAGOA DO ARROZ, LAGOA DO MELQUÍADES, LAGOA DOS PATOS, LAGOA MARIA CLEMÊNCIA, LARANJEIRAS, PANELEIROS, QUATIS DA FUMAÇA, QUATIS DOS FERNANDES, RIBEIRÃO DO PANELEIRO, SÃO JOAQUIM, SÃO JOAQUIM DE PAULO, SÃO JOAQUIM DO CAPINAL, SINZOCA, SOSSEGO DO MANUEL, VAQUEIRO, VELAME
WANDERLEY	CACHIMBO, RIACHO DE SACUTIABA, SACUTIABA
WENCESLAU GUIMARÃES	BARRA DA LAMA, COCÃO, CODEVASF, DARAMAO, NOVA ESPERANÇA, PALMEIRAS, RIACHO MUCUGÊ, RIO PRETO, WENCESLÂNDIA, JERICÓ, MUCUGÊ, SARILÂNDIA
XIQUE-XIQUE	BARREIRO DOS NEGROS, ILHA DE MIRADOURO, VICENTES
BOM JESUS DA LAPA	RETIRO

CEARÁ

MUNICÍPIO	COMUNIDADES
AIUABA	ZUMBI
AQUIRAZ	CATOLÉ DOS PEREIRAS, ESTRADA NOVA, GOIABEIRA, GOIABEIRAS, LAGOA DO MATO, LAGOA DO RAMO, PEREIRAL
ARACATI	CÓRREGO DE URBARANAS
ARARIPE	SÍTIO ARRUDA
AURORA	INGAZEIRA (SÍTIO PAVÃO), SÍTIO VARGEM DA PEDRA, TAVARES, UMARI (FAMÍLIA BEM-BEM)
BATURITÉ	SERRA DO EVARISTO

BREJO SANTO	SERRA DE SÃO FILIPE
CHAVAL	MUCAMBO
COREAÚ	TIMBAÚBA
CRATEÚS	DOMINGOS PEREIRA, INGÁ, POTY, QUEIMADAS, TUCUNS, VILA NOVA
CRATO	LUANDA
CROATA	TRÊS IRMÃOS
ERERÊ	SERRA DOS BASTIÕES, TOMÉ VIEIRA
FORTALEZA	BARRA DO CEARÁ, BOM JARDIM, JARDIM IRACEMA, MESSEJANA, MUCURIPE, PALMEIRAS, PIRAMBU, PRAIA DO FUTURO
HORIZONTE	ALTO ALEGRE
INDEPENDÊNCIA	BARRAGEM, JUCAS, PELO SINAL, TRAQUIERAS
IPUEIRAS	CAITÉ, COBRAS, COITÉ, FEIJÃO, PAU D'ARCO, SÍTIO DOS NEGROS, SÍTIO TROMBETAS
IRACEMA	BASTIÕES, BASTIÕES TRINDADE, SERRA DOS BASTIÕES
ITAPIPOCA	NAZARÉ
ITAREMA	GUAJIRU
MONSENHOR TABOSA	JACINTO DE DENTRO, LAGOA DOS SANTOS, MUNDO NOVO, SERRA VELHA, TOURÃO
MORAÚJO	TIMBAÚBA
MUCAMBO	CHAVAL
NOVO ORIENTE	BARRA, BARRIGUDA, BARRIGUDINHA, BOM SUCESSO, LAGOA DE DENTRO, MINADOR, MIRADOR, PARANÁ, SANTO ANTÔNIO
OCARA	MELANCIAS
PACAJUS	BASE, BASE E ADJACÊNCIAS (CAETANA E RETIRO), CAETANA, RETIRO
PACUJÁ	BATOQUE
PARAMBU	QUITERIANÓPOLIS, SACO VIRGEM, SÃO CONSOLO, SÃO ROBERTO, SILVEIRA, URUBURETAMA
PEREIRO	BASTIÕES, CRIOULOS, ERECÊ, TRINDADE
PORTEIRAS	BAIXADA OU BAIXA DO URUBU, SÍTIO VASSOURINHA, SOUZA
QUITERIANÓPOLIS	CAJUEIRO DOS LIRAS, CROATA, FIDÉLIS, FURADA, GAVIÃO, OLHO D'ÁGUA, SÃO JERÔNIMO, SÃO JOSÉ, SIPOEIRO, SOBRADO
QUIXADÁ	SÍTIO VEIGA

QUIXERAMOBIM	CATOLÉ DO ROCHA, LACERDA, MEARIM
SALITRE	LAGOA DOS PRETOS, SERRA DOS CHAGAS
SÃO BENEDITO	CARNAÚBAS
TAMBORIL	AÇUDINHO, BRUTOS, ENCANTADOS DE BOM JARDIM, LAGOA DAS PEDRAS, POCIDONHO, SANTO ANTÔNIO, SERRA DOS MATES, TORRES
TAUÁ	COLIBRIS, CONSCIÊNCIA NEGRA
TIANGUÁ	TRÊS IRMÃOS
TURURU	ÁGUA PRETA, CONCEIÇÃO DOS CAETANOS

ESPÍRITO SANTO

MUNICÍPIO	COMUNIDADES
ALEGRE	BOA ESPERANÇA, PLACA, VARJÃO, VARJÃO DO NORTE
ANCHIETA	SÃO MATEUS DO SUL
ATÍLIO VIVÁCQUA	RIO MUQUI
CACHOEIRO DE ITAPEMIRIM	FAZENDA CAFUNDÓ, MONTE ALEGRE, RETIRO, SÃO SEBASTIÃO DA VARGEM GRANDE
CONCEIÇÃO DA BARRA	ALTO DA ONDA, ANGELIM DISA, ANGELIM I, ANGELIM II, ANGELIM III, ARAÇATIBA, BICAME, CÓRREGO DE SANTANA, CÓRREGO DO MACUCO, CÓRREGO DO SERTÃO (JUVENTINO), CÓRREGO SANTA ISABEL, CÓRREGO SANTA IZABEL, COXI, DONA GUILHERMINA, LAJE, LINHARINHO, RIO MUQUI, RODA D'ÁGUA, SANTANA, SANTANINHA, SÃO DOMINGOS
CONCEIÇÃO DO CASTELO	ALTO DA ONÇA, BICAME
DIVINO DE SÃO LOURENÇO	AMARELO, AZUL
DORES DO RIO PRETO	PARADA DO RIO PRETO, PARADA PIMENTEL
FUNDÃO	SÃO JORGE
GUARAPARI	MOCAMBO
IBIRACU	COMUNIDADE PRÓXIMA A PENDENGA, SÃO PEDRO
ICONHA	MONTE BELO
ITAPEMIRIM	GRAÚNA
IÚNA	QUILOMBO, SATÍRIO
JERÔNIMO MONTEIRO	SERTÃO, SÍTIO DOS CRIOULOS
LARANJA DA TERRA	SANTA LUZIA

MUNICÍPIO	COMUNIDADES
MIMOSO DO SUL	CASCATA
MUNIZ FREIRE	ÁGUAS CLARAS, CÓRREGO RICO, GUARANI, MEIA QUARTA, TERRA CORRIDA
MUQUI	ANDES, BARRO BRANCO, CAMARÁ, COLANGE, MALABAR, SANTA JOANA, SERRINHA
PRESIDENTE KENNEDY	BOA ESPERANÇA, SÃO JORGE, CAÇAMBINHA
RIO NOVO DO SUL	SANTA HELENA
SANTA LEOPOLDINA	CAÇAMBINHA, MUZAMBINHO, RETIRO
SANTA TERESA	PICADÃO DO MUTUM
SÃO JOSÉ DO CALÇADO	CÓRREGO DOS MILAGRES
SÃO MATEUS	ÁGUA BOA, BEIRA-RIO ARUAL, CACIMBA, CHIADO, CÓRREGO DA ESTIVA, CÓRREGO SECO, CÓRREGO DO SAPATO I, CÓRREGO DO SAPATO II, DILO BARBOSA, DIVINO ESPÍRITO SANTO, LAGE, MATA SEDE, MORRO DA ARARA, NOVA VISTA, NOVA VISTA I, NOVA VISTA II, PALMITINHO I, PALMITINHO II, PALMITO, PALMITO II, PIQUI, SANTANA (SANTANINHA), SÃO CRISTÓVÃO, SÃO DOMINGOS DE ITAUNINHAS, SÃO JORGE, MORRO DAS ARARAS, SERRARIA, VALA GRANDE
VARGEM ALTA	PEDRA BRANCA
VIANA	ARAÇATIBA, CAÇAMBINHA, PEDRA MULATA

GOIÁS

MUNICÍPIO	COMUNIDADES
ALTO PARAÍSO DE GOIÁS	VÃO DO RIO OCÃO
APARECIDA DE GOIÂNIA	APARECIDA DE GOIÂNIA, JARDIM CASCATA
BARRO ALTO	ANTÔNIO BORGES, ASSOCIAÇÃO QUILOMBOLA ANTÔNIO BORGES, ASSOCIAÇÃO QUILOMBOLA MULHERES AMIGAS DA CULTURA, FAZENDA SANTO ANTÔNIO DA LAGUNA
CAVALCANTE	ALTAMIRA, BOA ESPERANÇA, BURITIZINHO, ENGENHO II, FAZENDA GERAIS, PARIDA, PEDRA PRETA, VÃO DAS ALMAS, VÃO DO MOLEQUE
CAMPOS BELOS	BREJÃO, TAQUARUSSU
CAVALCANTE	KALUNGA
CIDADE OCIDENTAL	MESQUITA
COLINAS DO SUL	JOSÉ DE COLETO

CROMÍNIA	COMUNIDADE QUILOMBOLA NOSSA SENHORA APARECIDA, NOSSA SENHORA APARECIDA
FAINA	ÁGUA LIMPA
FLORES DE GOIÁS	AMENDOIM, FLORES, FORTE
GOIANÉSIA	ASSOCIAÇÃO TOMÁS CARDOSO, TOMÁS CARDOSO
GOIÁS	ÁGUA DE SÃO JOÃO, ALTO DE SANTANA, BUENOLÂNDIA, COLÔNIA UVA, SÃO JOSÉ DA LAJINHA
IACIARA	EXTREMA
LUZIÂNIA	MESQUITA DOS CRIOULOS
MINAÇU	GRUPO COLETORES, MATA DO CAFÉ, NOVA ESPERANÇA, QUILOMBOLAS DE MINAÇU, SANTO ANTÔNIO
MINEIROS	BURACÃO, CEDRO
MONTE ALEGRE DE GOIÁS	AREIA, BARRA, BOM JARDIM, CONTENDA, CURRAL DA TABOCA, KALUNGA II, KALUNGA IV, KALUNGA V, PELOTAS, SACO GRANDE, TINGUIZAL
MORRINHOS	MORRO VELHO
NOVA ROMA	ABOBREIRA, MAGALHÃES
PALMEIRAS DE GOIÁS	GOIANINHO, PALMEIRAS
PALMELO	PALMELO
PIRES DO RIO	ARRAIAL DO NEGRO
POSSE	BACO-PARI, OLHOS D'ÁGUA, TRÊS BOCAS
SANTA CRUZ DE GOIÁS	SANTA CRUZ (URBANA)
SANTA RITA DO NOVO DESTINO	POMBAL, SANTO ANTÔNIO DA LAGUNA
SÃO DOMINGOS	SÃO DOMINGOS GALHEIROS
SÃO JOÃO D'ALIANÇA	FORTE
SÃO LUIZ DO NORTE	LAVRINHAS DE SÃO SEBASTIÃO, PORTO LEOCÁDIO.
SILVÂNIA	ALMEIDA, ALMEIDAS, COMUNIDADE DA GO-010
TERESINA DE GOIÁS	BOA SORTE, CALDA, CAPIM PURO, DIADEMA, LAVRINHAS, LIMOEIRO, PEDRA PRETA, VARGEM GRANDE
TRINDADE	TRINDADE, VÓ RITA
URUAÇU	CAJU, URBANA JOÃO JORGE VIEIRA

MARANHÃO	
MUNICÍPIO	COMUNIDADES
ALCÂNTARA	ÁGUA PRETA DE CIMA, ÁGUAS BELAS, APICUM GRANDE, ARENHENGAUA, BACANGA, BACURIJUBA, BACURITUBA, BAIACUANA, BAIXA GRANDE I, BAIXA GRANDE II, BAIXO DO GRILO, BARACATATIUA, BARBOSA, BARREIROS, BARRETO, BEBEDOURO, BEJU-AÇU, BELÉM, BITUBA PORTUGAL, BOA VISTA, BOA VISTA I, BOA VISTA II, BOA VISTA III, BOCA DE SALINA, BOCA DO RIO, BOM DE VIVER, BOM JARDIM, BOM VER, BOM VIVER (BOM DE VER), BORDÃO, BRITO I, CAÇADOR, CAICAUA I, CAICAUA II, CAICAUIA III, CAJÁ II, CAJAÍBA, CAJAPARI, CAJATIUA, CAJIBA, CAJUEIRO, CAJUEIRO DOS PRETOS, CAJUEIRO II, CAJUÍBA, CAMAJO, CAMARIM, CAMIRIM, CANAVIEIRA, CANELATIUA, CAPIJUBA, CAPIM AÇU, CAPOTEIRO, CARATATIUA, CASTELO, CAVEIRO, CAVEM II, CENTRO ALEGRE, CENTRO DA EULÁLIA, CENTRO DA VOVÓ, CENTRO DO BANANA, CENTRO DO GOIABAL, CODÓ, CONCEIÇÃO, COQUEIRO, CORRE FRESCO, CUJUPE I, CUJUPE II, CURUÇÁ I, ENGENHO I, ESPERA, ESPERANÇA, ESTEIO, FLÓRIDA, FOLHAL, FORA CATIVEIRO, FORQUILHA, GOAIABAL, GOIABAL, GUANDA I, GUANDA II, IGUAÍBA, ILHA DA CAMBOA, ILHA DO CAJUAL, IRIRIZAL, ISCOITO, ITAMATATIUA, ITAPERA, ITAPERAÍ, ITAPIRANGA, ITAPUAUA, ITAUAÚ, JACARÉ, JACARÉ I, JACROA, JANÃ, JAPEU, JARUCAIA, JOÃO COSTA, JORDOA, LADEIRA, LADEIRA II, LAGO, MACACO, MACACOS, MACAJUBAL I, MACAJUBAL II, MÃE EUGÊNIA, MAMONA I, MAMONA II, MAMUNA, MAMUNILHA, MANGUEIRAL, MANIVAL, MANUNA, MARACATI, MARIA PRETA, MARINHEIRO, MARMORANA, MARUDA, MATINHA, MATO GROSSO, MOCAJITUBA I, MOCAJITUBA II, MOCAJITUBA III, MOCAJUBAL, MUMUNA, MURARI, MURICIZAL, MUTITI, NOVA BELÉM, NOVA ESPERA, NOVA PONTA SECA, NOVO BELÉM, NOVO CAJUEIRO, NOVO MARUDA, NOVO PEITAL, NOVO PERU, NOVO SÔ ASSIM, OITIUA, PACATIUA (PAQUATIVA), PACOVAL, PACURI, PALMEIRAS, PAQUATIVA, PARAÍSO, PAVÃO, PEPITAL, PERI AÇU, PERIZINHO, PEROBA, PEROBA DE BAIXO, PEROBA DE CIMA, PERU, PIQUIA, PIRAPEMA, PONTA D'AREIA, PONTA SECA, PORTO DA CINZA, PORTO DE BAIXO, PORTO DE CABLOCO, PORTO DO BOI, PORTO DO BOI I, PORTO DO MEIO, PORTO NOVO, PRAIA DE BAIXO, PRAINHA,

	PRIMIRIM, QUIRIRITIUA, RAIMUNDO SUL, RAPOSA, RASGADO, RETIRO, RIO GRANDE I, RIO GRANDE II, RIO VERDE, SALINA, SAMUCANGAUA, SANTA BÁRBARA, SANTA HELENA, SANTA LUZIA, SANTA MARIA, SANTA RITA, SANTA RITA I, SANTA RITA II, SANTANA, SANTANA DOS CABLOCOS, SANTO INÁCIO, SANTO INÁCIO E CASTELO, SÃO BENEDITO I, SÃO BENEDITO II, SÃO BENEDITO III, SÃO FRANCISCO I, SÃO FRANCISCO II, SÃO JOÃO DE CORTES, SÃO JOSÉ, SÃO LOURENÇO, SÃO MAURÍCIO, SÃO PAULO, SÃO RAIMUNDO, SÃO RAIMUNDO II, SÃO RAIMUNDO III, SEGURADO, SÓ ASSIM, TACAUA I, TAPICUEM (ITAPECUEM), TAPIRANGA, TAPOLO, TAPUIO, TATUOCA, TATUROCA, TERRA MOLE, TERRA NOVA, TIJUCA, TIMBOTUBA, TIQUARAS II, TRAJANO, TRAPUCARA, TRAQUAI, TUBARÃO, TIMBOTUBA, VAI COM DEUS, VILA ITAPERAÍ, VILA MARANHENSE, VILA NOVA, ILHA DO CAJUAL, VILA NOVA I (VILA DO MEIO), VILA NOVA II, VISTA ALEGRE, ITAMATATIUA
ALDEIAS ALTAS	BOA VISTA, BODE DO LINDOSO, JOSÉ MARIA DOS ESPETOS, JOSÉ PEREIRA, LAGOA DO ARROZ, LAGOA VERMELHA, LARANJEIRA, SÃO DOMINGOS, VISTA ALEGRE
ALTO ALEGRE DO MARANHÃO	BOA HORA 3, MARMORANA, MARMORANA E BOA HORA 3, SÃO JOSÉ
AMPARO DO SERRA	ESTIVA
ANAJATUBA	BACABAL, BOM JARDIM, CAPINZAL, COCO, COPAÚBA, CUMBI, FLEXEIRA, LADEIRA, POVOADO QUEBRA, POVOADO RETIRO, QUELUZ, SÃO BENEDITO, SÃO JOSÉ DO JIPAU, SÃO PEDRO, SÃO ROQUE, TESO
APICUM-AÇU	ALTO ALEGRE, FAZENDA, LAGO, PONTA DA AREIA, POVOADO ITERERÉ
AXIXÁ	BURGOS, CENTRO GRANDE, IGUAPERIBA, MUNI-MIRIM, RIBEIRÃO, SANTA MARIA, SANTA ROSA, SÃO PASCAL
BACABAL	ALDEIA DO ONDINO, ALDEIAS, ALTO DA TABOCA, BARRACA DOS PRETOS, BATE-PÉ, BITUIA/ MATUCA, CAMPO REDONDO, CATUCÁ, ENGENHO, GUARACIABA, LIMEIRA, MATUCA, PIRATININGA, RUA NOVA, SANTANA DOS CABOCLOS, SANTO ANTÔNIO, SÃO BENTO, SÃO SEBASTIÃO DOS PRETOS, SECO DAS MULATAS, VILA NOVA SANTA DOS PRETOS
BACABEIRA	SÃO RAIMUNDO NONATO

BACURI	ÁGUAS BELAS, BARREIRA, BATE-PÉ, BIRITITUIA/MUTATA, BITIUA, CAMPINHO, ESTIVA DE GADO, ESTRADA NOVA, FAZENDA, JURUPIRANGA, MATA, MITACA, PONTA SECA, SANTA ROSA, SÃO FÉLIX, SÃO SEBASTIÃO DOS PRETOS, VILA NOVA
BACURITUBA	BEIRA DE COSTA, CHAPADA DO BOQUEIRÃO, PRAZERES, SANTA MARIA, SEREJO, TUCUM
BARRA DO CORDA	BANDEIRA
BARREIRINHAS	DESCENDENTES DE TIMÓTEO, SANTA CRUZ, SANTA CRUZ I, SANTA CRUZ II
BEQUIMÃO	ARIQUIPÁ, BOA VISTA, CONCEIÇÃO, ITAMATATIUA, JURARAITA, MARAJÁ, PERICUMÃ, PONTAL, QUINDUIA, RAMAL DO QUINDUIA, RIO GRANDE, SANTA CRUZ II, SANTA FLOR, SANTA RITA, SANTA TEREZA, SUAÇUÍ, TIMBIRA
BOA VISTA DO GURUPI	BELA AURORA
BREJO	DEPÓSITO, ALTO BONITO, ÁRVORE VERDE/ESTREITO, ÁRVORES VERDES, BOA ESPERANÇA, BOA VISTA, BOCA DA MATA, BOM PRINCÍPIO, BREJO, CRIULLS, DATA ARRAIAL, ESCALVADOS, FAVEIRA, FORQUILHA, FUNIL, GUARIMÃ, MATO DE CIMA, MILAGRES, PICADA CRIOULLS, SACO DAS ALMAS, SANTA ALICE, SANTA TERESA, SUCURIJU, TIMBARA, VILA CRIOLLS, VILA DAS ALMAS
BURITI	PITOMBEIRA, SANTA CRUZ, SÃO JOSÉ
BURITI DE INÁCIA VAZ	ÁGUA ESCURA, BACABAL, BOM JESUS, CARMINA, MACAMBIRA, MOCAMBINHO, NEGROS DA PICADA, PEDRA LADEIRA, PIMENTA, SANTA CRUZ DOS PRETOS, SANTA MARIA, TABOCA, VILA CRIOLLS
CAJAPIÓ	CRAVO, PICADA, PONTA DO MANGUE, PUÇÃO, SÃO LOURENÇO
CAJARI	BELA VISTA, BOLONHA, CAJARINHO, CAMAPUTIUA, CARMELINA, CLARÃO, ENSEADA GRANDE, ENSEADA GRANDE I, ENSEADA GRANDE II, FLECHAL, FLORES, MEIA GRANDE, MOCORONGA, SANTA MARIA, SANTA SEVERA, SÃO JOSÉ, SÃO LUÍS, SÃO MIGUEL DOS CORREIAS, TABOCA, ZÉ MARIA
CÂNDIDO MENDES	BOM JESUS DOS PRETOS, CAMAPUTIUA, SANTA IZABEL, SÃO BENEDITO
CANTANHEDE	BACURI DOS PIRES, PONTA DA GUIA, TABULEIRO,
CAPINZAL DO NORTE	FUNDAMENTO, INGARANA, IPIRANGA, MATINHA, PITORÓ DOS PRETOS, RETIRO II, SANTA CRUZ (ANTIGA SANTA RITA), SANTA EULÁLIA, SANTO ANTÔNIO

CAXIAS	BELEZA, BOM JESUS, BREJO DE SÃO FÉLIX, CANA BRAVA DAS MOÇAS, CIPÓ, CONCEIÇÃO (MOCAMBO), JACAREZINHO, JENIPAPO, JUÇARAL, LAVRAS, MANDACARU DOS PRETOS, MIMOSO, NAZARÉ, OLHO D'ÁGUA DO RAPOSO, QUILOMBO, SANTANA VELHA, SANTO ANTÔNIO, SANTO ANTÔNIO DAS MANDINGAS, SÃO FÉLIX, SOLEDADE, TRABALHOSA, USINA VELHA, VOLTA REDONDA
CEDRAL	ANA JANSEN, ANAJÁ, CANAVIAL, CARNAVAL, ENGOLE, ITAJUBA, JAPÃO, MARANHÃO NOVO, MATA, MATEUS, MIGOLA, MONTE CRISTO, PERICARI, SANTO ANTÔNIO, SÃO BENEDITO, SÃO SEBASTIÃO, USINA VELHA
CENTRAL DO MARANHÃO	ANGELIM, BAIXO SECO, BELA VISTA, BELEZA, BOA VISTA, BOM BICHO, CAMINHO GRANDE, ESTIVA DOS IRMÃOS, ESTIVA II, ESTIVA II E ADJACENTES (BELEZA), ILHA MUSSUA, JERUSALÉM, JOÃO COCO, JUCARAL, MANGUEIRA, MARAJÁ, MONTE CARMO, MONTE CASEIRO, MONTE CRISTO, MORADA NOVA, MUSSUM, NANÃ, PIQUIZEIRO, RIO DOS PEIXES, SANTA EULÁLIA, SANTA ROSA, SÃO BENEDITO, SÃO JOÃO, SÃO JOSÉ DO LUGAR, SÃO JOSÉ DOS CARDOSOS, SÃO MIGUEL, SÃO SEBASTIÃO, TIGUARA, URUGUAIANA
CHAPADINHA	BARRO VERMELHO, BOA HORA, BOM FIM, CAMPESTRE, CARNAUBAL, CENTRO DOS PRETOS, CHICO DIAS, CURRALINHO, CUZINHO, DESTINO, ESTRELA, JOÃO INÁCIO, JUCARAL, LAGOA AMARELA, MATA DA COTICODA, PITOMBA, POÇO DE PEDRAS, PRATA DOS QUIRINOS, RIACHO GRANDE, SANTA MARIA DO Ó, TABULEIRO DOS PRETOS, URUGUAIANA
CODÓ	ALEGRE (DATA BOQUEIRÃO), AXIXÁ, BARRO VERMELHO, BOA ESPERANÇA, BOA VISTA, BOA VISTA DOS BRANDÃO, BOM JESUS, BOQUEIRÃO DOS SALAZAR, BOQUEIRÃO DOS VIEIRAS, BURITI CORRENTE, CENTRO DO EXPEDITO, CIPOAL DOS PRETOS, CONCEIÇÃO DO SALAZAR, EIRA DOS COQUEIROS, EIRA DOS PRETOS, GALILEIA, LAGO GRANDE, LAGOA AMARELA, LAGOA DOS NOVAES, LAGOA GRANDE, MANCAL, MATA VIRGEM, MATÕES DA RITA, MATÕES DOS MOREIRA, MIRINDIGAL, MOCORONGO, MONTE CRISTO, MONTE CRISTO E MATUZINHO, NAZARÉ, NOVA VILA, OLHO D'ÁGUA, PACOVAL/ RUMO E REGIÕES, PITORO DOS PRETOS, PORTO, PRECATEIRA, RESFRIADO, RETIRO, RIACHO SECO, SANTA JOANA, SANTA MARIA DOS MOREIRAS, SANTA RITA DOS MATÕES, SANTA VELHA, SANTANA VELHA, SANTO ANTÔNIO DOS LOPES, SANTO ANTÔNIO DOS PRETOS, SÃO BENEDITO DO BARRO, SÃO BENEDITO DOS COLORADOS, SÃO BENEDITO DOS ELIAS, SÃO BENEDITO DOS TRINDADES, SÃO JOSÉ, SÃO JOSÉ DO SATU, TODOS-OS-SANTOS, TUCUNAEIRA, VERDE NEGRO

COELHO NETO	BAHIA, BARRO VERMELHO, BASTIÃO, BATIÃO, CALUMBÉ, CANOA, CENTRO DO GROTÃO, COCAL, CRUZ, ENCANTADO, ESCONDIDO, MACACO BRANCO E BOM JARDIM, MATO APASTO, NEGRA DOS MORADORES, QUATIS, REFÚGIO, SANTA MARIA DE CIMA, SÃO DOMINGOS, SÃO JORGE (UMBANDA), SÃO PEDRO, SAPUCAIA, SELVA, TABOCA, TABOCA DOS LEAL
COLINAS	CACHOEIRA DOS MORROS, CAMBIRIMBA, JAGUARANA, JAQUARANA, PEIXES, TABOCA DO BELÉM
COROATÁ	SÃO FRANCISCO
CURURUPU	ALIANÇA, ALTO BRASIL, BAIACUI, BAIANO, BELO HORIZONTE, BOA ESPERANÇA, BOA VISTA, BOM JESUS, BREJINHO, CAMINHO NOVO, CANALATIUNA, CEDRO, CONDURU, CURRAL GRANDE, ENTRE RIOS, FORTALEZA, FORTALEZA DOS PRETOS, GUARIMÃ, JABAQUARA, MATA SÃO BENEDITO, MONTE ALEGRE, MORADA NOVA, MUMANA, NOSSA SENHORA DOS PRETOS, OITEIRO, PEDRAS, PERITO RIO DOS PRETOS, PERU, PIMENTA, PONTA SECA, PRATA, ROSÁRIO, RUMO, RURAL DO ACRE, SANTA JOANA, SANTA MARIA, SANTA RITA, SANTA RITA DOS PINTOS, SANTO ANTÔNIO, SANTO ANTÔNIO DOS CABOCLOS, SANTO INÁCIO, SÃO BENEDITO, SÃO JOSÉ DO SATU, VILA PITOMBEIRA
FERNANDO FALCÃO	SÍTIO DOS ARRUDAS
GOVERNADOR EUGÊNIO BARROS	SÃO PAULO DOS PRETOS, VILA PITOMBEIRA
GRAJAÚ	SANTO ANTÔNIO DOS PRETOS
GUIMARÃES	BELA ALEGRIA, CARATIUA, COROATÁ, CUMUM, DAMÁSIO, GENIPAPO, GUARIMANDIUA, ITAPECURU, JANDIRITIUA, JESUS DE NAZARÉ, JUTAIZAL, LAGO DO SAPATEIRO, MACAJUBAL, MATA, MONTE ALEGRE, PORTO DAS CABECEIRAS, PORTO DE BAIXO, POVOADO DE GUARIMANDIUA, SANTA LUZIA, SANTA MARIA, SANTA RITA DOS CARDOSOS, SÃO BENEDITO DE CARATIUA, SÃO JOSÉ, SÃO JOSÉ DOS PRETOS, SÃO PAULO DOS PRETOS, SÃO VICENTE, SUMIDOURO
HUMBERTO DE CAMPOS	BAIACUI, CACHOEIRA, FREIXEIRA, JATOBÁ I, JATOBÁ II, JATOBÁ III, MUTUNS, PERIÁ, RAMPA, SÃO JOSÉ DOS PRETOS
ICATU	ANANÁS, AXIXÁ, BAIACUI, BOA VISTA DOS MORADAS, BOCA DA MATA, JACARAÍ DOS PRETOS, JACAREÍ, JATOBÁ, JUCÁ, MATA, OLHO D'ÁGUA, PAPAGAIO, POVOADO BATALHA, POVOADO BOCA DA MATA, POVOADO BOM SUCESSO, POVOADO CENTRO VELHO, REGIÃO DA FAZENDA, RIBEIRA, SANTA MARIA, SANTO ANTÔNIO DOS CABOCLOS, UNIÃO DOS MORADORES DO POVOADO DE RETIRO, VISTA ALEGRE

IGARAPÉ DO MEIO	BACURI DOS PRETOS I, BACURI DOS PRETOS II, BACURI DOS PRETOS III, GOIABA, RETIRO DOS PRETOS, BAIACUTI, MANDI DOS PRETOS
IMPERATRIZ	BURITIRAMA, MANDI DOS PRETOS
ITAPECURU-MIRIM	ABANAFOGO, BARRIGUDA, BEBEDOURO, BENFICA, BOQUEIRÃO, BRASILINA, BURAGI, BURITIRAMA, CADURU, CANTA GALO, CIPÓ DOS CAMBRAIS, CONCEIÇÃO, CONCEIÇÃO DO SALAZAR, CONTENDAS, CURITIBA, DATA INVERNADA, DOIS MIL, EIRA DOS QUEIRÓS, FANDANGO, FELIPA, FINCA PÉ, FLECHEIRA, IPIRANGA DA CARMINA, JABUTI QUEBRADO, JACARÉ, JAMARY DOS PRETOS, JAVI, JUSSARAL, LEITE I, LEITE II, MANDACARU DOS PRETOS, MANDIOCA, MANGAL, MARIM, MATA DE SÃO BENEDITO I, MATA DE SÃO BENEDITO, MATA DO IPIRANGA, MATA FREXEIRA, MATA III, MIRIM, MIRIM E CURITIBA, MOCAMBO, MOCAMBO I, MONGE BELO, MONTE LINDO II, MOREIRA, MORRO GRANDE, MORROS, NOSSA SENHORA APARECIDA, OITEIRO DOS NOGUEIRAS, OITEIRO DOS PRETOS, PEDRINHAS, PIQUI (SANTA MARIA DOS PRETOS), PIRANGA DA CARMINA, PIRINA, PITORO DOS PRETOS, POVOADO BENFICA, POVOADO JAVI, POVOADO DA MATA III, RIBEIRO, SANTA BENEDITA DO BARRO, SANTA HELENA, SANTA ISABEL, SANTA JOANA, SANTA MARIA, SANTA MARIA DOS PINHEIROS, SANTA MARIA DOS PRETOS, SANTA RITA, SANTA RITA DOS GOUVEIAS, SANTA ROSA, SANTA ROSA DO BARÃO, SANTA ROSA DOS PRETOS, SANTA ROSA, SANTANA DOS PRETOS, SANTANA SÃO PATRÍCIO, SÃO BENTO, SÃO JOÃO DO CARU, SÃO PEDRO, SÃO SEBASTIÃO, SATUBINHA, TINGIDOR, VARGEM GRANDE, VISTA ALEGRE, YPIRANGA DA CARMINA
LIMA CAMPOS	BARRIGUDA, BODE, BOM JESUS, BOM JESUS DOS PRETOS, CENTRINHO, CENTRO DO JOÃO FÉLIX, FEDEGOS, JUREMA, LAGO DO SALVADOR, MATINHA, MORADA NOVA, NOVA LUZ, OLINDA, OLIVEIRA, PONTE, QUETO, ROCINHA, RODE, SALVADOR, SANTA MARIA DOS MAGALHÃES, SANTO ANTÔNIO DAS SARDINHAS, SÃO BENEDITO, SÃO DOMINGOS, SÃO FRANCISCO DO BAIXÃO, SUPAPINHO, VALE DO PARAÍSO, VARGEM GRANDE
MAGALHÃES DE ALMEIDA	FÉRIAS, SÃO JOÃO, VAZANTINA

MATA ROMA	ANAJÁS, ANANIAS, AQUADELUPE, AREAL, BAIRRO JOSÉ, BANDEIRA, BARRA DO CABURÉ, BARRA DO RIACHÃO, BOA RAZÃO, BOM JARDIM, BOM SUCESSO DOS NEGROS, BOQUEIRÃO DO GADO, CABECEIRA, CABURÉ, CAJUEIRO I, CAJUEIRO II, CARIDADE, CARNAÚBA, CENTRO DO JONAS, CENTRO DOS JERÔNIMOS, CIDADE NOVA, CLARIDADE, DOURO, GUADALUPE, JACUÍ, MATA ALTA, MATA DO BRIGADEIRO, MORADA NOVA, MORCEGO, MUCUIM, MURICI, OLHO D'ÁGUA, ONÇA, PEREIRA, PRIMEIROS CAMPOS, RIACHÃO, SANTA ROMA, SETE GALHOS, TRÊS MULHERES, TUCUNOS, VILA PALMEIRA
MATINHA	AZEVEDO, CARANGUEJO, ENSEADA GRANDE, GUADALUPE, JOÃO LUÍS, MONTE CRISTO, OLHOS D'ÁGUA, PREGUIÇA, SANTA MARIA, SANTA MARIA DOS FURTADOS, SANTA RITA, SANTA VITÓRIA, SÃO FRANCISCO, TANQUE DE VALENÇA
MATÕES	MANDACARU DOS PRETOS
MATÕES DO NORTE	CAMPESTRE, COIVARAS, IGARAPÉ GRANDE, SANTO ANTÔNIO
MIRANDA DO NORTE	JOAQUIM MARIA, LADEIRA, SANTA JOAQUINA
MIRINZAL	ACHUÍ, ALIANÇA, ANGELIM, ARANHA, BAHIA, BARRA, BELA VISTA, BOA VISTA, BOM DE VIVER, BOM VIVER, BRASÍLIA, COLÔNIA, CURRUPIRA, CUTIA, DESERTO, ENGENHO, ESTIVA DOS MAFRAS, FRECHAL, GRAÇA DE DEUS, GURITIL, MAIABI, MAXIXE, MONTE CRISTO, MUNDENGO, NOVA ESPERANÇA, PARAÍSO, PORTO, RETIRO, RIO DA AREIA, RIO DO CURRAL, RIO DOS CURRAIS, ROLA, RUMO, SANTA DOS PRAZERES, SANTA JOANA, SANTA JOAQUINA, SANTA TERESA, SANTANA DOS PRAZERES, SANTIAGO, SÃO ROQUE, SÃO SEBASTIÃO, URU, URUGUAIANA
MONÇÃO	CASTELO, JUTAÍ, MATA BOI, OUTEIRO, RAPOSO, SEBASTIÃO
MORROS	CACHOEIRA DOS MORROS
NINA RODRIGUES	ALIANÇA, AMAPÁ DOS CATARINOS, AMAPÁ DOS LUCINDOS, ASSENTAMENTO BALAIADA, BOA ESPERANÇA, BURITI, CACHOEIRINHA, CAMPESTRE, CAMPINHO, IGUARÁ, ILHA, LAGOINHA, MORADA NOVA, MORROS, PIRANHA, PIRINA I, RETIRO, SANTA ISABEL, SANTA RITA, SANTANA, SÃO JOSÉ DOS PRETOS
NOVA OLINDA DO MARANHÃO	AMAPÁ DOS CATARINOS, AROUCHAS, CURVA DA MANGUEIRA, ITAPARICA, OLHO D'ÁGUA, TREZE DE MAIO
OLINDA NOVA DO MARANHÃO	CALDO QUENTE, OLHO D'ÁGUA, TREZE DE MAIO, SÃO BENEDITO DOS CARNEIROS

PALMEIRÂNDIA	CRUZEIRO, ILHA TERCEIRA, POVOADO RETIRO II, RUMO, SANTA EULÁLIA, ENSEADA DOS NOGUEIRAS, MARMORANA, OLHO D'ÁGUA, SÃO LUÍS GONZAGA, VILA NOVA
PARNARAMA	BREJO DE SÃO FÉLIX, LAGOA DO CAMINHO, TIMÓTEO, ZINK
PAULINO NEVES	CANTO DO LAGO
PEDREIRAS	CENTRO DO MEIO, GAMELEIRA, LAGO DA ONÇA, SÃO DOMINGOS, SAUDADE
PEDRO DO ROSÁRIO	ÁREA COMUNITARIA, BOA FÉ, BORNÉU, CABEÇA BRANCA/ IMBIRAL, ENVIRAL, IMBIRAL/ CABEÇA BRANCA, RIO DAS LAGES, SANTO INÁCIO, SÃO JOÃO DOS CAMPOS, VILAS NOVA
PENALVA	ALTO BONITO, ARAÇATUBA, AREAL, ASSOCIAÇÃO DAS QUEBRADEIRAS DE COCO BABAÇU DO BAIRRO NOVO E ADJACÊNCIAS, ASSOCIAÇÃO DE MORADORES DEUS NOS CHAMA COM AMOR, ASSOCIAÇÃO DOS PEQUENOS PRODUTORES RURAIS DEUS É AMOR POVOADO CENTRO D, BAIRRO NOVO, BENDITO LEITE, BOA ESPERANÇA, BOA VONTADE, BOM QUE DÓI, CAMINHO NOVO, CANARANA, CANDURU, CAPIM FINO, CAPOEIRA, CARANANA (MONTE CRISTO), CENTRO MEIO, CENTRO MEIO I, CENTRO MEIO II, CONCEIÇÃO, CONCEIÇÃO DA BOA VONTADE, CONDURU, CUTIAS, GAPO, GOIABAL, IPIRANGA, JARAGUAIA, LAGOA-MIRIM, LARAGUAIA, LUDOVICO, MARACASSUMÉ, MONTE CRISTO, MUNIZ, OITEIRO, OLHO D'ÁGUA, ORIENTE, PICARRA, PICARREIRA, PIRRACEIRA, PONTA DO CURRAL, PONTA GROSSA, RICOA, SANTA RITA, SANTA ROSA, SANTO ANTÔNIO, SÃO BENEDITO, SÃO BRÁS, SÃO JOAQUIM, SÃO JOAQUINZINHO, SÃO JOSÉ, SÃO RAIMUNDO, SAUVEIRO (PROTEÇÃO DE SÃO GONÇALO), TABARÉU, TERRA DOS ÍNDIOS, TIBIRI, VILA BENEDITO LEITE
PERI-MIRIM	CAPOEIRA GRANDE, CURITIBA, IGARAPÉ-AÇU, INHAMBI, MALHADA DOS PRETOS, PEDRINHAS, RIO DA PRATA, SANTA CRUZ, SÃO DOMINGOS, SÃO LOURENÇO, TERRA DOS ÍNDIOS, TIJUCA
PERITORO	CONCEIÇÃO SALAZAR, EIRA DOS COQUEIROS, LAGO GRANDE, MATÕES DA RITA, PERITO DOS PRETOS, PITORO DOS PRETOS, RESFRIADO, SÃO BENEDITO DO ELCIAS, SÃO BENEDITO DOS BARROS, SÃO BENTO DO JUVENAL, SOSSEGO, TIQUIRI
PINDARÉ-MIRIM	BORGEA, LAJES, MONTE CRISTO, MORADA NOVA, SANTA HELENA, SANTA RITA
PINHEIRO	ALTAMIRA, CUBA, OITEIRO, QUEIMADA DE JOÃO, RIBEIRÃO DO SÍTIO, RIO DOS PEIXES, RUMO DOS ABREU, RUMO DOS AMARAL, SANTA RITA DOS PRETOS, SANTANA DOS PRETOS, SÃO LUIS GONZAGA, TIJUCA, BOA VISTA, ESPÍRITO SANTO, LACRAL

PIRAPEMAS	ALDEIA VELHA, ANAJÁ, BAGACEIRA, BARRIGUDA, SÃO BARTOLOMEU
PORTO RICO DO MARANHÃO	ALTAMIRA, ANAJÁ, BELO HORIZONTE, BOM JESUS, CUMARU, ENGENHO DO LAGO, ESTIVINHA, JUSSARAL/ SANTA HELENA, JUSSARAL DOS PRETOS, REMANSO, SANTA MARIA, SÃO JOSÉ, SÃO JOSÉ FOGOSO, SÃO SIMÃO, SUMAÚMA, URU
PRESIDENTE JUSCELINO	ANDIROBAL, BACABAL, BARROS, BOA VISTA DOS COUTOS, BOA VISTA DOS PINTOS, BOM FIM, CAFEZAL, CARRO QUEBRADO, CASTELO, EXTREMOS, FOLHAL, JUCARAL DOS PRETOS, MIRINZAL, PINGUI, PIQUI, PRESIDENTE JUSCELINO, QUEBRA-FOICE, RIACHÃO II, SANGRADOR, SÃO BENEDITO, SÃO JOSÉ, SÃO LOURENÇO, SÃO RAIMUNDO, SUMAÚMA, VILA NOVA DO BONFIM
PRESIDENTE SARNEY	BEBE FUMO, BEM POSTA, CAMPINA VERDE, COCAL, JERICÓ, MATA DO BRITO, PIRINA (PASSA BEM E CENTRINHO), QUATRO BOCAS, SANTA MARIA, SANTA RITA, SANTA RITA DOS PRETOS, SÃO FELIPE
PRESIDENTE VARGAS	BOA HORA, BOA HORA DO PULUCA, BOA HORA I, BOM JARDIM DA BEIRA, BOM JARDIM E DADO FIGUEIREDO, BOM JARDIM I, BOM JARDIM II, CAIRANA, CAJAZAL, CAVIANA, , CIGANA GRANDE, ESTIVA DOS CODOS, ESTIVA DOS COTO, FINCA-PÉ DE ANA ROXA, FILOMENA, FINCAPÉ, FINCAPÉ I, LAGOA GRANDE, LAJEADO, MANGUEIRA, PORÇÃO, PUÇÃO, SANTA FILOMENA, SÃO RAIMUNDO, SAPUCAIAL, SOROROCA
PRIMEIRA CRUZ	SANTO ANTÔNIO DOS PRETOS
ROSÁRIO	BOA VISTA, BOA VISTA DOS BRANDÃO, FINCAPÉ, GRAJAÚ, HUMAITÁ DE CIMA, IGARUÇU, JUÇARAL DOS CANJEABRE, JUÇARAL DOS PRETOS, MIRANDA, NAMBUAÇU DE BAIXO, PAISSANDU, PIQUIZEIRO, PIRANGA, PIRANGI, POVOADOS DE PAISSANDU E REFORMA, REFORMA, SÃO LUIS, SÃO MIGUEL, SÃO SIMÃO, SÍTIO VELHO
SANTA HELENA	ARMÍDIOS, CAJUS, MOCAMBO DOS PRETOS, MUNDICO, OLHO D'ÁGUA, PAU POMBO, POMBAL, PONTA D'AREIA DE SÃO BENTO, RIO DOS PEIXES, RIO DOS PRETOS, SANTA MARIA, SANTA RITA, SÃO BENEDITO DOS PRETOS, SÃO BENTO, SÃO JOAQUIM, SÃO ROQUE, VIDAL, VIVO, CHAPADINHA, JANAUBEIRA, MUNDIGO, PONTA D'AREIA DE SÃO BENTO, SÃO BENTO, SÃO JOSÉ E SÃO RAIMUNDO, SÃO ROQUE E SANTA SEVERA

SANTA QUITÉRIA DO MARANHÃO	CANA BRAVA, CARUARAS, BACURI, CANTO D'ÁGUA, FAZENDINHA, MATA CARUARA, RODEADOR
SANTA RITA	ALTO DA PEDRA, AREIAS, CARIONGO, CENTRO DOS VIOLAS, GUARAPIRANGA, ILHA DAS PEDRAS, JIQUIRI, MACAJUBA, NOSSA SENHORA DA CONCEIÇÃO, PEDREIRAS, POVOADO DE SANTA LUZIA, POVOADO PEDREIRAS, RECURSO, SANTA FILOMENA, SANTA LUZIA, SANTA MARIA, SANTA RITA DO VALE, SANTANA, SÃO JOSÉ FOGOSO, SÃO RAIMUNDO, SÍTIO DO MEIO, VILA FÉ EM DEUS
SANTANA DO MARANHÃO	DESCENDENTES DE TIMÓTEO, SECO DAS MULATAS
SÃO BENEDITO DO RIO PRETO	AREIA, PICOS, SÃO DOMINGOS
SÃO BENTO	BELAS ÁGUAS, GUARAPIRANGA, GURUPIRANGA, IGUARAPIRANGA, IMACULADA CONCEIÇÃO, MACAJUBAL, PORTEIRA DOS MACACOS, SANTA RITA DO VALE, SÃO JERÔNIMO, SÃO JOSÉ FOGOSO, SÍTIO DO MEIO
SÃO BENTO DO RIO PRETO	AREIA
SÃO BERNARDO	JUÁ, PARAÍSO, SANTA MARIA
SÃO JOÃO DO SOTER	BOA ESPERANÇA, CANAÃ, CIPÓ, CIPÓ DOS CAMBRAIS, CONCEIÇÃO (MOCAMBO), JACAREZINHO, MONTE CRISTO, MORADA NOVA, SÃO ZACARIAS, SÃO ZACARIAS II, VILA FÉ EM DEUS
SÃO JOSÉ DE RIBAMAR	JUSSATUBA
SÃO LUÍS	MARACANÃ
SÃO LUÍS GONZAGA DO MARANHÃO	BOA ESPERANÇA, BOA UNIÃO, BOA VISTA DOS FREITAS, BOM SOSSEGO, CANAÃ, CENTRO DOS RODRIGUES, CENTRO VELHO, CIPÓ, COHEB, FAZENDA CONCEIÇÃO, FAZENDA VELHA, JACAREZINHO, MONTE ALEGRE, MONTE CRISTO, MONTE VIDEL, OLHO D'ÁGUA DOS GRILOS, PEDRINHAS, POTO VELHO, POTOZINHO, PROMISSÃO, SANTA CRUZ, SANTA RITA, SANTA ROSA, SANTANA, SANTARÉM, SANTO ANTÔNIO DO COSTA, SÃO DOMINGOS DOS CASTROS, SÃO JOÃO DO JANSEM, SÃO PEDRO, CENTRO DOS CRUZ/ BELA VISTA, COTOZINHO, FAZENDA VELHA/ MONTE CRISTO, MATA BURROS/ SANTO ANTÔNIO DOS VIEIRAS, MORADA NOVA DEUSDETH, ORATÓRIO, POVOADO DE SANTARÉM, PROMISSÃO VELHA, SANTO ANTÔNIO DO COSTA/ VALE VERDE, SÃO DOMINGOS

SÃO VICENTE FERRER	ÁGUA LIMPA, ÁGUAS MORTAS, ANINGÁS, ARAPIRANGA, ASSENTAMENTO, ATERRO DE MARIA JUSTINA, BAIXA GRANDE, BOA ESPERANÇA, BOM LUGAR, BRASÍLIA, BUENOS AIRES, CAMINHO NOVO, CANTA GALO I, CANTA GALO II, CHARCO, OUTEIRO DE MARIA JUSTINA, DEUS BEM SABE, ENSEADA DE FREITAS, ENSEADA DO SODRÉ, ESTRANDADE MADUREIRA, FAZENDA FLORES, FAZENDA LUTÃO, FAZENDA TATU, FAZENDA TELES, FLORES/ FLORENÇA/ BOM LUGAR, ILHA D'ÁGUA, ILHA DOS MELÔNIOS, ILHA SÃO JOSÉ, ITABIQUARI, ITAPERA GRANDE, ITERÓ, JABOCAL, JUÇARA, JUÇARAL, LIMÃO, LUCIANA, OITEIRO DE MARIA JUSTINA, PACHORRA, PALACETE, PASCOAL, PASSOLHANDO, PAXIBAL, POLEIRO, QUILOMBOLA POVOADO SANTA ROSA, RIO DE PEIXE, ROSÁRIO, SANTA BÁRBARA, SANTA MARIA, SANTA ROSA, SANTO ANTÔNIO, SÃO BENEDITO, SÃO BERNARDO, SÃO MARCOS, SÃO PEDRO, SAPUCAIA, SOARES, SOLEDADE, TAPERA GRANDE, TAPOIO, TATU, TESO ALTO II, TORRON
SERRANO DO MARANHÃO	AÇUDE, ÁGUAS MORTAS, ARAPIRANGA, BOA ESPERANÇA, BOA ESPERANÇA DOS CAMPOS, BRASÍLIA, CABANIL, CEDRO, DEUS BEM SABE, FRECHAL DOS CAMPOS, ITENO, ITERÓ, LUCIANA, NAZARÉ, PALACETE, PASSOALHANDO, PAXIBAL, PONTA, RIO DE PEIXE, ROSÁRIO, SANTA FILOMENA, SANTA ROSA, SANTARÉM, SANTO ANTÔNIO, SÃO BENEDITO, SOLEDADE, VERA CRUZ, VISTA ALEGRE
TIMBIRAS	CAMPESTRE, FLORES, PACOVAL, SÃO JOAQUIM
TIMON	MONTEIRO
TURIAÇU	ÁGUAS MORTAS, ALTO DA ALEGRIA, BANTAS, BOA VISTA, BOCA DA MATA, BOTIQUIN, BRITO MUTA, CAJUAL, CAMPINA DOS ROXOS, CAMPO GRANDE, CANARINHO, CAPOEIRA DO GADO, CAPOEIRA DO GALO, CAPOEIRA GRANDE, CRUZEIRO, CUTIA, CUTIA/ BAIUNA, ESTRELA DIVINA, FAIXA DE SAPUCAIA, FORTALEZA, GENIPAPO, JAMARY DOS PRETOS, JANUBA, JUCÁ, LIMÃO, LIMOEIRO DOS PRETOS, MACABEIRA, MAXIXE, NOVA CAXIAS, NOVA ESPERANÇA, OITEIRO, PAXIBA, PEDRA LADEIRA, PILÕES, PINDOBAL DE FAMA, PORTO SANTO, QUILOMBO TAMARY, RAFAEL, SANTA BÁRBARA DOS MAFIAS, SANTA RITA, SANTA RITA DA CAPOEIRA GRANDE, SANTA RITA DOS BARROS, SANTANA DOS PRETOS, SÃO JOSÉ, SÃO JOSÉ DO BIRITA, SÃO JOSÉ DO BIRITA MUTA, SÃO JOSÉ DO POSTO, SÃO JOSÉ DO POSTO, SÃO ROMÃO, TAUÃ, TURILÂNDIA

TURILÂNDIA	PINDOBAL DE FAMA
URBANO SANTOS	BELÁGUA, PORTO VELHO
VARGEM GRANDE	ALTO ALEGRE, BACURI DOS PIRES, BELMONTE, BOI MANSO, CAETANA, CANTO DA CAPOEIRA, DESERTO, ESCONDIDO, FAZENDA ARARAS, MATO GROSSO, MOCAMBO, NOVA OLINDA, PEQUI DA RAMPA, POVOADO BELMONTE, RAMPA, SACO DO SALGOSO, SANTA MARIA, SANTA ROSA, SÃO BENEDITO, SÃO FRANCISCO MALAQUIAS, SÃO JOAQUIM, SÃO JOSÉ DOS BRITOS, SÃO ROQUE, TRINCHEIRA
VIANA	AGUIAR, BACURI DOS PIRES, BELA VISTA, CACOAL, CAJUEIRO, CANARANA, CAPOEIRA, CAPUAL, CARRO QUEBRADO, CARU, CENTRO DO AGUIAR, CENTRO DOS BATAS, ESPERANÇA, IPIRANGA, ITAGUARITENA, MELHORA, MUCAMBO, PEDRAS, PEDREIRAS, PONTE DE TÁBUA, PREQUEU, RAMPA, RICOA, RIO DOS PEIXES, SANTA ANINHA DO AGUIAR, SANTA ROSA, SANTO INÁCIO, SÃO CRISTÓVÃO, SÃO MANUEL II, SÃO MIGUEL, SÃO RAIMUNDO, SÃO ROQUE, TIMBÓ, VILA NOVA DE ANA DIAS
VITÓRIA DO MEARIM	BRAÇO COMPRIDO, LAGUINHO, MARAJÁ, PAIOL, SANTA ROSA, SANTARÉM, SÃO BENEDITO, SUAMAÚMA DO JAPÃO

MATO GROSSO DO SUL

MUNICÍPIO	COMUNIDADES
AQUIDAUNA	COMUNIDADE RURAL FURNAS DOS BAIANOS
BANDEIRANTES	COMUNIDADE RURAL BOA FORTUNA
BATAGUASSU	COMUNIDADE NEGRA KIMOMBATA, COMUNIDADE NEGRA RURAL SUL
BONITO	COMUNIDADE NEGRA ÁGUA DO RIO MIRANDA, COMUNIDADE NEGRA QUILOMBOLA RIBEIRINHA ÁGUA DE MIRANDA
CAMPO GRANDE	ASSOCIAÇÃO AFRO-INDÍGENA QUILOMBO JABAQUARA, CHÁCARA BURITI, COMUNIDADE DOS DESCENDENTES DE TIA EVA, COMUNIDADE FAMILIAR SÃO JOÃO BATISTA, COMUNIDADE NEGRA RURAL QUILOMBOLA "CHÁCARA BURITI", COMUNIDADE NEGRA SÃO JOÃO BATISTA, EVA MARIA DE JESUS TIA EVA (VILA SÃO BENEDITO)
CORGUINHO	BOA SORTE, FURNAS DA BOA SORTE

CORUMBÁ	COMUNIDADE CABECEIRA PRETA, COMUNIDADE COLÔNIA SÃO DOMINGOS, COMUNIDADE NEGRA FAMÍLIA CAMPOS E CORREA, COMUNIDADE NEGRA BEIRA RIO/ FAMÍLIA DELGADO, COMUNIDADE NEGRA DO BAIRRO MARIA LEITE/ FAMÍLIA CEZÁRIA DOS SANTOS, COMUNIDADE NEGRA FAMÍLIA LEITE PEREIRA, COMUNIDADE NEGRA FAMÍLIA RODRIGUES, COMUNIDADE NEGRA FAMÍLIA SILVA, FAMÍLIA OSÓRIO, MARIA TEODORA, RIBEIRINHA FAMÍLIA OSÓRIO
DOURADOS	ASSOCIAÇÃO RURAL QUILOMBOLA DESIDÉRIO FELIPE DE OLIVEIRA/ PICADINHA
FIGUEIRÃO	ASSOCIAÇÃO DE MORADORES E PEQUENOS PRODUTORES RURAIS DE SANTA TEREZA/ FAMÍLIA MALAQUIAS, SANTA TEREZA
JARAGUARI	ASSOCIAÇÃO DOS PEQUENOS PRODUTORES DE FURNAS DOS DIONÍSIOS, FURNAS DO DIONÍSIO
MARACAJU	ASSOCIAÇÃO DA COMUNIDADE RURAL QUILOMBOLA DE SÃO MIGUEL, CABECEIRA PRETA, COLÔNIA SÃO MIGUEL, COMUNIDADE VISTA ALEGRE, SÃO MIGUEL
MIRANDA	COMUNIDADE RURAL CHÁCARA RECREIO
NIOAQUE	COMUNIDADE NEGRA ARAÚJO RIBEIRO, COMUNIDADE NEGRA FAMÍLIA CARDOSO, FAMÍLIA CARDOSO, RIBEIRINHA FAMÍLIA BULHÕES, RIBEIRINHOS FAMÍLIA ROMANO MARTINS DA CONCEIÇÃO
PARANAÍBA	COMUNIDADE NEGRA ALTO SANTANA, COMUNIDADE NEGRA TAMANDARÉ, COMUNIDADE NEGRA VILA RAIMUNLÂNDIA, CONGRESSO NACIONAL AFRO-BRASILEIRO
PEDRO GOMES	ASSOCIAÇÃO DOS REMANESCENTES DE QUILOMBOS QUINTINO ELIAS FRANCISCO, FAMÍLIA QUINTINO
RIO BRILHANTE	FAMÍLIA JARCEM
RIO NEGRO	COMUNIDADE NEGRA DE OUROLÂNDIA, OUROLÂNDIA
SONORA	FAMÍLIA BISPO
TERENOS	ASSOCIAÇÃO NEGRA RURAL QUILOMBOLA DOS DESCENDENTES DE TERTULIANO E CANUTO DOS PRETOS, COMUNIDADE DOS PRETOS

MATO GROSSO	
MUNICÍPIO	COMUNIDADES
ACORIZAL	ALDEIAS, BAÚS, DISTRITO DE ALDEIAS, DISTRITO DE BAÚS
BARRA DO BUGRES	BAIXIUS, BURITI FUNDO, CAMARINHA, DOTINGA, MORRO REDONDO, QUEIMADO, TINGA, VACA MORTA, VÃO GRANDE, VÃOZINHO, VERMELHINHO

CÁCERES	CHAPADINHA, EXU, PONTA DO MORRO, SANTANA, SÃO GONÇALO, TAQUARAL
CHAPADA DOS GUIMARÃES	ARIÇÁ-AÇU, BARRO PRETO, SERRA DO CAMBAMBI, CACHOEIRA DO BOM JARDIM, CANSANÇÃO, ITAMBÉ, LAGOINHA DE BAIXO, LAGOINHA DE CIMA, MATA GRANDE
COMODORO	JOAQUIM TELES, MUTUCA, PIOLHO, RIO GALERA
CUIABÁ	ABOLIÇÃO, AGUASSU, COXIPÓ-AÇU, SÃO GERÔNIMO
NOSSA SENHORA DO LIVRAMENTO	ÁGUA SUL (QUILOMBO MATA CAVALO), BARREIRO, CABECEIRA DO SANTANA, CAMPINA VERDE, CAPIM VERDE (QUILOMBO MATA CAVALO), ENTRADA DO BANANAL, FIGUEIRAL, JACARÉ DE CIMA (DOS PRETOS), MATA CAVALO, MATA CAVALO DE BAIXO (QUILOMBO MATA CAVALO), MATA CAVALO DE CIMA (QUILOMBO MATA CAVALO), PONTE DA ESTIVA/ OURINHOS, RIBEIRÃO DA MUTUCA (QUILOMBO MATA CAVALO), TATU
NOVA LACERDA	QUARITÉ, RIO PINDAIATUBA
POCONÉ	ARANHA, BOI DE CARRO, CAGADO, CAMPINA DE PEDRA, CAMPINA GRANDE II, CAMPINA II, CANGAS, CANTO DO AGOSTINHO, CAPÃO VERDE, CÉU AZUL, CHAFARIZ URUBAMA, CHUMBO, COITINHO, CURRALINHO, ESPINHAL, EXU, IMBÉ, JACARÉ, JEJUM, LARANJAL, MIRADOURO II, MONJOLO, MORRINHOS, MORRO CORTADO, PANTANALZINHO, PASSAGEM DE CARRO, PEDRA VIVA, RETIRO, RODEIO, SÃO BENEDITO, SETE PORCOS, TANQUE DO PADRE, TANQUE DO PADRE PINHAL, VARAL
PONTES E LACERDA	VILA GUAPORÉ (VILA DOS PRETOS)
PORTO ESTRELA	BOCAINA, VÃOZINHO/ VOLTINHA
SANTO ANTÔNIO DO LEVERGER	ÁGUA BRANCA, ARRUDA PINTO, BARRANCO ALTO I, BARRANCO ALTO II, MANQUINHO, MORRINHO, QUILOMBO, SANGRADOURO, SANTA CLARA, SÃO JOSÉ DA BOA VISTA/ CAPIM AGUAÇU, SÃO SEBASTIÃO/ PERDIÇAO, SERRANA, SESMARIA BIGORNA/ ESTIVA, VALO VERDE
VÁRZEA GRANDE	CAPÃO DO NEGRO CRISTO REI
VILA BELA DA SANTÍSSIMA TRINDADE	ACOREBELA, BELA COR, BOA SORTE, BOQUEIRÃO (VALE DO RIO GUAPORÉ/ PORTO BANANAL), CAPÃO DO NEGRO, MANGA, PORTO BANANAL, VALE DO ALEGRE "VALENTIM E MARTINHO", VÁRGEA SÃO JOSÉ, CASALVASCO, GUAPORÉ, RETIRO, RIO SACARÉ, TERESA DE BENGUELA, VALE BATE RETIRO, VALETIM MARTINS, VILA BELA, VISTA ALEGRE "VALENTIM E MARTINHO"

MINAS GERAIS	
MUNICÍPIO	COMUNIDADES
ABADIA DOS DOURADOS	DOURADOS
ALAGOA	BAIRRO QUILOMBO
ALÉM PARAIBA	CAXAMBU
ALMENARA	FARRANCHO, MAROBA, MAROBA DOS TEIXEIRAS
ALVORADA DE MINAS	ESCAVADINHA
ANGELÂNDIA	ALTO DOS BOIS, CÓRREGO DO ENGENHO E BARRA DO CAPÃO, FERNANDINHO E CANOA
ANTÔNIO CARLOS	CACHOEIRINHA
ANTÔNIO DIAS	BARRO PRETO, BAÚ, INDAIÁ
ARAÇUAÍ	ARRAIAL, ARRAIAL DOS CRIOULOS, BAIRRO ARRAIAL, BAMBUS, BAÚ, CÓRREGO DO NARCISO DO MEIO, PÉ DE SERRA, SAPÉ, TESOURA
ARINOS	MORRINHOS
ATALEIA	FERREIRÃO, PAULOS, SALINEIROS
BAIXA FUNDA	URUCUIA
BARBACENA	CONTENDA
BELO HORIZONTE	CABULA, LUIZES, MANGUEIRAS, MANZO NGUNZO KAIANGO
BELO ORIENTE	CÓRREGO GRANDE E CORGUINHO, FAZENDA ESPERANÇA
BELO VALE	BOA MORTE, CHACRINHA, CHACRINHA DOS PRETOS
BERILO	ÁGUA LIMPA DE BAIXO, ÁGUA LIMPA DE CIMA, ALTO CAITETU, BARRO, BOM JARDIM, BREJO, CAITETU, CAITETU DE BAIXO, CAITETU DO MEIO, CAPIVARI, ITACAMBIRA, JACU, JATOBÁ, MOCÓ, MOCÓ DOS PRETOS, MORRO DO BUTECO, MUNIZ, POVO, QUILOMBOLA (QUILHOMBOLA), QUILOMBOLAS, RELÂMPAGO, VAI LAVANDO, VILA SANTO ISIDORO
BIAS FORTES	COLÔNIA DO PAIOL (ZONA DA MATA)
BOCAIUVA	BORA, PEIXOTO, SENHORINHA DOS SANTOS
BOM DESPACHO	BOM DESPACHO, CARRAPATOS DA TABATINGA, QUENTA SOL, TABATINGA
BOM SUCESSO	CARRAPATO
BONITO DE MINAS	BURITI DAS MULATAS, CAMPO REDONDO, ILHA DO RETIRO, ILHA VALERINHO, LAPINHA, RESSACA, TAMBORIL, TAPERA
BRASILÂNDIA DE MINAS	PORTO ANTÔNIA

BRASÍLIA DE MINAS	CERCADO, PARACATU
BRUMADINHO	COLÉGIO, CÓRREGO DO FEIJÃO, MARINHOS E RODRIGUES, RIBEIRÃO, SAPÉ
CACHOEIRA DA PRATA	ARIRANHA
CAETÉ	FELIPE
CANDEIAS	FURTADO
CANTAGALO	SÃO FÉLIX
CAPELINHA	CISQUEIRO, GALEGO, SANTO ANTÔNIO DO FALADO, SANTO ANTÔNIO DOS MOREIRAS, VENDINHA
CAPINÓPOLIS	FAMÍLIA TEODORO, FAZENDA SERTÃOZINHO
CAPITÃO ENEIAS	BARREIRO GRANDE
CARLOS CHAGAS	ÁGUA SUJA, COMUNIDADE DOS MARCOS, CÓRREGO PALMEIRINHA, MARQUES, MARQUES I, MARQUES II.
CATUTI	COMUNIDADE GORUTUBA, MARAVILHA, VILA SANTA RITA, GADO VELHACO (COMUNIDADE DOS GURUTUBANOS), MALHADA GRANDE (COMUNIDADE DOS GURUTUBANOS), SALINAS II (COMUNIDADE DOS GURUBATANOS)
CAXAMBU	CENTRO CAXAMBUENSE
CHAPADA DO NORTE	BOM JESUS, CHAPADA DO NORTE, CÓRREGO DE CUBA, CÓRREGO DO BURACÃO, CÓRREGO DO ROCHA, CÓRREGO DO TOLDA, CÓRREGO SANTA RITA, CRUZINHA, CUBA, FACEIRA, FERREIRA, GAMELA, GRAVATÁ, GRAVATÁ (QUEBRA-BATEIA), MISERICÓRDIA, MOÇA SANTA, PAIOL I, POÇÕES, PORTO DO ALVES, PORTO SERRANO, QUEBRA-BATEIA, RIBEIRÃO DA CACHOEIRA, RIBEIRÃO DA FOLHA, SAMAMBAIA, VALE DO JEQUITINHONHA, VALE DOS PAPUDOS, VILA MOÇA SANTA
CHAPADA GAÚCHA	BARRA VERMELHA, BARRO VERMELHO, BURACOS, BURAQUINHOS, CAJUEIRO, PRANTA, RETIRO DOS BOIS, RIO DOS BOIS, SÃO FÉLIX, VEREDA D'ANTA.
CORDISBURGO	BARRINHOS, BARRO PRETO, LAGOA BONITA
COLUNA	FURTUOSO, VARJÃO, SUAÇUÍ, SUAÇUÍ E PITANGUEIRAS
CONCEIÇÃO DO MATO DENTRO	CANDEIAS, CONGONHAS DO NORTE, ITAPANHUACANGA, TAQUARIL, TRÊS BARRAS, BURACO, CUBAS
CONTAGEM	ARTUROS
CORAÇÃO DE JESUS	SÃO GERALDO
COROMANDEL	CHAPADÃO PAU PEDRA, PADRE LÁZARO

COUTO DE MAGALHÃES	CANJICAS
CRISÓLITA	DELÁDIO, BARREIRO, PAIOL
CRUCILÂNDIA	CORREIAS
CURRAL DE DENTRO	LARANJA
CURVELO	BAÚ, PASSAR DE PEDRA
DIAMANTINA	MATA DOS CRIOULOS, QUARTEL DE INDAIÁ, VARGEM DO INHAÍ
DIONÍSIO	BAÚ
DIVINO	SÃO PEDRO, SÃO PEDRO DE CIMA
DORES DE GUANHÃES	FAZENDA BOCAINA, FAZENDA DO BERTO, MACUCO, SÃO PEDRO
FELISBURGO	PARAGUAI, TANQUE
FERROS	MENDONÇA
FERVEDOURO	PARAÍSO
FORMOSO	FAMÍLIA COSTA BARBOSA, GENTIO, GRANDE SERTÃO, SÃO FRANCISCO/ GENTIO, SÃO FRANCISCO DO MATO GRANDE
FRANCISCO BADARÓ	ALTA PASSAGEM, MOCÓ, TOCOIÓS
FRANCISCO SÁ	POÇÕES
FREI LAGONEGRO	CÓRREGO DAS AREIAS
FRONTEIRA DOS VALES	NUNES, PREJUÍZO, VENTANIA
GAMELEIRAS	PACUÍ (COMUNIDADE DOS GURUTUBANOS)
GLAUCILÂNDIA	LARANJÃO
GOUVEIA	ESPINHO
GUANHÃES	MOINHO VELHO
GUIDOVAL	RIBEIRÃO PRETO
INDAIABIRA	BREJO GRANDE
ITABIRA	MORRO DE SANTO ANTÔNIO
ITAMARANDIBA	ASA BRANCA, CHICO ALVES, CAPOEIRA GRANDE, CÓRREGO FUNDO, GANGORRA, GASPAR, VENENO, SÃO GIL E SÃO GIL II, TABATINGA
ITAOBIM	ARRAIAL DO FARRANCHO, BAIRRO PALMEIRAS
ITAÚNA	CATUMBA DOS PRETOS
ITINGA	GENIPAPO PINTOS

JABOTICATUBAS	AÇUDE, AÇUDE CIPÓ, AÇUDE CIPÓ FLORISBELA, BERTO, MATO DO TIÇÃO
JAÍBA	BARROCA (POVOADO DOS GURUTUBANOS), CANUDOS (POVOADO DOS GURUTUBANOS), GUERRA, LAGOA DE BARRO (POVOADO DOS GURUTUBANOS), LAGOA DOS MÁRTIRES (COMUNIDADE DOS GURUTUBANOS), MATA DO TIÇÃO (POVOADO DOS GURUTUBANOS), PÉ DE LADEIRA (POVOADO DOS GURUTUBANOS), VILA JOÃO GARCIA (POVOADO DOS GURUTUBANOS), COMUNIDADE GORUTUBA
JANAÚBA	BEM VIVER DE VILA NOVA DAS PORÇÕES, AÇUDE (COMUNIDADE DOS GURUTUBANOS), BARROCA (POVOADO DOS GURUTUBANOS), BODOQUE (COMUNIDADE DOS GURUTUBANOS), GORGULHO (COMUNIDADE DOS GURUTUBANOS), GUERRA (COMUNIDADE DOS GURUTUBANOS), JACARÉ GRANDE (COMUNIDADE DOS GURUTUBANOS), LAGOA DE BARRO (COMUNIDADE DOS GURUTUBANOS), LAGOA DOS MÁRTIRES (COMUNIDADE DOS GURUTUBANOS), LOREANA (COMUNIDADE DOS GURUTUBANOS), MOCAMBINHO (COMUNIDADE DOS GURUTUBANOS), PACUÍ II (COMUNIDADE DOS GURUTUBANOS), SALINAS MARAVILHAS (COMUNIDADE DOS GURUTUBANOS), TÁBUA (COMUNIDADE DOS GURUTUBANOS), TAPERINHA II (COMUNIDADE DOS GURUTUBANOS), VILA SUDÁRIO (COMUNIDADE DOS GURUTUBANOS)
JANUÁRIA	ÁGUA VIVA, ARAÇÁ, BALAIEIRO, BREJO DO AMPARO, FAMÍLIA DOS CANELAS, FAZENDA PICOS, GAMELEIRA, ILHA DA CAPIVARA, OLHOS D'ÁGUA ESTIVA, PASTO DO CAVALO, QUEBRA GUIADA, QUILOMBO, RETIRO DOS BOIS, VALE PERUAÇU
JECEABA	BACANAL, MATO FÉLIX E CASINHAS, MACHADOS, SESMARIA E TARTÁRIA
JENIPAPO DE MINAS	CACHOEIRAS DO BOLAS, LAGOA GRANDE, MARTINS, SÃO JOSÉ DE BOLAS
JEQUERI	KAPUXA, SANTANA DO CAATINGA
JEQUITAÍ	BURITI DOS NEVES, LAGOA TRINDADE, QUILOMBO
JEQUITIBA	DOUTOR CAMPOLINA, LAGOA TRINDADE
JEQUITINHONHA	BAÚ, CRUZINHA, FARRANCHOS, KAPUXA, MOCÓ, MUMBUCA
JOAÍMA	BARREIRINHO, RURAL BARREIRINHO, TOCOIÓ
JOÃO PINHEIRO	SANTANA DA CAATINGA
LAGOA FORMOSA	CAMPO BONITO

LEME DO PRADO	FERREIRA, PORTO CORIS, PRAIA
LIMA DUARTE	PORTO CORIS
LUISLÂNDIA	JÚLIA MULATA
MACHADO	CONGADEIRO DO TIO CHICO
MANGA	BEBEDOURO, BREJO DE SÃO CAETANO, CALINDO, CAMPO REDONDO, ESPINHO, ILHA DE INGAZEIRA, ILHA DO RETIRO, ILHA VALERINHO, JUSTA I, JUSTA II, LAPINHA, MALHADINHA, PEDRA PRETA, PURIS, RESSACA, RIACHO DA CRUZ, TAMBORIL, TAPERA, VILA PRIMAVERA
MARIANA	VILA SANTA EFIGÊNIA E ADJACÊNCIAS
MARTINHO CAMPOS	AÇUDE RUIM, FAZENDA DO OLHO D'ÁGUA, MATA DO BARREIRO, MATO DO BARREIRO OU SACO
MATERLÂNDIA	BOA ESPERANÇA, BUFÃO, CÓRREGO DO BOTELHO, COSTAS E ROSEIRAS, SÃO DOMINGOS, TURVO DE CIMA E FIDÉLIS
MATEUS LEME	BAKISSO BANTO KASSANGE
MATIAS CARDOSO	LAPINHA, PORTO CORIS, PRAIA
MEDINA	ARREDOR
MINAS NOVAS	BEM POSTA, CABECEIRA DO RIBEIRÃO DA FOLHA, CABECEIRAS, CAPÃO DA TAQUARA, CAPOEIRINHA, CURRALINHO, GRAVATÁ, GRAVATÁ DE CIMA, MACUCO, MATA DOIS, NAGO, QUILOMBO, SANTIAGO, SÃO BENEDITO DO CAPIVARI, SÃO PEDRO DO ALAGADIÇO, TROVOADA, BEIRA DO FANADO ABAIXO, CÓRREGO DE MARIA PINTO
MIRABELA	BORA
MOEDA	COQUEIROS
MONJOLOS	RODEADOR
MONTE AZUL	GORUTUBA
MONTE CARMELO	ATALHOS, NOSSA SENHORA DO CARMO
MONTES CLAROS	BURACO REDONDO, MONTE ALTO
MONTEZUMA	VARGEM DAS SALINAS (FAZENDA SÃO BARTOLOMEU)
MORRO DO PILAR	SERRA DO CIPÓ
MUZAMBINHO	BARRA FUNDA, BREJO ALEGRE, MUZAMBINHO
NANUQUE	GUMERCINDO DOS PRETOS, VALE DO JEQUITINHONHA

NAZARENO	JAGUARA
NOVA ERA	COMUNIDADE DA LUZ
OLIVEIRA	SÃO DOMINGOS
ONÇA DE PITANGUI	RIO DO PEIXE
OURO PRETO	CHAPADA, LAVRAS NOVAS
OURO VERDE DE MINAS	ÁGUA LIMPA, ÁGUA PRETA, ÁGUA PRETA DE BAIXO, ÁGUA PRETA DE CIMA, ÁGUA PRETA DE CIMA, BARREIRINHO, COMUNIDADE NEGRA RURAL QUILOMBO, CÓRREGO CARNEIRO, CÓRREGO SANTA CRUZ, NEGRA RURAL DE QUILOMBOS, SANTA CRUZ, SANTA CRUZ, SANTA IFIGÊNIA
PAI PEDRO	COMUNIDADE GORUTUBA, SÃO DOMINGOS, BARRA DO PAUL (POVOADO DOS GURUTUBANOS), CALIFÓRNIA (POVOADO DOS GURUTUBANOS), LOREANA (POVOADO DOS GURUTUBANOS), PACUÍ II (POVOADO DOS GURUTUBANOS), PICADA (POVOADO DOS GURUTUBANOS), SALINAS I (POVOADO DOS GURUTUBANOS), SALINAS II (POVOADO DOS GURUTUBANOS), SALINAS III (POVOADO DOS GURUTUBANOS), SALINAS IV (POVOADO DOS GURUTUBANOS), SALINAS MARAVILHA (POVOADO DOS GURUTUBANOS), SALINAS V (POVOADO DOS GURUTUBANOS), SALINAS VI (POVOADO DOS GURUTUBANOS), TABUA (POVOADO DOS GURUTUBANOS), TAPERINHA (POVOADO DOS GURUTUBANOS), TAPERINHA I (POVOADO DOS GURUTUBANOS), VILA SANTA HELENA (POVOADO DOS GURUTUBANOS), VILA SANTA RITA (POVOADO DOS GURUTUBANOS), VILA SUDÁRIO (POVOADO DOS GURUTUBANOS)
PARACATU	BURITI DO COSTA, CERCADO, COMUNIDADE DA LAGOA, COMUNIDADE DOS AMORES, FAMÍLIA DOS AMAROS, INOCÊNCIO PEREIRA DE OLIVEIRA, MACHADINHO, PONTAL, SÃO DOMINGOS
PARAOPEBA	PATOLINHA, PONTINHA
PASSA TEMPO	CACHOEIRA DOS FORROS
PATROCÍNIO	CALUNGA
PEDRAS DE MARIA DA CRUZ	PALMEIRINHA
PEDRO LEOPOLDO	POVOADO PIMENTEL
PESCADOR	COMUNIDADE DOS FERREIRAS, FERREIRAS

PIMENTA	CACHOEIRA DO QUILOMBO
PIRACEMA	QUILOMBO, TATU
PIRANGA	BACALHAU, GUINÉ, SANTO ANTÔNIO DE PINHEIROS ALTOS, SANTO ANTÔNIO DO GUINÉ
PITANGUI	VELOSO
POMPEU	SACO BARREIRO
PONTE NOVA	ABRE CAMPO, BAIRRO DE FÁTIMA, BAÚ, FÁTIMA, SÃO PEDRO
PORTEIRINHA	BRUTIÁ, COMUNIDADE GORUTUBA, PAI PEDRO, AÇUDE (COMUNIDADE DOS GURUTUBANOS), GORGULHO (COMUNIDADE DOS GURUTUBANOS), MUMBUCA (COMUNIDADE DOS GURUTUBANOS)
PRESIDENTE JUSCELINO	CAIAMBOLA, CAPÃO
RAUL SOARES	COMUNIDADE DOS BERNARDOS
RESENDE COSTA	CURRALINHO DOS PAULAS
RESSAQUINHA	SANTO ANTÔNIO DO MORRO ALTO, SANTO ANTÔNIO DO MORRO GRANDE
RIACHO DOS MACHADOS	PEIXE BRAVO
RIO ESPERA	BURACO DO PAIOL, MOREIRAS
RIO PARDO DE MINAS	CATULÉ, FAZENDA CACHOEIRA
RIO PIRACICABA	CANANGUE
RIO POMBA	COELHOS
SABINÓPOLIS	CÓRREGO MESTRE, CÓRREGO SÃO DOMINGOS, MARITACA, QUILOMBO, SANTA BÁRBARA, BARRA, SÃO DOMINGOS, SÃO JOSÉ DO QUILOMBO, SESMARIA
SALINAS	COMUNIDADE DOS BAGRES, COMUNIDADE DOS FIRMINOS, MATRONA
SANTA BÁRBARA	BARREIRO GRANDE, CACHOEIRA DE FLORÁLIA
SANTA FÉ DE MINAS	FAZENDA GENIPAPO
SANTA LUZIA	KOLPING SÃO BENEDITO, NOSSA SENHORA DO ROSÁRIO, PINHÕES, SANTA RITA
SANTA MARIA DE ITABIRA	BARRO PRETO, BOA VISTA, MACUCO, SÃO JOSÉ DOS CHAVES, SÃO PEDRO
SANTANA DO RIACHO	XIRU
SANTO ANTÔNIO DO ITAMBÉ	BOTAFOGO, MARTINS, MATA DOS CRIOULOS
SANTO ANTÔNIO DO RETIRO	PASSOS CAVALOS, TAMBORIL
SANTOS DUMONT	SÃO SEBASTIÃO DA BOA VISTA
SÃO DOMINGOS DO PRATA	SERRA

SÃO FRANCISCO	BOM JARDIM DA PRATA, BOM JESUS DA PRAIA, BURITI DO MEIO, LAJEDO, RIBANCEIRAS, SERRA DAS ARARAS
SÃO GONÇALO DO RIO ABAIXO	QUILOMBO
SÃO GONÇALO DO RIO PRETO	RIO DAS PEDRAS
SÃO JOÃO DA PONTE	AGRESTE, BOA VISTINHA, BREJO DOS CRIOULOS, LIMEIRA, QUILOMBOLA DE VEREDA VIANA, SETE LADEIRAS, TERRA DURA, BREJO DOS CRIOULOS, BOA VISTINHA, LIMEIRA
SÃO JOÃO DEL REI	BREJO DOS CRIOULOS
SÃO JOÃO DO PARAÍSO	FAZENDA CARIRI, FAZENDA SALINAS
SÃO JOSÉ DA LAPA	DOM PEDRO, FAZENDA CONCEIÇÃO, MARAVILHA
SÃO ROMÃO	RIBANCEIRA
SERRA DO SALITRE	FAMÍLIA TEODORO DE OLIVEIRA
SERRANÓPOLIS DE MINAS	BREJÃO, BRUTIAS, CAMPOS, CAMPOS PINTADOS, RIO DA CRUZ, TOURO
SERRO	AUSENTE, BAÚ, CAPIVARI, FAZENDA SANTA CRUZ, MILHO VERDE, QUEIMADA, RIBEIRÃO DOS PORCOS, RUA VILA NOVA (SÃO GONÇALO DOS RIOS DAS PEDRAS), VILA NOVA
SETE LAGOAS	JEQUITIBA, LAGOA TRINDADE
TABULEIRO	BOTAFOGO
TEÓFILO OTONI	BAIRRO PALMEIRAS/ MARGEM DA LINHA, CAMA ALTA, CÓRREGO SANTA CRUZ, IBURAMA, PALMEIRA, SÃO JULIÃO, SÃO JULIÃO II
TRÊS PONTAS	CASCALHO, MARTINHO CAMPOS, QUEBRA-PÉ
UBÁ	CORTE GRANDE, NAMASTÊ
UBAÍ	COMUNIDADE QUILOMBOLA DO GERAIS VELHO, GERAIS VELHO
UBERABA	PATRIMÔNIO
UBERLÂNDIA	MARTINÉSIA, MORADA NOVA
URUCAIA	BAIXA FUNDA
VARZELÂNDIA	BOA VISTINHA, BREJO DOS CRIOULOS, FURADO MODESTO, LIMEIRA
VAZANTE	BAGRES, BAINHA, CABECEIRAS, CABELUDO, CONSCIÊNCIA NEGRA, PAMPLONA, SALOBO, VEREDAS
VERDELÂNDIA	BOA VISTINHA, CACHOEIRINHA, LIMEIRA
VESPASIANO	CABOCLO DIVINO

VIÇOSA	BUIEIÉ, QUILOMBO DA RUA NOVA
VIRGEM DA LAPA	ALMAS, ALTO JEQUITIBA, BUGRE, CAPIM PUBA, CAPOEIRINHA, CARDOSO, CURRAL NOVO, GRAVATÁ, MASSACARA, MUTUCA, ONÇA, PEGA, QUILOMBO DAS ALMAS, ROSÁRIO, UNIÃO DOS ROSÁRIOS
VIRGOLÂNDIA	ÁGUAS CLARAS
VISCONDE DO RIO BRANCO	BOM JARDIM

PARÁ

MUNICÍPIO	COMUNIDADES
ABAETETUBA	ABAETETUBA, ACARAQUI, ALTO ITACURUÇÁ (NOSSA SENHORA DO PERPÉTUO SOCORRO), ARAPAPU (SÃO SEBASTIÃO), ARAPAPUZINHO, BAIXO ITACURUÇÁ (NOSSA SENHORA DE NAZARÉ DO PAU PODRE), BOM REMÉDIO, CAMPOPEMA (ARQUIA), CURUPERÉ, IGARAPÉ DO VILAR, IGARAPÉ SÃO JOÃO, MÉDIO ITACURAÇÁ, PIRATUBA, RIO ACAÇU (NOSSA SENHORA DO BOM REMÉDIO), RIO GENIPAÚBA, RIO TAUERA-AÇU (SANT'ANA), SAGRADO CORAÇÃO, SAMAÚMA, SANTANA, SÃO JOSÉ, TERRA ALTA, VILA DUTRA/ CALADOS E CARDOSO, ILHAS DE ABAETETUBA
ABEL FIGUEREDO	SÃO PEDRO DA ÁGUA BRANCA
ACARÁ	ACARÁ, BOA VISTA, CARANANDUBA, CENTRO OURO, ESPÍRITO SANTO, FILHOS DE ZUMBI, FORTALEZA, GUARAJÁ MIRI, ITACOÃ MIRI, ITACOÃZINHO, MARACUJÁ, MENINO JESUS, OUTEIRO, OUTEIRO E TRACUATEUA, PARAÍSO, PARAÍSO (IGARAPÉ JACAREQUARA), SANTA MARIA, SANTA QUITÉRIA, SÃO JOSÉ (IGARAPÉ JACAREQUARA), SÃO SEBASTIÃO, TAPERA (IGARAPÉ JACAREQUARA), TRINDADE I
ALENQUER	APOLINÁRIO, ARAÇÁ, ARARIQUARA, BOQUEIRÃO, CURUÁ, CURUMURU, LUANDA, MURUMURU ARQUIMU, PACOVAL, SANTO ANTÔNIO, SÃO JOSÉ, SURUBIAÇU
ALMERIM	RIO PARU
ANAJÁS	LAGO
ANANINDEUA	ABACATAL/ AURA
AUGUSTO CORREA	PEROBA, SERENA
BAGRE	AJARÁ, BALIEIRO, BOA ESPERANÇA, CRISTA DE BALIEIRO, PORTO DE OIERAS, SÃO SEBASTIÃO, TATITUQUARA

BAIÃO	ANILZINHO, APARECIDA, ARAQUEMBAUA, BAIÃO, BAILIQUE, BAIXINHA, BOA VISTA, CALADOS, CARARÁ, CAMPELO, COSTEIRO, CUPU, CARDOSO, FÉ EM DEUS, FRANÇA, FUGIDO RIO, TUCUNARÉ, ICATU, IGARAPÉ PRETO, JOANA PERES, PARITÁ MIRI, PANPELÔNIA, PIRIZAL, PRAINHA, SANTA FÉ, SANTA FÉ E SANTO ANTÔNIO, SANTO ANTÔNIO, SÃO JOSÉ DO ICATU, TAPECURU, TEÓFILO, UMARIZAL (ACORQBU), UMARIZAL BEIRA (ACORQBU), VARZINHA, VILA DUTRA
BARCARENA	IGARAPÉ VILAR
BELÉM	BAHIA DO SOL, MOSQUEIRO, SUCUTIJUQUARA
BOM JESUS DO TOCANTINS	CASCA SECA
BONITO	CUXIU, MURURÉ, PAU AMARELO
BRAGANÇA	URUBUTINGAL (ATUAL LONTRAS)
BUJARU	BOM INTENTO, BOM SUCESSO (ARQUIOB), CAITIS, CRAVO, ENGENHOCA, IPIXUNA, MOCAJUBA, PATATEUA, PROVIDÊNCIA SAGRADA FAMÍLIA (ARQUIOB), SANTANA, SÃO JUDAS TADEU (ARQUIOB)
CACHOEIRA DE ARARI	GURUPÁ
CACHOEIRA DO PIRIÁ	BELA AURORA, BELA VISTA, CAMIRANGA, GURUPÁ, IGARAPÉ DE AREIA, ITAMOARI, PAU DE REMO, PIRIÁ
CAMETÁ	ACOANZINHO, ANAJÁ, BIRIBATUBA, BOA ESPERANÇA, BONFIM, CARAPAJÓ, CURUÇAMBABA, ITABATINGA, JABUTI-APEDU, JAITUBA, JOANA COELI, JUABA, LAGUINHO, MAPU, MARACU DO CARMO, MATIAS, MINA ALEGRE, MOLA, MUPI, PACUJAÍ, PORTO ALEGRE, PORTO DO CAMPO, PORTO SEGURO, RIO TABATINGA, TAPAÇU, TOMÁSIA, VACARIA, VILA DO CARMO
CAPITÃO DO POÇO	NARCISA
CASTANHAL	MACAPAZINHO, SÃO PEDRO-BACURI
COLARES	CACAU, OVOS, TERRA AMARELA
CONCÓRDIA DO PARÁ	ARQUINEC, CAMPO VERDE, CASTANHALZINHO (ARQUINEC), CRAVO (ARQUINEC), CURUPERÉ ALTO (ARQUINEC), CURUPERÉ BAIXO (ARQUINEC), CURUPEREZINHO (ARQUINEC), IGARAPÉ DONA (ARQUINEC), IGARAPÉ DONA CURUPERÉ, IPANEMA (ARQUINEC), JUTAÍ GRANDE, JUTAÍ MIRI, NOSSA SENHORA DA CONCEIÇÃO CURUPERÉ, NOSSA SENHORA DA CONCEIÇÃO IPANEMA, NOSSA SENHORA DAS GRAÇAS VILA DO CRAVO, NOSSA SENHORA DO PERPÉTUO SOCORRO – KM 35 (ARQUINEC), NOVA ESPERANÇA, SANTA LUZIA (ARQUINEC), SANTO ANTÔNIO (ARQUINEC), SÃO BENEDITO, TIMBOTEUA CRAVO, VELHO EXPEDITO

CURRALINHO	RIO MUTUACA, SÃO JOSÉ, SÃO JOSÉ DO MUTUACA
CURUÁ	BARREIRINHA, ILHA VERDE, MASSARANDUBA, PACOVAL, SÃO JOSÉ
GURUPÁ	ALTO IPIXUNA, ALTO PUCURUÍ, ARINOA (ARQMG), BACÁ DO IPIXUNA, CAMUTÁ DO IPIXUNA, CARRAZEDO, FLEXINHA, GUARIBAS, GURUPÁ, GURUPÁ-MIRIM, JOCOJÓ, MARIA RIBEIRA, MÉDIO IPIXUNA – SÃO FRANCISCO (ARQMG), SANTO ANTÔNIO CAMUTÁ DO IPIXUNA, SÃO FRANCISCO MÉDIO DO IPIXUNA
IGARAPÉ-MIRI	IGARAPÉ-MIRI, VILA MAIUATÁ
INHANGAPI	BANDEIRA BRANCA, COCAL, CUMARU, ITABOCA, MARACANÃ, MENINO JESUS DE PITIMANDEUA, PERNAMBUCO, PITIMANDEUA, QUATRO BOCAS, SÃO PEDRO
IRITUIA	BOA VISTA DO PATAUATEUA, BRACINHO, CAMPO ALEGRE, CANDEUA, KM 23, MEDIANEIRA DAS GRAÇAS, NOSSA SENHORA DO CARMO DO IGARAPÉ DA PONTE, NOSSA SENHORA DO PERPÉTUO SOCORRO DA MONTANHA, NOVA LAUDICEIA, SANTA MARIA DO CURAÇÁ, SANTA TEREZINHA, SANTO ANTÔNIO, SÃO FRANCISCO DE MARACAXETA, SÃO JOSÉ DA BOA VISTA, SÃO JOSÉ DE MARACAXETA, SÃO JOSÉ DO ACAITEUA, SÃO JOSÉ DO PATAUATEUA, SÃO MIGUEL ARCANJO
ITAITUBA	MIRITITUBA
LIMOEIRO DO AJURU	TATUOCA TURUSU
MOCAJUBA	BOA ESPERANÇA, BAIXINHA, ARAQUEMBAUA, CAMPELO, CARARÁ, CUPU, COSTEIRO, FRANCA, ICATU, IGARAPÉ PRETO, IGARAPEZINHO, ITABATINGA, MANGABEIRA, PANPELÔNIA, PORTO GRANDE, SANTO ANTÔNIO DO VIZEU, SÃO BENEDITO, SÃO BENEDITO DO VIZEU, SÃO JOSÉ DO ICATU, TEÓFILO, TAMBAÍ AÇU, UXIZAL, VARZINHA, VIZÂNIA
MOJU	ÁFRICA (NOSSA SENHORA APARECIDA), BAIXO CAETÉ, CACOAL, CAIRARI, CENTRO OURO, CINCO REIS, ESPÍRITO SANTO, JACUNDÁ, JAMBUAÇU, JUPUUBA, LARANJITUBA, MOJU, NOSSA SENHORA DA CONCEIÇÃO, NOSSA SENHORA DAS GRAÇAS, OLHO D'ÁGUA DO JUPUUBA, RIBEIRA, SANTA LUZIA, SANTA MARIA DO MIRINDEUA, SANTA MARIA DO TRAQUATEUA, SANTANA DO BAIXO, SANTO CRISTO DO IPITINGA DO MIRINDEUA, SÃO BERNARDINO, SÃO MANOEL, SÃO SEBASTIÃO, SÍTIO BOSQUE
MONTE ALEGRE	AIRI, PASSAGEM, PEAFU
MUANA	ALTO RIO ATUÁ, ALTO RIO CAJUUBA, FURO PAU GRANDE, ILHA PALHETA, RIO PARURU MIRI

ÓBIDOS	ACAPU, ARAPUCU, APUÍ, ARIRAMBA, ARAÇÁ, BIRIBATUBA, BOA VISTA DO CUMINÁ, BOM INTENTO, CABECEIRAS, CASTANHADUBA, CUECÊ, EREPECURU, ESPÍRITO SANTO, IGARAPÉ DOS LOPES, IGARAPÉ-AÇU, JAUARI, JARUACA, MATA CUECÊ, MOCAMBO PAUXIS, MONDONGO, MURATUBINHA, NOSSA SENHORA DAS GRAÇAS, PANCADA, PATAUÁ DO URARIZAL, PERUANA, SILÊNCIO, SÃO JOSÉ, VARRE VENTO
OEIRAS DO PARÁ	ANANIM, ARAQUEMBAUA, BAILIQUE, BAIXINHA, BOA VISTA, CAMPELO, CARARÁ, COSTEIRO, CUPU, FRANCA, IGARAPÉ PRETO, IGARAPEZINHO, ITAÚBA, JUPATI, MELANCIAL, NOVA AMÉRICA, OEIRAS DO PARÁ, PANPELÔNIA, PACHURAL, RIO BRANCO, RIO PRETO, TEÓFILO, TIMBÓ, UMARIZAL CENTRO (ACORQBU), VARZINHA
ORIXIMINÁ	ABACUI, ABUÍ (MÃE DOMINGAS), ABUÍ GRANDE, ABUIZINHO, ACAPU, ACAPUZINHO, ÁGUA FRIA, ALTO TROMBETAS, APUÍ GRANDE, APUIZINHO, ARAÇÁ, ARACAPU, ARACUÃ, ARACUÃ DE CIMA, ARACUÃ DE BAIXO, ARACUÃ DO MEIO, ARAJÁ, ARIRAMBA, BACABAL, BOA VISTA, BOA VISTA DO CUMINÁ, BOA VISTA DO ALTO TROMBETAS, BOTO, CACHOEIRA PORTEIRA, CAIPURU, CAMPO ALEGRE, CASINHA, CUMINÁ, EREPECURU, ESPÍRITO SANTO, FLEXAL, IGARAPÉ-AÇU DOS LOPES, ITAMAOARI, ITAPECURU BAIXO TROMBETAS, JAMARI, JAUARI, JARUACÁ, JUQUIRI, JUQUIRIZINHO, LAGO ABUÍ SÃO BENEDITO, LIMOEIRO, MÃE CUÉ (MÃE DOMINGAS), MARAMBIRÉ, MARATUBINHA, MOURA, ORIXIMINÁ, PANCADA, PALHAL, PARANÁ DA MATA, PARANÁ DO ABUÍ, PARANÁ DO ABUÍ (MAE DOMINGAS), PARANÁ DO ABUIZINHO, POÇO FUNDO, SAGRADO CORAÇÃO (MÃE DOMINGAS), SAMAÚMA, SAPUCUÁ, SERRINHA, TAPAGEM (MÃE DOMINGAS), TERRA PRETA, TERRA PRETA II, TROMBETAS, ÚLTIMO QUILOMBO, ÚLTIMO QUILOMBO EREPECURU, VILA NOVA CACHOEIRA PORTEIRA, VARRE VENTO
OURÉM	MOCAMBO
PONTA DE PEDRAS	BACABAL, BARRO ALTO, JARAVACA, PAU FURADO, SANTANA DO ARARI, SÃO JOÃO
PORTO DE MOL	BUIUCU OU SÃO FRANCISCO, MARIPI, TAPERU OU SÃO RAIMUNDO, TAUERA OU SÃO BRÁS, TURU OU SAGRADO CORAÇÃO DE MARIA
PRAINHA	CURUÁ, PACOVAL, UNIÃO SÃO JOÃO

SALVATERRA	BACABAL, BARRO ALTO, BOA VISTA, CALDEIRÃO, CAMPINA, CAMPO VERDE, DEUS AJUDE, MANGUEIRAS, PAIXÃO, PANEMA, PAU FURADO, ROSÁRIO, SALVA, SANTA LUZIA, SIRICARI, VILA UNIÃO, BAIRRO ALTO, CRISTA DE BALEIRO, MANGUEIRA, PAIXÃO, PROVIDÊNCIA, SALVA, SALVAR, SÃO BENEDITO DA PONTA, SÃO JOÃO, VILA UNIÃO
SANTA ISABEL DO PARÁ	APETEUA – CONCEIÇÃO DO ITÁ, BOA VISTA DO ITÁ, CAMPINENSE, MACAPAZINHO (SANTA LUZIA), MOCAMBO, SANTA IZABEL DO PARÁ, SÃO FRANCISCO DO ITÁ, TRAVESSÃO, VILA DO CARMO, MACAPAZINHO
SANTA LUZIA DO PARÁ	JACAREQUARA, LAGE, MURUTAZINHO, PAU D'ARCO, PIMENTEIRAS, TIPITINGA, TRÊS VOLTAS
SANTARÉM	ACARI, ARAPEMA, BOM JARDIM, IPAUAPIXUNA, ITUQUI, MAICÁ, MURUMURU, MURUMURUTUBA, NOVA VISTA DO ITUQUI, PIRACUARA, SÃO BENEDITO, SÃO JOSÉ DO ITUQUI, SÃO RAIMUNDO DO ITUQUI, SARACURA, TININGU, URICURITUBA
SÃO DOMINGOS DO CAPIM	IPIXUNINHA, RIO CUPIM, SAUÁ-MIRIM, TAPERINHA
SÃO MIGUEL DO GUAMÁ	ACAPI, MENINO JESUS, NOSSA SENHORA DE FÁTIMA, SANTA RITA DE BARREIRA, SANTA RITA DE BARREIRAS, SÃO LUÍS, SÃO PEDRO DE CRAREUA
SOURE	SANTA CRUZ DA TAPERA
TOMÉ-AÇU	SÃO PEDRO
TRACUATEUA	JURUSSACA
TRAIRÃO	AREIAS
VISEU	ANINGAL, JOÃO GRANDE, PACA, PAU DE REMO, SÃO JOSÉ DO PIRIÁ, SERRA DO PIRIÁ, SITEUA, VILA MARIANA

PARAÍBA

MUNICÍPIO	COMUNIDADES
ALAGOA GRANDE	CAIANA DOS CRIOULOS, VERTENTES
AREIA	ENGENHO DO BONFIM, ENGENHO NOVO MUNDO
CACIMBAS	ARACATI CHÃ I, ARACATI CHÃ II, SERRA FEIA
CAJAZEIRINHAS	UMBURANINHAS, VINHAS
CATOLÉ DO ROCHA	CURRALINHO, JATOBÁ, LAGOA ROSA, SÃO PEDRO DOS MIGUÉIS, SÍTIO BREJINHO
CONDE	GURUGI, IPIRANGA, MITUAÇU

COREMAS	COMUNIDADE NEGRA DE BARREIRAS, COMUNIDADE NEGRA DE MÃE D'ÁGUA, COMUNIDADE NEGRA DE SANTA TEREZA, CRUZ DA TEREZA, COMUNIDADE NEGRA DE BARREIRAS
DIAMANTE	BARRA DE OITIS, SÍTIO VACA MORTA
DONA INÊS	CRUZ DA MENINA, SÍTIO CRUZ DA MENINA
GURINHÉM	MATÃO
INGÁ	GRILO, PEDRA D'ÁGUA
JOÃO PESSOA	NEGRA PARATIBE, PARATIBE
LAGOA	RAMALHUDA, SERRA TIMBAÚBA, TIMBAUBINHA
LIVRAMENTO	AREIA DE VERÃO, SUSSUARANA, VILA TEIMOSA
MANAÍRA	FONSECA
PICUÍ	SERRA DO ABREU
POMBAL	DANIEL, IRMANDADE DO ROSÁRIO, RUFINOS DO SÍTIO SÃO JOÃO, SÍTIO SÃO JOÃO
RIACHÃO DO BACAMARTE	GRILO, NOSSA SENHORA APARECIDA
SANTA LUZIA	SERRA DO TALHADO
SÃO BENTO	CONTENDAS
SÃO JOSÉ DE PRINCESA	SÍTIO LIVRAMENTO
SERRA REDONDA	SÍTIO MATIAS
TAVARES	DOMINGOS FERREIRA
TRIUNFO	40 NEGROS, NEGRO DOS QUARENTA
VÁRZEA	PITOMBEIRA
VIEIRÓPOLIS	PARELHAS

PARANÁ

MUNICÍPIO	COMUNIDADES
ADRIANÓPOLIS	AREIA BRANCA, BAIRRO CÓRREGO DO FRANCO, BAIRRO DOS ROQUE, BAIRRO TRÊS CANAIS, COMUNIDADE NEGRA RURAL DE SETE BARRAS, ESTREITINHO, GUARAÇAÍ, JOÃO SURÁ, POÇO GRANDE, PORTO VELHO, PRAIA DO PEIXE, SÃO JOÃO, SEDE, TATUPEVA, TRÊS CANAIS, CÓRREGO DAS MOÇAS
ARAPOTI	ARAPOTI, CALOGERAS (RUA BEM-TE-VI).
BOCAIUVA DO SUL	AREIA BRANCA
CAMPO LARGO	PALMITAL DOS PRETOS, SETE SALTOS

MUNICÍPIO	COMUNIDADES
CANDÓI	BARREIRO, BEBINHA, CACHOEIRA, CAVERNOSO, DESPRAIADO, DIVISA DE SANTA CLARA, FAXINAL DE SANTO ANTÔNIO, LINHA DESTACADO, NOVA ESPERANÇA, PASSO GRANDE, RIO DA LAGE, SANTA MARTA, VILA SÃO TOMÉ
CANTAGALO	CAVACO, INVERNADINHA, VILA R. SÃO FOCO
CASTRO	ARROIO GRANDE, COMUNIDADE NEGRA RURAL DE CASTRO, FAXINAL DE SÃO JOÃO, IMBUIAL, LIMITÃO, MAMÃS, PINHEIRO SECO, PORTEIRA, RIBEIRÃO, SERRA DO APON, TRONCO, VILA OPERÁRIA
CURIÚVA	ÁGUA MORNA, GUAJUVIRA
DOUTOR ULYSSES	BAIRRO DO CERRADO, QUEIMADINHOS, TRÊS BARRAS, VARZEÃO.
GENERAL CARNEIRO	BAIRRO IRATIM, BATUVA, GUARAQUEÇABA, ITAQUI, RIO DOS PELADOS, RIO VERDE
GUAÍRA	MANOEL CIRÍACO DOS SANTOS
GUARAPUAVA	INVERNADA PAIOL DA TELHA
GUARAQUEÇABA	BATUVA, RIO VERDE
IVAÍ	RIO DO MEIO, SÃO ROQUE
JAGUARIAÍVA	ÁGUA CLARA, COMUNIDADE DOS LANÇA
LAPA	FEIXO, RESTINGA, VILA ESPERANÇA
PALMAS	ADELAIDE MARIA TRINDADE BATISTA, CASTORINA MARIA DA CONCEIÇÃO, TOBIAS FERREIRA
PINHÃO	INVERNADA PAIOL DA TELHA
PIRAÍ DO SUL	CALOGERAS
PONTA GROSSA	COMUNIDADE NEGRA RURAL DE SUTIL, SANTA CRUZ
RESERVA DO IGUAÇU	INVERNADA PAIOL DA TELHA
SÃO MIGUEL DO IGUAÇU	APEPU
TIBAGI	CONCEIÇÃO, GURTELA
TURVO	CAMPINA DOS MORENOS

PERNAMBUCO	
MUNICÍPIO	COMUNIDADES
AFOGADOS DA INGAZEIRA	GIQUIKI, LEITÃO, PINTADA, UMBUZEIRO
AFRÂNIO	SÍTIO BAIXA DO CALDEIRÃO
AGRESTINA	FURNAS, PÉ DA SERRA DOS MENDES, PÉ DE SERRA
ÁGUAS BELAS	QUILOMBO, SÍTIO PINHÃO, TANQUINHOS

ALAGOINHA	CARRAPICHO, MORADA DAS NEGRAS
ARCOVERDE	BACURÉ, CAJUEIRO, FUNDÃO, GRAVATÁ DAS VARAS, LAGOA DA PORTA, MARIA MARTINS, MOCO, OLHOS D'ÁGUA, PERIPERI, PINTADA, SERRA DAS VARAS
BETÂNIA	COMUNIDADE DO SÍTIO TEIXEIRA, POÇO DO BOI, SÃO CAETANO, SÍTIO BAIXAS, SÍTIO DE BREDOS, SÍTIO SÃO CAETANO
BEZERROS	GUARIBAS, TIMBÓ – SÍTIO DOS GOIABAS
BOM CONSELHO	ANGICO, ANGICO DE CIMA, ISABEL, MACACOS, SÍTIO FLORES
BREJÃO	BATINGA, CURIQUINHA DOS NEGROS
BUÍQUE	FACOLA, SERRA DO CATIMBU
CABO DE SANTO AGOSTINHO	ENGENHO TRAPICHE, ONZE NEGRAS
CABROBÓ	CRUZ DO RIACHO, FAZENDA BELA VISTA, FAZENDA MANGUINHA, FAZENDA SANTANA, JATOBÁ II
CAPOEIRAS	CASCAVEL, FIDELÃO, IMBÉ, SÍTIO CASCAVEL, SÍTIO IMBÉ
CARNAÍBA	ABELHA, BREJO DE DENTRO, GAMELEIRA, SÍTIO TRAVESSÃO DO CAROA
CARNAUBEIRA DA PENHA	MASSAPÊ, SÃO GONÇALO, TIRIRICA
CASINHAS	CAOIÉ
CATENDE	SERRA DOS QUILOMBOS
CUPIRA	SAMBAQUIM
CUSTÓDIA	ARARA, BUENOS AIRES, CACHOEIRA, CALDEIRÃO, CARVALHO, GROTÃO, LAGOINHA, LAJEDO, RIACHO DO MEIO, SÃO JOSÉ, SERRA DA TORRE, SÍTIO ACUDINHO, SÍTIO CACHOEIRA DA ONÇA, SÍTIO CARVALHO, SÍTIO DA TORRE, SÍTIO GROTÃO, SÍTIO LAJEDO, SÍTIO RIACHO DO MEIO
FLORESTA	FILHOS DO PAJEU, MASSAPÊ
GARANHUNS	CABELEIRAS, CALUETE, CASTAINHO, ESTIVA, ESTRELA, SAPO, TIGRE, TIMBÓ
GOIANA	POVOAÇÃO
IATI	SÍTIO RETIRO
IBIMIRIM	JERITACÓ
IGUARACI	VARZINHA DOS QUILOMBOLAS
INAJÁ	ROCE DANTAS
INGAZEIRA	JORGE, SANTO ANTÔNIO II

ITACURUBA	INGAZEIRA, NEGROS DE GILU, ROCE DOS CAVALOS
LAGO DOS GATOS	CAVUCA, PAU FERRADO
LAGOA DO CARRO	BARRO PRETO
LAGOA GRANDE	LAMBEDOR
MIRANDIBA	ARAÇÁ, CAJUEIRO, CARURU, FAZENDA PAU-DE-LEITE, FAZENDA QUIXABEIRA HELENA GOMES DA SILVA, FEIJÃO JANUÁRIO GRANDE, JUAZEIRO GRANDE, PEDRA BRANCA, POSSE, QUEIMADAS, SERRA DO TALHADO, SERRA VERDE
OLINDA	PORTÃO DO GELO
OROCÓ	FAZENDA CAATINGUINHA, REMANSO, UMBURANA, MATA SÃO JOSÉ, VITORINO
PANELAS	RIACHÃO DO SAMBAQUIM, SÍTIO SAMBAQUIM
PASSIRA	CACIMBINHA, CHÃO DE NEGROS, RIACHO DA PEDRA
PESQUEIRA	NEGROS DO OSSO
PETROLÂNDIA	BORBA DO LAGO
PETROLINA	AFRANTO, FANDANGO
QUIXABA	SÍTIO GIA
RECIFE	ASSOCIAÇÃO C. M. NEGRA IMBÉ CAPOEIRAS
RIO FORMOSO	ENGENHO SIQUEIRA
SALGADINHO	CONTE, CONTENDAS
SALGUEIRO	CONCEIÇÃO DAS CRIOULAS, CONTENDAS, SANTANA, SANTANA III, TAMBORIL
SALOÁ	SERRA DE SÃO PEDRO
SANTA MARIA DA BOA VISTA	CUPIRA, INHANHUM, SERROTE
SÃO BENTO DO UNA	CAIBRA, CALDEIRÃOZINHO, GADO BRABO, JARAÚ, JIRAU, PRIMAVERA, SERROTE DO GADO BRABO, SÍTIO BARRO BRANCO, SÍTIO IMBÉ
SÃO JOSÉ DO EGITO	QUEIMADA DO ZÉ VICENTE
SERTÂNIA	CAUIDINHOS VÁRZEA VELHA, ESTREITO CAROLINA, JACUZINHO, JIBOIA, LAJE DE ONÇA ALBUQUERQUE NÉ, OS CUSTÓDIOS, SÍTIO VÁRZEA LIMPA, URUBU
TERRA NOVA	CONTE, CONTENDAS
TRIUNFO	ÁGUAS CLARAS, LAGOINHA ÁGUAS CLARAS, LIVRAMENTO, SEGREDO, SÍTIO NOVO
VICÊNCIA	TRIGUEIROS

PIAUÍ	
MUNICÍPIO	**COMUNIDADES**
ACAUÃ	ANGICAL DE CIMA, BARRA DO MEIO, ESCONDIDO, LAGES, MACAMBIRA, PÉ DE SERRA, TANQUE DE CIMA
ALAGOINHA DO PIAUÍ	MOQUÉM, NOVA VISTA
ALTOS	QUILOMBO
AMARANTE	CALDEIRÃO, CONCEIÇÃO, LAGES, LAGOA, MALDEIRÃO, MALHADINHA, MIMBO, PIRIPIRI, REMANSO
AROAZES	SÃO FÉLIX DOS PRETOS
AROEIRAS DO ITAIM	FAZENDA NOVA, PELO SINAL
ASSUNÇÃO DO PIAUÍ	MIMBO, OLHO D'ÁGUA, QUILOMBO, SÃO JOSÉ, SÍTIO VELHO, TAPUIO, VILA SÃO JOÃO (CAVALOS)
BATALHA	CARNAÚBA AMARELA, ESTREITO, LAGOA DA SERRA, MANGA, RECANTO, RIACHO FUNDO
BELA VISTA DO PIAUÍ	PEADOR
BELÉM DO PIAUÍ	VISTA BELA
BETÂNIA DO PIAUÍ	BAIXÃO, LARANJO, SILVINO
CAMPINAS DO PIAUÍ	SALINAS, VOLTA, VOLTA DO CAMPO GRANDE
CAMPO GRANDE DO PIAUÍ	CAMARATUBA, CRAUNO, SÃO JOSÉ, SERRA NOVA, UROPEU
CAMPO LARGO DO PIAUÍ	BOA ESPERANÇA, SÃO JOÃO VILA BOA ESPERANÇA, TITARA DOS PIRES, VILA CAROLINA, VILA SÃO BERNARDO, VILA SÃO FRANCISCO, VILA SÃO JOÃO
CAMPO MAIOR	ALDEOTA
CAPITÃO GERVÁSIO OLIVEIRA	PINDOBA
CARIDADE DO PIAUÍ	CABACEIRA, CHAPADA DO ENCANTO
CURRAIS	GARAPA
CURRAL NOVO DO PIAUÍ	ALTO VISTOSO, ARITI, CAITITU, GARAPA
DOM INOCÊNCIO	JATOBAZINHO
ESPERANTINA	CURRALINHOS, LAGOA DA SERRA, OLHO D'ÁGUA DOS PIRES, OLHO D'ÁGUA DOS PRETOS, VEREDA DOS ANACLETOS
FARTURA DO PIAUÍ	ANGICAL
FLORIANO	MANGA, MIMBO

ISAÍAS COELHO	CARAÍBA, CARREIRA DA VACA, FAZENDA NOVA, LAGOA DA FORQUILHA, MORRINHOS, RIACHO FUNDO, SABONETE, SÃO DOMINGOS, VARGEM DOCE, VOLTA DO CAMPO GRANDE
ITAINÓPOLIS	SANTO ANTÔNIO, SERRA DOS CABOCLOS, TOMÉ
JACOBINA DO PIAUÍ	CAMPO ALEGRE, CAMPO GRANDE, CHAPADA, FERRAMENTA, LAGOA DO CANTO, MARIA, PINTADINHA
JERUMENHA	ARTUR PASSOS
JOÃO COSTA	POÇO SALGADO
LAGOA DO SÍTIO	ANGICO
LAGOINHA DO PIAUÍ	MUQUÉM
MASSAPÊ DO PIAUÍ	JUAZEIRO DO QUITO, VILÃO
MONSENHOR HIPÓLITO	AROEIRA DOS MANU, MEARIM DOS LEANDRO
NAZARÉ DO PIAUÍ	ALGODÕES
OEIRAS	PAQUETÁ, PEADOR, QUEIROZ
PADRE MARCOS	BARRA, PÉ DE MORRO
PAQUETÁ	CANABRAVA DOS AMAROS, CUSTANEIRA, JACARÉ, MUTAMBA, SÃO JOÃO DA VARJOTA, TRONCO
PATOS DO PIAUÍ	FORTALEZA
PAULISTANA	ANGICAL DE BAIXO, ANGICAL PAULISTANA, ANGICAL, BARRO VERMELHO, CARICÓ, CHAPADA, CHUPEIRO, CONTENTE, EXTREMA, SÃO MARTINS
PICOS	ALEGRE, AROEIRA DO MATADOURO, CAPITÃO DE CAMPO, RETIRO, TRANQUEIRA I, TRANQUEIRA II
PIO IX	BAIXA DO POÇO, BAIXÃO DO ATANÁSIO, CACHOEIRA, CAPITÃO DE CAMPO, LAGOA DO QUEIROZ
PIRIPIRI	MARINHEIRO, SUÇUARANA, VAQUEJADOR
PORTO	TITARA DOS PIRES
QUEIMADA NOVA	BAIXA DA ONÇA, BARROCÃO, JACU, LAGO DO ANGICO, MOCAMBO, OITIS, PITOMBEIRA, QUEIMADA NOVA, ROCA NOVA, SUMIDOURO, TAPUIO, VEREDA
REDENÇÃO DO GURGUEIA	BREJÃO
REGENERAÇÃO	MIMBO
RIBEIRO GONÇALVES	VÃO DOS NEGROS
SANTA CRUZ DO PIAUÍ	ATRÁS DA SERRA, CARREIRA, LAGOA GRANDE, PONTA DA SERRA
SÃO JOÃO DA VARJOTA	PAQUETÁ, POTES

SÃO JOÃO DO PIAUÍ	ATALHO, BAIXÃO, BOA VISTA, CANAVIEIRA, CURRAL VELHO, ELISIÊ, ESTREITO, JUNCO, LISBOA, MALHADA, MORRINHO, RIACHO DOS NEGROS, SACO DO CURTUME, SACO DA VÁRZEA
SÃO MIGUEL DO TAPUIO	MACACOS, MENDES
SÃO RAIMUNDO NONATO	BAIXÃO DO BOI, BOI MORTO, CALANGO, LAGOA DA CASCA, LAGOA DAS EMAS, LAGOA DOS MARTINS, LAGOA DOS PRAZERES, LAGOA GRANDE, LAGOAS, MOISÉS, ONÇAS, SÍTIO CACHOEIRA
SIMÕES	AMPARO, BELMONTE DOS CUPIRAS, LAGOA DAS CASAS, MARIA PRETA, SERRA DA MATA GRANDE, SERRA DO JATOBÁ, SERRA DO RAFAEL, SERRA DOS CLÁUDIOS, VEREDÃO
SIMPLÍCIO MENDES	AROEIRAS, CAMPO GRANDE, NEGO DO MATO OU AMARRA NEGO, PEADOR, SALINAS
URUÇUÍ	MORRINHOS, SANTA MARIA
VALENÇA DO PIAUÍ	TRANQUEIRA
VERA MENDES	BARRINHA, BARRINHAS, SERRA DO JATOBÁ

RIO DE JANEIRO

MUNICÍPIO	COMUNIDADES
ANGRA DOS REIS	SANTA RITA DO BRACUÍ
ARARUAMA	PRODÍGIO, SOBARÁ
ARMAÇÃO DE BÚZIOS	RASA
BARRA DO PIRAÍ	CAIXA D'ÁGUA
CABO FRIO	BOTAFOGO, FAZENDA DO ESPÍRITO SANTO, MARIA JOAQUINA, MARIA ROMANA, PRETO FORRO, RASA, SÍTIO DO ELIAS
CAMPOS DOS GOYTACAZES	ALELUIA, BATATAL, CAMBUCÁ, COCO, CONCEIÇÃO DE IMBÉ, CONSELHEIRO JOSINO, GLEBA ABC, LAGOA FEIA, MORRO DO COCO, SOSSEGO
MAGÉ	MARIACONGA, QUILOMBO, FEITAL
MANGARATIBA	MARAMBAIA
NATIVIDADE	CRUZEIRINHO
PARATI	CABRAL, CAMPINHO DA INDEPENDÊNCIA, PATRIMÔNIO
PATY DO ALFERES	MANOEL CONGO
PETRÓPOLIS	TAPERA
PINHEIRAL	FAZENDA SÃO JOSÉ PINHEIRO

QUATIS	SANTANA
QUISSAMÃ	MACHADINHA
RIO CLARO	ALTO DA SERRA, LÍDICE
RIO DE JANEIRO	VARGEM GRANDE, CAMORIM, PEDRA DO SAL, SACOPÃ, SERRINHA
SÃO FIDÉLIS	SÃO BENEDITO
SÃO FRANCISCO DE ITABAPOANA	BARRINHA, DESERTO FELIZ
SÃO PEDRO DA ALDEIA	BOTAFOGO, CAVEIRA, PRETO FORRO
VALENÇA	SANTA ISABEL DO RIO PRETO, SÃO JOSÉ DA SERRA
VASSOURAS	BARÃO DE VASSOURAS, SÍTIO DENON

RIO GRANDE DO NORTE

MUNICÍPIO	COMUNIDADES
ACARI	BARRA FILHOS DE HIGINOS, SÍTIO
AFONSO BEZERRA	BARRA, CARRETA, CURRALINHO, LAGOA DA ILHA
ASSU	BELA VISTA DO PIATO
BARCELONA	SÍTIO DOS QUEIMADOS
BODÓ	MACAMBIRA
BOM JESUS	GROSSOS, PAVILHÃO, SÍTIO GROSSOS, SÍTIO PAVILHÃO
CAICÓ	FURNAS DA ONÇA, NEGRO DO ROSÁRIO, PERIFERIA, RIO DO PEIXE
CAMPO REDONDO	BALDO
CARAÚBAS	CABOCLOS DA CACHOEIRA
CEARÁ-MIRIM	CAPOEIRA DOS NEGROS, COQUEIROS, PRAIA DE ZUMBI
CERRO CORÁ	NEGROS DO BOINHO
CURRAIS NOVOS	BOM SUCESSO, NEGROS DO RIACHO, RIACHO DOS ANGICOS
DOUTOR SEVERIANO	SÍTIO
GROSSOS	ALGAMAR
IELMO MARINHO	NOVA DESCOBERTA
IPANGUAÇU	PICADAS
IPUEIRA	BOA VISTA, NEGROS DO BARRAÇÃO
JARDIM DO SERIDÓ	PRETOS DO BOM SUCESSO, SÍTIO
JUNDIÁ	COMUNIDADE PIRES

LAGOA NOVA	MACAMBIRA
MACAÍBA	BOM SUCESSO, CAPOEIRAS, LAGOA DO SÍTIO, RIACHO DO SANGUE
NATAL	ÁFRICA (RENDINHA), GRAMOREZINHO, MÃE LUIZA, ROCAS
PARELHAS	BOA VISTA DOS NEGROS, POÇO BRANCO, SÃO SEBASTIÃO
PARNAMIRIM	SÍTIO MOITA VERDE
PATU	JATOBÁ
PAU DOS FERROS	ALTO SÃO BENEDITO
PEDRO AVELINO	AROEIRA, NEGROS DAS ARQUEIRAS
PEDRO VELHO	ALECRIM
POÇO BRANCO	ACAUÃ
PORTALEGRE	ARROJADO, DOBRADO, PEGAS, SÃO DOMINGOS, SÍTIO, SÍTIO ARROJADO/ ENGENHO, SÍTIO LAJES, SÍTIO PEGA, SÍTIO SOBRADO
SANTANA DO MATOS	CONCEIÇÃO DO ABRIGO, FAMÍLIA LIMÃO (SERRA DA PIMENTEIRA), RIACHO DA ROÇA
SANTO ANTÔNIO	CAJAZEIRA, CAMALEÃO, TOSCÃO
SÃO PAULO DO POTENGI	ALECRIM
SÃO TOMÉ	GAMELEIRA DE BAIXO
SERRA NEGRA DO NORTE	NEGROS DA SERRA
SEVERIANO MELO	SÍTIO
TIBAU DO SUL	SIBAÚMA
TOUROS	AREIAS, BAIXA DO QUINDIM, BAIXA DO QUINQUIM, GERAL

RIO GRANDE DO SUL

MUNICÍPIO	COMUNIDADES
ACEGUÁ	TAMANDUÁ, VILA DA LATA
ALEGRETE	ANGICO, JACARAÍ, RINCÃO DE SÃO MIGUEL, VASCO ALVES
ALVORADA	PASSO DOS NEGROS
ARROIO DO MEIO	SÃO ROQUE
ARROIO DO PADRE	VILA PROGRESSO
ARROIO DO TIGRE	LINHAFÃO, SÍTIO NOVO
BAGÉ	COXILHA DAS FLORES, PALMAS, PEDRA GRANDE, RINCÃO DA PEDREIRA, RINCÃO DO INFERNO, SANTA TEREZA, TOCA

BOA VISTA	TERRA DE AREIA
BOM RETIRO DO SUL	CUPIDO NOVA REAL
BROCHIER	PARIS BAIXO
BUTIÁ	BUTIÁ, CERRO DO CLEMENTE
CAÇAPAVA DO SUL	FAXINAL, PICADA DAS VASSOURAS, RINCÃO BONITO, SEIVALZINHO
CACHOEIRA DO SUL	CAMBARÁ, IRAPUAZINHO
CAMBARÁ DO SUL	CAMBARÁ DO SUL
CANDIOTA	ASSENTAMENTO COMPANHEIROS DE JOÃO ANTÔNIO, CANDIOTA, VÁRZEA DO BAIANO
CANGUÇU	ARMADA, CAMPO DO ESTADO, CERRO DA VIGÍLIA, CERRO DAS VELHAS, CERRO PELADO, ESTÂNCIA DA FIGUEIRA, FAVILA, IGUATEMI, MANOEL DO REGO, MOÇAMBIQUE, PASSO DO LOURENÇO, POTREIRO GRANDE, REDENÇÃO DO MANOEL DO REGO, SANTO ANTÔNIO, SOLIDEZ
CANOAS	CHÁCARA BARRETO, CHÁCARA DAS ROSAS
CAPIVARI DO SUL	COSTA DA LAGOA
CARAZINHO	COLORADO
CATUÍPE	PASSO DO ARAÇÁ
CERRITO	LICHIGUANA
COLORADO	VILA PADRE OSMANI, VISTA ALEGRE
CONSTANTINA	SÃO ROQUE, VILA BRASÍLIA
COXILHA	ARVINHA
CRISTAL	SERRINHA DO CRISTAL
ENCRUZILHADA DO SUL	QUADRA
ENTRE RIOS DO SUL	MORRO DA GUAMPA
ESPUMOSO	GUANABARA, LINHA DA GUANABARA
FAZENDA VILA NOVA	MATUTO
FORMIGUEIRO	CERRO DO FORMIGUEIRO, CERRO DO LOURO, TIMBAÚVA, FAXINALZINHO, PASSOS DOS BRUM, PASSOS DOS MAIAS, VILA SHERER
FORTALEZA DOS VALOS	COSTANEIRA
GIRUÁ	CORREA, MORENOS, SÃO PAULO DAS TUNAS
GLORINHA	MACARA CONTENDA
GRAMADO XAVIER	LINHA DOS MARCONDES
GRAVATAÍ	ÁFRICA (RENDINHA), FERREIRA FIALHO, MANOEL BARBOSA

HERVAL	CERRO CHATO, DESVIO DO HERVAL
IPÊ	TAFONA
JACUZINHO	NOVO HORIZONTE, RINCÃO DOS CAIXÕES
JAGUARÃO	MADEIRA, VILA MADEIRA, CERRITO, CORREDOR DOS VIMES, PASSO VIMES
MAÇAMBARA	SÃO MIGUEL
MAQUINÉ	MORRO ALTO, PRAINHA, RIBEIRÃO
MARAU	SANTO ANTÔNIO DO POMAR
MATO LEITÃO	LINHA SANTO ANTÔNIO
MORRO REDONDO	VÓ ERNESTINA
MOSTARDAS	BECO DOS COLODIANOS, CASCA, COLODIANOS, MOSTARDAS, TEIXEIRAS
MUITOS CAPÕES	MATO GRANDE
NÃO-ME-TOQUE	SÃO JOSÉ DO UMBU
NOVA PALMA	RINCÃO DO SANTO INÁCIO, VOVÓ ISABEL
NOVA RAMADA	FAMÍLIA DO SEU ONÉSIO
OSÓRIO	ÁGUA-PÉS, LIMOEIRO-PALMARES, MORRO ALTO, PALMARES DO SUL-LIMOEIRO, MORRO ALTO
PALMARES DO SUL	LIMOEIRO
PAVERAMA	MORRO DOS BELOS
PEDRAS ALTAS	BOLSA DO CANDIOTA, SOLIDÃO, VÁRZEA DA CANDIOTA, VÁRZEA DOS BAIANOS
PELOTAS	ALGODÃO, ALTO DO CAIXÃO, DISTRITO DO QUINONGO, RINCÃO DA CRUZ/ QUINONGONGO, VÓ ELVIRA
PINHEIRO MACHADO	PASSOS DOS PIRES
PIRATINI	FAXINA, FAZENDA DA CACHOEIRA, RINCÃO DO COURO, RINCÃO DOS QUILOMBOS, SÃO MANOEL
PORTÃO	MACACO BRANCO
PORTO ALEGRE	ALPES, AREAL DA VILA GUARANHA, FAMÍLIA FIDÉLIX, FAMÍLIA SILVA, LUIZ GUARANHA AREAL DA BARONEZA, MORRO DOS ALPES, SERRARIA, VILA DO SANTANENSE
QUARTO DISTRITO DE ENCRUZILHADA DO SUL	COMUNIDADE DE QUADRA
RESTINGA SECA	RINCÃO DOS MARTIMIANOS, SÃO MIGUEL
RIO GRANDE	LIMOEIRO
RIO PARDO	ALDEIA SÃO NICOLAU, CRUZ ALTA, PEDERNEIRAS, RINCÃO DOS NEGROS, RINCÃO DOS PRETOS, RIO PARDO, SÃO NICOLAU

RODEIO BONITO	COMUNIDADE DO BINO
ROSÁRIO DO SUL	LAGOA BRANCA, PICADA, RINCÃO DA CHIRCA, RINCÃO DO NEGRO
SALTO DO JACUÍ	JÚLIO BORGES
SANTA MARIA	ARNESTO PENNA CARNEIRO, PALMAS, RECANTO DOS EVANGÉLICOS, SANTA MARIA
SANTA VITÓRIA DO PALMAR	VILA JACINTO
SANTANA DA BOA VISTA	CERRO DA PICADA, RINCÃO DOS DUTRAS, RINCÃO DOS MOURAS, TIO DÔ
SANTANA DO LIVRAMENTO	IBICUÍ DA ARMADA
SÃO GABRIEL	CALHEIRA, CERRO DE OURO, VAN BOCK, VON BOCK
SÃO JOÃO DO POLESINE	VILA SÃO LUCAS
SÃO JOSÉ DO NORTE	BUJURU, VILA NOVA
SÃO LOURENÇO DO SUL	CAMPOS QUEVEDO, CERRO DO OURO, COXILHA NEGRA, MONJOLO, PICADA, PICADA DO EVARISTO, PICADA SANTA TEREZA, PINHEIROS, RINCÃO DAS ALMAS, RINCÃO DOS NEGROS, SERRINHA, TORRÃO, VILA TORRÃO
SÃO SEPÉ	IPÊ, JAZIDAS, PASSOS DOS BRUM
SÃO VALENTIM	SANTA LÚCIA
SERTÃO	ARVINHA, BUTIÁ, MORMAÇA, PAIOL QUEIMADO
SERTÃO SANTANA	VILA PEDRO
SILVEIRA MARTINS	VILA BRASÍLIA
TAPES	TAPETES
TAQUARA	PAREDÃO
TAVARES	ANASTÁCIA MACHADO, CAPOROROCA, OLHOS D'ÁGUA, TAVARES, VÓ MARINHA
TERRA DE AREIA	BOA VISTA
TRÊS FORQUILHAS	FAMÍLIAS DE TRÊS FORQUILHAS, MORRO DO CHAPÉU, SÃO SEBASTIÃO
TURUÇU	MUTUCA
URUGUAIANA	RINCÃO DOS FERNANDES
VIAMÃO	ANASTÁCIA, CANTÃO DAS LOMBAS, FERREIRA FIALHO, MORRO DOS PRETOS FORROS, PEIXOTO DOS BOTINHAS
VILA LÂNGARO	VILA ROCHA
VILA NOVA DO SUL	BURITI

RONDÔNIA

MUNICÍPIO	COMUNIDADES
ALTA FLORESTA D'OESTE	ROLIM DO MOURA DO GUAPORÉ, TARUMÃ
COSTA MARQUES	FORTE PRÍNCIPE DA BEIRA, NEGRA BARBADIANA, PEDRAS NEGRAS, SANTA FÉ, VALE DO GUAPORÉ
PIMENTEIRAS D'OESTE	PIMENTEIRAS D'OESTE
PIMENTEIRAS DO OESTE	LARANJEIRAS
SÃO FRANCISCO DO GUAPORÉ	PEDRAS NEGRAS, SANTO ANTÔNIO, SANTO ANTÔNIO DO GUAPORÉ
SÃO MIGUEL DO GUAPORÉ	JESUS

SANTA CATARINA

MUNICÍPIO	COMUNIDADES
BALNEÁRIO CAMBORIÚ	MORRO DO BOI
CAMPOS NOVOS	INVERNADA DOS NEGROS
CAPIVARI DE BAIXO	ILHOTINHA, INDAIAL
CRICIÚMA	BARRO BRANCO, FAMÍLIA THOMAZ, MARACAJÁ
GAROPABA	ALDEIA, MORRO DO FORTUNATO
GRAVATAL	RIACHO
ITAJAÍ	PRADO
JOINVILLE	NEGRA DE SANTO AMARO, PERIMBÓ
JOSÉ BOITEUX	CAFUZOS
LAGUNA	BENTES, CARREIRA DO SIQUEIRO
MONTE CARLO	CAMPOS DOS POLI
PAULO LOPES	SANTA CRUZ
PORTO BELO	VALONGO
PRAIA GRANDE	SÃO ROQUE
RIO NEGRINHO	RIO NEGRINHO/ RIO NEGRO
SANTO AMARO DA IMPERATRIZ	CALDAS DO CUBATÃO, TABULEIRO
SÃO JOAQUIM	SÃO SEBASTIÃO DA VÁRZEA
SEARA	MUTIRÃO E COSTEIRA
TUBARÃO	DO KMO, GUARDA
VITOR MEIRELES	CAFUZOS DE JOSÉ BOITEUX, JOSÉ BOITEUX

SÃO PAULO

MUNICÍPIO	COMUNIDADES
AGUDOS	ESPÍRITO SANTO DA FORTALEZA DE PORCINOS E OUTROS
BARRA DO CHAPÉU	ANTA MAGRA, TOCOS
BARRA DO TURVO	CEDRO, NEGRA RURAL CERCO, PARAÍSO, PEDRA PRETA, REGINALDO, RIBEIRÃO GRANDE, TERRA SECA
CANANEIA	ARIRI, BAIRRO RETIRO (EX-COLÔNIA VELHA), MANDIRA, PORTO CUBATÃO, RIO DAS MINAS, SANTA MARIA, SÃO PAULO BAGRE, TAQUARI, VARADOURO
CAPIVARI	CAPIVARI
ELDORADO	ABOBRAL MARGEM ESQUERDA, ABOBRAL, ANDRÉ LOPES, BANANAL PEQUENO, BATATAL, BOA ESPERANÇA, ENGENHO, GALVÃO, ILHA ROSA, IVAPORANDUVA, JOÃO SURRA, PEDRO CUBAS, PEDRO CUBAS DE CIMA, POCA, SÃO PEDRO, SAPATU, NHUNGUARA, SÃO PEDRO
FRANCO DA ROCHA	GOMEIA TOLUA
GUARATINGUETÁ	TAMANDARÉ
IGUAPE	MORRO SECO
IPORANGA	BOMBAS, CASTELHANOS, JURUMIRIM, MARIA ROSA, NHUNGARA, PILÕES, PIRIRICA, POÇO GRANDE, PORTO DOS PILÕES, PORTO VELHO, PRAIA GRANDE, RIBEIRÃO, SÃO PEDRO
ITAOCA	CANGUME
ITAPEVA	JAÓ
ITATIBA	BROTAS
JAÚ	JAÚ
MIRACATU	BIGUAZINHO
PILAR DO SUL	FAZENDA PILAR, FAZENDINHA PILAR
REGISTRO	CÓRREGO DAS MOÇAS, BAIRRO PEROAVA
RIO CLARO	CHÁCARA DOS PRETOS
SALTO DE PIRAPORA	CAFUNDÓ, FAZENDINHA DOS PRETOS, ITINGA, JOSÉ JOAQUIM DE CAMARGO, JUCURUPAVA, PIRAPORINHA
SÃO ROQUE	CARMO
SARAPUÍ	CAXAMBU, TERRAS DE CAXAMBU
UBATUBA	CAÇANDOCA, CAÇANDOQUINHA, FRADE, RAPOSA, SACO DAS BANANAS, CAMBURI, CAZANGA, FAZENDA CAIXA, SERTÃO DO ITAMAMBUCA
VOTORANTIM	OS CAMARGO

SERGIPE

MUNICÍPIO	COMUNIDADES
AMPARO DE SÃO FRANCISCO	LAGOA DOS CAMPINHOS, PONTAL DO CRIOULO
AQUIDABÃ	MOCAMBINHO
ARACAJU	MALOCA
BARRA DOS COQUEIROS	MASSOMBRO, PONTAL DA BARRA
BREJO GRANDE	BREJÃO DOS NEGROS
CANHOBA	CARAÍBAS
CAPELA	CAFUMBA, PIRANGI, TERRA DURA E COQUEIRAL
CUMBE	POVOADO FORTE
ESTÂNCIA	ASSUNGUE, CANTA GALO, CASSUNGUE, CURUANHA
FREI PAULO	CATUABO, MANOEL BERNARDES, MARIA PRETA
GARURU	NEGRO
ILHA DAS FLORES	BONGUE
INDIAROBA	DESTERRO
JAPARATUBA	PATIOBA
JAPOATÃ	LADEIRAS, MATAMBA
LAGARTO	CAMPO DO CRIOULO, MATEMBE
LARANJEIRAS	MUSSUCA, QUINTALE
PACATUBA	CAMBAZA
PEDRINHAS	MUTUMBO
PIRAMBU	ALAGAMAR, MARIMBONDO
POÇO REDONDO	SERRA DA GUIA
POÇO VERDE	ZUMBI
PORTO DA FOLHA	MOCAMBO
PROPRIÁ	SANTO ANTÔNIO CANAFÍSTULA
RIACHÃO DO DANTAS	FORRAS
RIACHUELO	QUEBRA CHIFRE POVOADO BELA VISTA
SANTA LUZIA DO ITANHY	BODE E BOTEQUIM (COMUNIDADE LUZIENSE), CAJAZEIRAS (COMUNIDADE LUZIENSE), PEDRA D'ÁGUA (COMUNIDADE LUZIENSE), PEDRA FURADA (COMUNIDADE LUZIENSE), POVOADOS DA RUA PALHA (COMUNIDADE LUZIENSE), TABOA (COMUNIDADE LUZIENSE)
SÃO CRISTÓVÃO	QUIBONGA

TOCANTINS

MUNICÍPIO	COMUNIDADES
ALMAS	BAIÃO
ARAGOMINAS	PÉ DO MORRO, PROJETO DA BAVIERA
ARAGUAÍNA	GARIMPINHO
ARAGUATINS	ILHA SÃO VICENTE
ARRAIAS	CHAPADA DOS NEGROS, KALUNGA DO MIMOSO, LAGOA DA PEDRA, QUILOMBO DA LAGOA, RIO DAS PEDRAS
BREJINHO DE NAZARÉ	CÓRREGO FUNDO, CURRALINHO DO PONTAL, MALHADINHA, MANOEL JOÃO
CHAPADA DA NATIVIDADE	CHAPADA DA NATIVIDADE, SÃO JOSÉ
DIANÓPOLIS	LAJEADO
DOIS IRMÃOS DO TOCANTINS	MANGUEIRA, SANTA MARIA DAS MANGUEIRAS
FILADÉLFIA	GROTÃO
JAÚ DO TOCANTINS	RIO DAS ALMAS
MATEIROS	CARRAPATO, FORMIGA, AMBRÓSIO, MARGENS DO RIO NOVO, RIACHÃO, RIO PRETO, MOCAMBO, MUCUMBO, MUMBUCA
MONTE DO CARMO	MATA GRANDE, TAQUARI
MURICILÂNDIA	DONA JUSCELINA
NATIVIDADE	REDENÇÃO, RIACHÃO
NOVO ACORDO	BARRA DO AROEIRA, FAZENDA AROEIRA
PALMEIRÓPOLIS	SÃO SALVADOR
PARANÁ	KALUNGA DO MIMOSO, MOCAMBO, RETIRO, VENTURA
PEIXE	MIRADOURO
PORTO ALEGRE DO TOCANTINS	LAGINHA, SÃO JOAQUIM
SANTA FÉ DO ARAGUAIA	COCALINHO
SANTA ROSA DO TOCANTINS	CANGAS, DISTRITO DO MORRO DE SÃO JOÃO, MANGANOS, SÃO JOÃO, SUVACÃO
SANTA TERESA DO TOCANTINS	BARRA DO AROEIRA, BICO DO PAPAGAIO
SÃO FÉLIX DO TOCANTINS	POVOADO DO PRATA

SOBRE O AUTOR

Flávio dos Santos Gomes é doutor em história, professor dos programas de pós-graduação em arqueologia (Museu Nacional/UFRJ) e em história comparada da Universidade Federal do Rio de Janeiro (UFRJ). Publicou livros, coletâneas e artigos em revistas nacionais e internacionais com os temas Brasil colonial e pós-colonial, escravidão, Amazônia, fronteiras e campesinato. É pesquisador no CNPq e da FAPERJ (Cientista do Nosso Estado) e realiza investigações sobre história comparada, cultura material, escravidão e pós-emancipação no Brasil, América Latina e no Caribe, especialmente Venezuela, Colômbia, Guiana e Cuba. Atualmente coordena o Laboratório de Estudos de História do Atlântico de colonial e pós-colonial (LEHA) da UFRJ.

ÍNDICE REMISSIVO

Abaeté, rio, 100
Abolição da escravidão (1888), 93, 108, 120, 123, 126-7, 129
abolicionistas, 17
Acará, rio, 24, 110
açoitamento *ver* castigos
Acotirene, mocambo, 80
açúcar, 27, 48, 58, 81, 94, 97; *ver também* cana-de-açúcar
ADCT (Atos das Disposições Constitucionais Transitórias), 128
administração colonial, 11, 59, 109
África, 8, 10, 42, 63, 73, 79
agricultura, 8, 16, 21, 23, 27, 64, 74, 106, 119-20
aguardente, 26, 54, 63, 76, 94
Alagoas, 13, 78, 83, 87, 93
Alencastro, Luis Felipe de, 78*n*
Alenquer, 26, 69-70
alforria, 54
algodão, 8, 19, 23, 26-7, 47, 49, 62, 64, 109, 113
alimentos, 23, 36, 49, 58, 129
Allen, Scott, 129*n*
Alta Guiné, 8
alukus, 72
Amapá, 35, 63-5
Amaro, mocambo, 80
Amazônia, 23-4, 26, *32*, 33, 59; *ver também* Baixo Amazonas
Ambrósio, quilombo, 35, 40, 100
amendoim, 62
América portuguesa, 11
Américas, 8-10, 20, 30, 42, 58
Andalaquituche, mocambo, 80
Andaraí, mocambo de, 27, 35
Angola, 42-3, 63, 79, 88
Anhaya, 98
Antonil, André João, 30
Aparai, cacique, 71
apinajés, índios, 60
Aqualtune, mocambo, 80

Araçuaí, quilombo, 100, 102
Araguari, rio, 64-5, 68
Araújo, Mundinha, 46
araxás, índios, 61
Argentina, 8, 13
ariquenas, índios, 70
Ariua-Curucaia, 119
armas, 26, 34, 36, 64-5, 69, 79, 85, 94, 112
Arquivo Público do Estado do Pará, 65
Arquivo Público do Maranhão, 46
arroz, 8, 19, 21, 26, 28, 49, 53, 63-4, 109, 113, 117
articulação política quilombola, movimento nacional de, 129
Ásia, 11
aukaner, 71
avás-canoeiros, índios, 60
Ávila, Domingos de, 67

Bacanga, mocambo, 17, 112, 114
Bacaxá, rio, 94-5
Baependi, 40, 100, 102
Bahia, 11-2, 17, 23, 26, 36, 48-9, 52, 98, 104-5, 109, 120
baixada fluminense, 106, 108*n*
Baixo Amazonas, 68, 70
Balaiada, 13, 110
banana, 23, 64, 78
bandeirantes, 60-1, 92, 100
Barba Negra, quilombo da ilha, 23
Barbacena, marquês de, 51
Bárbara, Santa (cultuada em quilombos), 43
Barbosa, Waldemar de Almeida, 21*n*
Barcelos, 23-4
Barra de São João, 54, 95
Barra Mansa, 53
Bastide, Roger, 73
Bastos, Tavares, 70
batata-doce, 23, 64

225

batatas, 62, 112-3, 117
batuques, 18, 48
Bayano, 10
Belém (Pará), 14, 17, 63
Belo Horizonte, 16
beneditinos, 58
Benedito, São (cultuado em quilombos), 43, 119
Benevides, Francisco Maria Corrêa de Sá e, 45
Benguela, 63
Benin, Baía de, 63
Benkos Biaho, 10
Bezerra, Bartolomeu, 81
Biafra, Baía de, 63
Biblioteca Nacional do Rio de Janeiro, 27
Bissau, 63
Blaer, João, 81-3
Bom Jesus e a Cruz, arraial de, 92
Bonny, 63
Botelho, Diogo, 81
botocudos, índios, 61
Braço do Laranjal, quilombo, 45
Braços da Perdição, quilombo, 29, 40
Bragança (Grão-Pará), 24, 110
Branco, rio, 61
Brandão Junior, Francisco, 46
Brasil, 7, 10, 15-7, 20, 30, 42, 47, 51, 58-9, 64, 69, 72, 74, 78, 81, 89, 94, 98, 100, 120, 123, 126-7, 129*n*
"Brecha camponesa no sistema escravista, A" (Ciro Cardoso), 28
"brecha camponesa", uso do termo, 30, 49
Breves, Souza, comendador, 53
Brieven en Papieren uit Brasilien (coleção de documentos), 91
Bruxelas, 46
Buraco do Tatu, mocambo, 36-7
bush negroes, 9, 68-71

Caamiranga, 119, *121*
caapores, índios, 117, 119
Cabanada, 13

Cabanagem, 13, 110
cabixis, índios, 62
Cabo Frio, 94-5
caboclos, 120
"caborés" (filhos de indígenas com negros), 62
Cabral, Antônio Francisco da Costa, comendador, 54
Cacheu, 63
cachimbos, 21, 79, 89
Cachoeira (BA), 104
Cachoeira, mocambo, 113
cachoeiras, 64-5, 69, 117
Caeté, 100, 102
café, 8, 30, *38*, 48, *50*, 54, 56
Cafuxi, serra do, 80
cafuzos, 26
caiapós, índios, 59
caiçaras, 120
Caiena, 63
Caietè, 40, 100
Calabar, 63
Caldas, Honorato Cândido Ferreira, major, 45, 46
calundus, 18
Camamu, 14, 61, 105
Camarogipe, 104-5
Camoanga, 93
Campo Grande, 23, 35, 40, 95, 100, 102
campo negro (rede social), 108
camponeses, 20, 30, *38*, 46, *50*, *55*, 76, *107*, 119, 120, *124-5*, *130-1*
Campos dos Goitacazes, 56, 95, 97
Camundá, quilombo, 111, 114
Canadá, 8
cana-de-açúcar, 8, 19, 23, 27, 47, 49, 52, 57, 64, 78, 106, 113, 117
canaviais, 12, 78-9
Candeia, músico negro, 127
canhões, 36, 92
Canudos, 120
capelas, 47, 79, 101, 119
capitães do mato, 9, 16, 34, 94, 97, 101

capoeiras, 18
cará, 113
Cardoso, Ciro, 28, 33, 49, 51*n*
Caribe, 9, 30
carijós, índios, 59
Carinhanha, 104
carmelitas, 58
Carneiro, Edison, 10, 73, 91
Carrilho, Fernão, 92, 94
Carvalho, Alfredo de, 91
Casa da Casca, quilombo, 100, 102
"casa de pajés", 45
"casas de quilombos", 18
"casas de santos" (estrutura religiosa quilombola), 43, 45, 47
castigos/açoites, 8-9, 12, 56, 73, 77
Castro, Antonio Barros de, 30, 51*n*
catequese, 58
Catucá, quilombo do, 17
Ceará, 78*n*, 110, 117
censos, 120, 123
Chagas, Cosme Bento das, 110
choças, 21, 90
cimaronaje/cimarrones, 10
cimarrones, 10
Cisplatina, guerra, 13
coivara, 64
Colômbia, 9-10
comércio clandestino, 26, 101
Companhia de Jesus, 67; *ver também* jesuítas
comunidades negras, 7, 123, 126, 128-9
comunidades rurais, 123, 128
conexões mercantis, 28, 34, 75, 113, 126
Conferência Mundial contra o Racismo (Durban, 2001), 127
congadas, 21, 123
Congo, 79
Conselho Ultramarino, 19, 73
Constituição brasileira (1988), 128
copaíba, óleo de, 70
Coroa portuguesa, 51, 63
cosmologias, 9, 42

couros, 27
crescimento populacional dos quilombos, 19
crianças nos quilombos, 51, 61, 88, 112
crioulos, 9, 18, 43, 51, 88
Cruls, Gustavo, 70
Cruz, José Antônio da, 68
Cuba, 10
Cubango, 95, 97
Cubatão, 97, 99
Cucaú, 92
cucuruís, índios, 61
Cuiabá, 19
cultura negra, 127
cultura quilombola, 42-3, 45-6
cumaru, 70
cumbes, 9
Curuá, mocambo do rio, 69-70
Curukango (Carucango ou Querucango, africano de Moçambique), 96
Curukango, quilombo do, 95-6

Dambraganga, mocambo, 80
Daomé, 8
Darwin, Charles, 30
Demerara, 69
demografia dos quilombos, 39
desertores militares, 7, 13, 33
Dia Nacional da Consciência Negra (20 de novembro), 93
Diamantina, 100, 102
diamba (maconha), 113
divindades africanas, 42
Domingos, escravo, 67
Durban, 127

economia cafeeira, 15
economia quilombola, 19, 21, 28, 39, 74, 79
engenhos, 8, 12-4, 16, 33, 49, 81, 94
escravos ao ganho, 17, 108
Espírito Santo, 14, 126
Estados Unidos, 9

estrepes, 36-7, 75, 87, 89
etimologia das palavras mocambo e quilombo, 10
expedições antimocambos, 11, 60, 65, 80-1, 92, 94, 97, 100-1, 110, 112-3, 117; *ver também* repressão aos quilombos
extrativismo, 27, 74, 123

faiscadores, 20
farinha, 21, 23, 26-8, 33, 47-8, 52, 79, 88, 113
Farroupilha, 13
favas, 62
fazendas, 8-9, 12, 14, 16, 20-1, 23, 31, 34, 48, 53-4, 59, 61, 75-6, 78, 81, 94, 97, 109-10, 112-3, 126
fazendeiros, 9, 13, 15-6, 21, 28, 31, 34, 36, 57-8, 72, 75-7, 92, 97, 108-10, 126
feijão, 19, 21, 23, 27-8, 30, 33, 62, 78, 96
feitores, 9, 15, 48, 51-2, 54, 76
feitorias, 63
Felix, preto, 110
Ferreira, Alexandre Rodrigues, 33
Ferreira, Manuel da Silva, 48, 52
ferro, marcação a (em quilombolas capturados), 104
festas, 21, 43, 48, 123
fisco, 26
florestas, 8, 16, 39, 42, 51, 64, 69, 75, 78
Fonseca, Antônio da, 97
fortalezas militares, 63
fossos, 36-7
França, 63-4
Freitas, Décio, 10, 73-4, 78*n*
Freitas, Rodrigo de, 17
Freyre, Gilberto, 10, 73
Frikel, Protássio, 70
Fructeira, fazenda, 54
frutas, 17, 23, 27
fumo, 19, 47, 54, 62, 113
Funari, Pedro Paulo, 129*n*

Fundação Cultural Palmares (FCP), 119, 128-9

Gabão, 63
Gabriel Soares, engenho de, 83, 91
gado, 26, 56, 58, 63, 66-7, 76, 94, 97
galinhas, 33, 47, 67, 113
Ganga-Zumba, 80, 92
garimpeiros, 20, 101, 109, 112, 117
Geremoabo, 61
Glória (MA), 119
Goiás, 21, 60, 74, 97
Gomes, Flávio, 26*n*, 51*n*, 78*n*
Goreé, 63
Gorender, Jacob, 30, 51*n*
Goulart, Alípio, 73
grand marronage, 10
Grande, quilombo *ver* Ambrósio, quilombo
Grão-Pará, 13-4, 19-20, 23-4, 28, 35, *44*, 63, 65, 109-10
grãos, 39
Gregório Luis, crioulo, 48
Grêmio Recreativo Arte Negra Quilombo, 127
grileiros, 119
guaicurus, índios, 59
Guamá, rio, 24, 117
Guanabara, baía de, 94, 108
Guandu, rio, 94-5
Guaporé, rio, 61
guaritas, 37
Guerra do Paraguai, 13, 15
Guia, freguesia da, 106
Guiana Francesa, 63-5, 71
Guiana Holandesa, 9, 68-9
Guimarães, Carlos Magno, 21*n*, 100, 129*n*
Gurupá, ilha de, 26
Gurupi, rio, 109-11, 114, 117, *118*, 119

Henry-Vergulino, Anaiza, 65
holandeses, 11, 70, 72, 81, 83, 86, 91-2
Homem, Pedro Gonçalves, 68

Horta, Antônio Fernandes, 67
Hurley, Henrique Jorge, 117

IBGE (Instituto Brasileiro de Geografia e Estatística), 120
Icaraí, 97
Igarapé-Açu, 110
igrejas, 42, 88, 101
Iguaçu, 95, 106, 108
Iguaçu, rio, 106
imbangalas (jagas), guerreiros, 10
Imbiara, 104-5
Império português, 11
INCRA (Instituto Nacional de Colonização e Reforma Agrária), 119, 129
Indaiá, rio, 100
Independência do Brasil, 13
índices de mortalidade, 8
índios/indígenas, 7-8, 11, 13, 26, 33, 42-3, 45, 58-63, 68-72, 74, 79, 81-5, 91, 98, 100-1, 109-10, 117, 119-20, 123, 127-9; *ver também etnias individualmente*
inhame, 27, 64
Inhaúma, 17, 94
Inhomerim, 106
insurreições, 9, 13, 31
Irajá, 17
Irituia, rio, 24, 117
Itamaoari, *44, 116, 118,* 119, *122*
Itapetininga, 97
Itapicuru, 104-5, 110
Itapõa, 18
itinerantes, quilombos (predadores), 42, 74, 76
Itu, 14, 98-9

Jacareguara, mocambo, 112
Jacarepaguá, 17
Jacobina, 61, 104-5
Jacuípe, 104-5
Jaguaripe, 104-5
Jamaica, 9-10, 129*n*
jesuítas, 33, 48, 51, 58

João Daniel, padre, 33
João I, d., 63
jongo, 123
José (escravo de João Pereira de Lemos), 67
Juan de Bolas, 10
Juçara, serra da, 80
judeus sefarditas, 72
Jundiá, rio, 80
Jundiaí, 97
Jupuuba, aldeia, 117
Jurema, Aderbal, 73

Ketu, 8
kicongo, 10
kimbundu, 10

Lagoa Rodrigo de Freitas, 17
Lara, Silvia Hunold, 74*n*, 78*n*
lavouras, 15, 20, 23, 27, 57-9, 101, 110
lavradores, 8-9, 17, 20, 27, 33-4, 56, 79, 108, 110, 112
Lei do Ventre Livre (1871), 46
Leite, José Cândido da Costa, 21*n*
Lemos, João Pereira de, 67
lenha, 21, 52, 106, 108
Lepkowski, Tadeusz, 28
libertos, 7, 13, 18, 31, 33, 45, *55*, 56, 108, 120, 123, 129
Líj, capitão, 88
Limoeiro, quilombo do, 112, 114
Linhares, 98-9
Lins, Bartolomeu, 81
Lisboa, Joaquim José, 68
Loanda, fazenda da, 56
Loanda, quilombo da, 56
Loango, 63
Lopes, Fortunato, 68
Lopes, Nei, 127
Luanda, 8, 63
Lucrécia, negra, 88
Luna, Luis, 73

Macabu, 56
Macaco, mocambo, 80

229

Macacu, 94-5, 97
Macaé, 56, 95-6
Macapá, 14, 66
Macarassumé, 111, 114
macaxeira, 113
Machado Filho, Aires de Mata, 21*n*
macurus, índios, 71
Magé, 94-5, 106
Makandal, 10
Malunguinho, 17
mamelucos, 26
mandioca, 8, 21, 27, 35, 47-9, 51-2, 57, 62-4, 78-9, 112, 117
Mangaratiba, 53
Manso, quilombo do rio, 19
mantimentos, 15, 20, 23, 27, 30, 66, 75-6, 79, 113
mapas (plantas) de quilombos, 40
Mapuera, rio, 69
Maracassumé, 110-1
maracazes, índios, 61
Maragogipe, 104-5
Marajó, quilombo do, 24, 26
Marambaia, fazenda, 53
Maranhão, 13, 15, 17, 21, 43, *44*, 45-6, 109-12, *116*, 117, *118*, *121*, 128
Marco, Tio, *122*
Mariana, 100, 102
Maricá, 95
Marinheiros, ilha dos (Rio Grande do Sul), 17
Maripa, mocambo (Guiana Francesa), 64
maronage, 10, 64
maroons, 9, 10, 69-71, 129*n*
mascates, 20, 69, 79, 113
Matamba, 8
Mato Grosso, 13, 19, 21, 61, 74
maxacalis, índios, 61
Mazagão, quilombo do, 26, 65
Medeiros, Elton, 127
mekoro, 71
melancias, 27
Mello, Francisco Pedro de, 61
Melo, Manoel Francisco de, 66

Menino Jesus (em Palmares), 79
metalurgia, 8, 79
México, 10
migrações, 69, 98, 129
Miguel (escravo de Antônio de Miranda), 66
Miguel, rei (escravo venezuelano), 10
milho, 8, 19, 23, 26-8, 30, 33, 62, 64, 78, 88, 96
militância negra, 127
Minas Gerais, 11, 14-5, 20-1, 23, 35, 40, 74, 97-8, 100-2, 104, 108, 126
mineração, 23, 97, 100-1
mineradores, 8, 27, 74
Ministério da Cultura, 128
Mintz, Sidney, 28
Miranda, Antônio de, 66, 68
misturas étnicas, 58-9, 62, 119
mocambeiros, 45-6, 68, 70, 106, 109-12, 117, *121*
Moçambique, 96
mocambos, 10, 12, 15-6, 19-20, 23, 26-8, 35-6, 39-40, 42-3, 45-6, 49, 51, 59-62, 64, 68, 70, 74, 78-80, 87, 91, 93-4, 97-8, 104, 106, 109-12, 120, 129; *ver também nomes individualmente*
Mogi-Guaçu, 36, 97, 99
mongoiós, índios, 61
Monitor Campista, O, 56
Monte Alegre, 26, 69-70
Monteigne Plomb, quilombo (Guiana Francesa), 64
Monteiro, Máximo Fernandes, 113
Montes Áureos, 110-1
Moura, Clóvis, 13*n*, 51*n*, 73
movimento negro, 93, 129
Mpinda, 63
mukambu, 10
mulatos, 26, 40
mulheres indígenas, 60, 62, 119
mulheres quilombolas, 39-40, 43, 51, 76, 112
Munanga, Kabengele, 10

Nascimento, Abdias do, 127
Nascimento, Joaquim de Manoel do, 67
Nazaré das Farinhas, 14, 104
Ndongo, 8
ndyukas, 70, 71
Negro Lucas, quilombo do, 17
"negros da mata" *ver bush negroes*
"negros de Guiné", 12
Niterói, 95, 97
Nordeste brasileiro, 12-3, 21, 23, 42, 72, 78, 81, 109, 128
Nossa Senhora da Conceição (em Palmares), 79
Nyanga, 10

Óbidos, 26, 69-70
Oiapoque, 64
Oiteiro dos Mundéus, quilombo, 81, 86
Olinda, 81
Orobó, mocambo de, 27, 35
Osenga, mocambo, 80
Ourém, 23-4, 110
ouro, 8, 20, 61, 100-1, 112-3, 119
Outeiro, 23-4
Oyo, 8

Pacoval, mocambo, 112, 115
"pacto paternalista" (de libertos agenciando roças nas fazendas), 126
paióis, 15, 20, 27, 56, 78
pajés, 45
palenques, 9
Palmares, quilombo de, 78-82, 86-9, 91-4, 100-1, 106, 127
palmaristas, 78-81, 91-3
Pamplona, Inácio Correia de, 100
pan-africanismo, 127
Panamá, 10
panos, 26, 62, 70
Pará, 13, 17, 24, 63, 65, 71, 109-10, *116*, 117, *121*
Paracatu, 40, 100, 102

Paraguaçu, 104
Paraíba, 80, 93
Paraíba, rio, 56, 83, 85, 90-1, 94
Paraibinha, rio, 80
Paramirim, 61
Paranaguá, 98-9
Paranaíba, quilombo do, 23, 35, 102
Parateca, 104
Parati, 95-7
Parauá, 110
pardos, 120
pastores, 8
pastoris, quilombos, 74
pataxós, índios, 61
patrimônio cultural brasileiro, remanescentes de quilombos como, 128
Paty do Alferes, barão de, 30
pau a pique, casas de, 26
Pau Quebrado, mocambo, 112, 115
Paulinho da Viola, 127
Pederneiras, quilombo de, 60
peixes, 21, 48
Pendotiba, 96-7
Perdido, mocambo, 112, 115
Pereira, João José, 67
Pernambuco, 11, 13, 16, 19, 21, 30, 36, 43, 78, 81, 91, 93, 109
pesca, 27, 64
pescadores, 20, 120
petit marronage, 10
pianocotós, índios, 69-70
Piauí, 13*n*
Picanço, Manoel Joaquim, 67
pindoba, palmeira, 78
Piolho, quilombo do, 62
Piracicaba, 97, 99
Piraí, 53
Pirajuí, 104
Pitangui, 23, 27, 100, 102
Pitangui, quilombo, 100
plantações, 9, 19, 21, 27-8, 31, 34, 48, 62-3, 79, 86, 87, 106, 109, 111, 113
plantation, 58, 98
poder político nos quilombos, 40

231

políticas públicas, 120, 128-9
pólvora, 26, 49, 75, 79, 112
Pompeé, negro, 64
Popó, 63
porcos, 33, 84-5
Porto Alegre, 16-8
Porto Calvo, vila de, 78, 80
Porto Rico, 10
Portugal, 12, 19, 63-4, 98
posseiros, 119
Prata, rio da, 14
Price, Richard, 72n
Price, Sally, 72n

Quariterê, quilombo do, 61
Queimado, mocambo, 113, 115
"Quilombo, A" (escola de samba), 127
quilombolas, 13-4, 16, 17, 19-21, 23, 26-8, 30, 34-6, 40, 42-3, 45, 47, 60-1, 64, 66, 68, 72, 74-6, 79, 81, 92-4, 97, 100-1, 104, 106, 108-11, 117, 119-20, 123, 129
quilombos, 7, 10, 12-3, 16-7, 19-21, 23-4, 26-8, 34-6, 39-40, 42-3, 45-6, 48-9, 53, 56, 58, 60, 62, 64, 73-6, 81, 92-4, 97-8, 100-1, 104, 106, 109-11, 119-20, 123, 127-9; *ver também nomes individualmente*
Quiricós, 104
Quissama, quilombo do, 93
quitandeiras, 9, 17, 20

racismo, 127
Ramos, Arthur, 10, 73
Ramos, Donald, 18
Rãs, rio das, 104
Recife, 16-8, 91
Recôncavo da Bahia, 12, 14, 52
Recôncavo da Guanabara, 96, 106, 108
reforma agrária, 126
Regência, período da, 13
Reijmbach, Jürgens, 83
Reis, Antônio Tomás Freitas dos, 112
Reis, João José, 18, 49, 51

"reis" e "rainhas" dos quilombos, 40
religião nos quilombos, 39, 42, 43, 79-80
"remanescentes de quilombos", 7, 16, 21, *32*, 46, 119-20, 126-9
repressão aos quilombos, 13, 16, 18, 20, 34, 37, 45, 48, 54, 60, 75, 93-5, 97, 100-1, 110-2; *ver também* expedições antimocambos
retirantes, 117, 120
ribeirinhas, comunidades/ populações, 108, 120, 123, 128
Ribeiro, Darci, 119
Rio Claro, 53
Rio da Perdição, quilombo, *22*, 36, 40
Rio das Contas, 61, 104-5
Rio das Mortes, 100, 102-3
Rio de Janeiro, 15-6, 18, 27, 30, 57n, 78n, 94-5, 97, 106, 126
Rio Grande do Norte, 80
Rio Grande do Sul, 13, 23
Rios, Ana, 123
rituais africanos, 42
roças, 17, 23, 27-8, 30-1, 33, 35, 39, 47-9, 53-4, 63-4, 66-7, 76, 86, 88, 95-6, 111, 113, 120, 126
roceiros, 20, 28, 75-6, 109, 120
Rocha, Estevam Luis da, 67
Rodrigues, Barbosa, 69
Rodrigues, Nina, 10, 73
roubos, 17, 26, 28, 36, 76

saamakas, 71
Sabará, 100, 102
Saint-Domingue, ilha de, 10
Salvador, 14, 16, 18, 37, 48, 51, 105
samba, 127
Sambabaia, quilombo, 35-6, 40
Santa Helena (MA), 110
Santana, engenho de (Bahia), 48-9, 51
Santarém, 69, 70
Santidades (movimentos milenaristas), 13
Santo Amaro da Purificação, 104

Santo Antônio de Sá, 94-6
Santo Antônio, fazenda, 56
Santo Antônio, mocambo de, 112
Santos (SP), 97
santos católicos, 79
Santos Fortes, quilombo, 40
São Benedito, quilombo, 111-2, 117
São Carlos, 15, 98-9
São Cristovão, 94
São Francisco, rio, 104
São Gonçalo, quilombo, 40, *41*
São João d'El-Rey, 100
São João de Icaraí, 94, 96
São José do Príncipe, 53
São José, aldeia, 117
São Luís (Maranhão), 16-7
São Mateus, comarca de (Espírito Santo), 14
São Miguel, engenho de, 82
São Paulo, 14-5, 17, 97, 99, 126
São Pedro de Alcântara, colônia militar de, 111
São Pedro, aldeia, 117
São Sebastião, quilombo, 45, 112
São Tomé, ilha de, 30
São Vicente do Céu, mocambo, 113, 115
Saquarema, 94-6
saques, 15, 23, 36, 74, 81, 94
Saramaca, 70
Sarapuí, rio, 106
Sarney, José, 128
Schwartz, Stuart, 11, 51, 104
Senado da Câmara, 94
Senegâmbia, 8, 63
Senna, Manoel Cruz, 56
senzalas, 16, 20, 28, 40, 42, 49, 53-4, 75-6, 79
Sergipe, 21, 80, 94
Serinhaém, vila de, 80
Serra da Barriga, 81, 93
Serra de Parecis, 61
Serra dos Órgãos, 94, 96
"serra dos pretos forros" (Rio de Janeiro), 17
Serra Leoa, 63
Serro, 15, 103
Serro Frio, 100, 103
"sistema do Brasil" (de concessão de terras aos escravos), 30
soldados, 33, 36, 61, 81, 87, 97, 110
Sorocaba, 97-9
Spiridião, quilombo, 111, 115
Subupira, mocambo, 80
Sudeste brasileiro, *55*, 123, *124-5, 130-1*
Sumaumeira, quilombo da, 17
Suriname, 9, 69, 70, 71
Suruí, 106

tabernas, 20
taberneiros, 17, 20, 26-8, 34, 76, 79, 106
Tabocas, mocambo, 80
Tamala, rio, 84
Tauary, aldeia, 117
tembés, índios, 117, 119
"terras de preto" (doadas em testamento para ex-escravos), 126
Tietê, 97, 99
Tijuca, 17, 96
Tijuco, 100
Tinoco, João Ferreira, 56
tiriós, índios, 59, 69-70
Titioca, 96-7
trabalhadores urbanos, 9
tráfico negreiro, 8, 16, 43, 53, 81, 94, 97-8, 109
trincheiras, 37
trocas culturais, 59
Trombetas, 69-71
Tumucumaque, 70-1
tunaianas, índios, 70
Tupim, mocambo, 35
Turiaçu, rio, 109-11, 114, 117, 119

Ubatuba, 97, 99
Uidá, 8, 63
Uruaim, aldeia, 117

Urubu, quilombo do, 14
urubus-pretos, aldeias dos
    (caapores), 119
Uruguai, 8, 13

Valadares, conde de, 27
Vale do Paraíba, 30
Vassouras, 15, 31
Velho, Domingos Jorge, 92
Venezuela, 9-10
Vera Cruz (México), 10
Viana (MA), 110-2
Viana, comarca de (Maranhão), 15
Viana, Paulo Fernandes, 106
Vila Real (SP), 97, 99
Vila Rica, 18, 20, 100, 103
visão culturalista *versus* visão
    materialista (na historiografia
    dos quilombos), 73
Viseu, 110

waiampis, índios, 59
waianas, índios, 59

xarumas, índios, 69-70
xavantes, índios, 59
Xavier, Manoel Francisco, 15

Zumbi dos Palmares, 92-3, 127

CRÉDITOS DAS IMAGENS

Todos os esforços foram realizados para identificar
os fotografados. Como isso não foi possível, teremos prazer
em creditá-los, caso se manifestem.

pp. 22, 29, 41: Acervo da Fundação Biblioteca Nacional – Brasil
pp. 32, 44, 116, 118, 122 : Flávio Gomes
pp. 38, 50, 55, 107, 124-125, 130-131: Fotografias de Victor Frond,
litografadas pelos artistas de Paris, 1861. Paris, Lemercier,
Imprimeur-lithographe. Biblioteca Brasiliana Guita e José Mindlin.
Reprodução de Renato Parada
p. 121: © Fundação Darcy Ribeiro – foto de Darcy Ribeiro
e Heinz Foerthmann, do acervo da Fundação Darcy Ribeiro